新时代教育高质量发展书系
XIN SHIDAI JIAOYU GAO ZHILIANG FAZHAN SHUXI

U0729787

孙银峰◎著

自然生长

这里是一所学校

中国大百科全书出版社　　知识出版社

图书在版编目（CIP）数据

自然生长：这里是一所学校 / 孙银峰著 . -- 北京：
知识出版社，2021.9

（新时代教育高质量发展书系）

ISBN 978-7-5215-0414-9

Ⅰ.①自… Ⅱ.①孙… Ⅲ.①教育工作 Ⅳ.① G4

中国版本图书馆 CIP 数据核字（2021）第 170738 号

自然生长：这里是一所学校

孙银峰　著

出 版 人	姜钦云
图书统筹	王云霞
责任编辑	王云霞　汪　婷
责任印制	吴永星
版式设计	博越创想
出版发行	知识出版社
地　　址	北京市西城区阜成门北大街 17 号
邮　　编	100037
网　　址	http://www.ecph.com.cn
电　　话	010-88390659
印　　刷	北京一鑫印务有限责任公司
开　　本	710mm×1000mm　1/16
印　　张	22.25
字　　数	296 千字
版　　次	2021 年 9 月第 1 版
印　　次	2023 年 3 月第 2 次印刷
书　　号	ISBN 978-7-5215-0414-9
定　　价	60.00 元

让教育沐浴人性的光辉

教育是关乎千家万户的事业，任何一个社会，都需要教育思想的引领。时代在变，教育也在变。然而，变中也有"不变"，所以，我们要对教育进行哲学的思考，只有搞清楚了哪些需要变，哪些不能变，才能真正做好教育。而教育的本质是什么，什么是好的教育，理想的教育是什么样的，这些最基本的教育问题应是教育哲学思考的源头。只有弄清楚这些最基本的问题，我们才能找到正确的方向，办出有质量的教育。

教育是培养人的事业，是一个通过培养人让人类不断走向崇高、生活更加美好的事业。因此，教育最重要的任务是塑造美好的人性，培养美好的人格，使学生拥有美好的人生。如何达成这样的目标？那就需要一批有理想、有情怀、有追求、有实干精神的校长和教师，用自己的青春和智慧去践行。而在现实中，也确实有这样一群人，他们热爱教育事业，关爱每一个学生，一步一个脚印，用脚去丈量教育，用心去感受教育，用智慧去点亮教育。

如何将这样一群人聚在一起，用他们的智慧去影响更多的教师？

中国大百科全书出版社、知识出版社策划出版了"新时代教育高质量发展书系"，进行了可贵的探索。他们在全国范围内会聚了60名优秀的教育工作者，这些教育工作者大多是扎根教育一线的优秀校长和教师。书中的经验、实践、体会和思想，既有教学的艺术，也有管理的智慧；既有育人的技巧，也有师德的弘扬；既有教师的发展思考，也有校长的成长感悟；既有师生关系的融通之术，也有家校关系的弥合之道。60本书，60个点，每一个点都是一门学问，一门艺术。

我今年给"新教育"的同人写过一封新年信，题目是"让教育沐浴人性的光辉"，从三个方面对教师的工作提出了建议。我也把这三条建议送给这套丛书的作者和读者朋友。

一是要善待我们自己。要珍惜时间，张弛有度，让人生丰盈；发现教师职业魅力，做一个善于享受教育生活的人；培养健康的爱好，做一个有生活情趣的人；与学生一起成长，做一个在教育过程中不断进取的人；不断挑战自我的最高峰，做一个创造自己生命传奇的人。

二是要善待学生。要把学生作为一个真正的人看待，让学生能够张扬自己的个性，发挥自己的潜能，成为更好的自己。在我们教室里的学生，首先是活生生的生命。我们应该从生命的角度考虑，首先是如何帮助他成为一个人，一个有理想、有激情、有智慧的人，一个能够适应社会并且受人欢迎的人，一个挖掘自身潜能、张扬不同个性的人。

三是要把教育的温暖传递给社会。许多问题，归根结底是教育的问题。尽管我们任何一个人，作为个体的力量都是有限的，但是，再渺小的个体，也能够温暖身边的人。所以，我们要让所有和我们相遇的人，都能够感受到我们的美好和温暖，这也是让人与人之间，让全社会变得更美好、更温暖的有效方式。

有人性的人是明亮的，有人性的教育是光明的。让教育沐浴人性的光辉，我们的今天将会更加幸福，我们的明天将会更加美好，我们的世界将会因此璀璨。

是以为序。

朱永新

2020 年 5 月 1 日

（朱永新，全国政协常委、副秘书长，民进中央副主席，中国教育和社会发展研究院副院长，苏州大学教授、博士生导师，新教育实验发起人）

善者因之：艾瑞德的教育哲学

郑州高新区艾瑞德国际学校，注定是个故事。她是春天的故事，带着温度，沐浴在春天灿烂的阳光里。

她诞生在 2011 年的春天里。那年，中原大地春意盎然，洋溢着无限的希望。

十年了，一个又一个好故事发生在校园，满满的，校园里已装不下了。这本书将带着这些故事，再次在校园里传播，然后飞向中原大地，飞在祖国的四面八方。

故事意味着时间。时间具有一种伟力，去伪存真、抑恶扬善，在时间的怀抱里，新生幼态潜力无限，逐渐成长壮大。如今，艾瑞德长大了，健壮了，潜力更加无限。

故事意味着回忆。在一次闲聊中，海明威的妻子对海明威说："回忆也是一种饥饿。"是的，十年的淘洗，那些故事开始澄明、沉淀。每当回忆涌起，过往的一切都让我们急切地想去拥抱和分享，这是情感饥饿似的需求。这样的回忆形成可贵的集体性记忆，这是文化的记忆。

故事意味着想象。想象是创造的先导，只有想象尚未抵达的地方，没有想象不可抵达的地方。十年的办学，十年的创造，十年的想象……正是在想象中，艾瑞德更加宏大、辽阔，也正是在创造中，艾瑞德更加明亮、美好。

我去过艾瑞德好多次，有参观，有研讨，有学期结束会、新年会……

总觉得艾瑞德是个大家庭，是个处处有故事的地方。学校提出的教育理念——"走自然生长教育之路，办有温度有故事学校"，已成为生动的事实。但是，我又总是觉得，对艾瑞德的认识只到此为止又是很不够的。温度来自哪里？故事为何诞生？大家庭究竟怎么形成？这些问号深处藏着什么样的答案？我总在思索和寻找着。

其实，答案早就摆在那里："太史公曰：故善者因之，其次利道之，其次教诲之，其次整齐之，最下者与之争。"这是中国哲学的一种表达，表达的是价值链条上的排序，排在最前列、最重要的是"善者因之"。学校创始人孙银峰先生，校长李建华先生对此都有准确的解读："每个人成为善者、向好之人，以达无须提醒的自觉、不言而喻的遵守。""善者，是温度的凝聚，是故事的升华"，"向善、求善、为善，是我们共同的教育愿景，引领着艾瑞德的每一位老师。"这就是艾瑞德的教育哲学。"善者因之"这一哲理深植于中华优秀文化土壤中，映射出中华文化的本色与亮色：追求伦理道德，塑造中华民族之德和以仁爱为核心的文化心理结构。作为一所国际学校，能立足中原大地，能扎根中国文化，体现了他们的文化自信与文化自觉。正是这样的教育哲学，铸造了艾瑞德的中国根、民族魂和文化脊梁。他们从文化的视角诠释了何为"国际学校"以及办好"国际学校"的真正密码是什么。

从"善者因之"出发，不难理解，艾瑞德学校正在探索落实"立德树人"这一根本任务的途径和方式。在艾瑞德，"立德树人"有个重要的文化出发点，它也是校本化的哲学基础，即善者因之。在艾瑞德，"立德树人"有自己的切入口和突破口，而这切入口、突破口正是文化的生长点、教师教育哲学的关怀点与提升点，是艾瑞德十年办学经验的凝练，也是艾瑞德的文化制高点。艾瑞德的故事总名称就是"善者因之"。

"善者因之"，对校长而言，意味着什么？抑或说对校长有什么要求？可以从"善者因之"开拓出去，用歌德的话来阐释："给我狭窄的心，一个

○ 自然生长：这里是一所学校 ●

大的宇宙。"心是狭小的、狭窄的，但心胸是广大的、宏大的，好似"一个大的宇宙"。李建华校长正朝着这一方向不断努力。他将艾瑞德装在心里，将每一位教师、每一个孩子都装在心里，把全身心都献给了艾瑞德。那"校长60秒"的每一秒，那家校合作的"相约8：30"中校长表扬电话的每一分，都是一次善的唤醒与激发。校长是有温度故事的设计者、组织者和创造者。

"善者因之"，对教师而言，意味着什么？抑或说对教师有什么要求？同样，可以从"善者因之"开拓出去，用雪莱的话来阐释："道德的最大秘密就是爱。"《哈利·波特》的作者J. K. 罗琳说："爱是一种最古老的魔法。"确实，中华文化中的伦理道德是以仁爱为核心的。艾瑞德的几乎每一位教师都是爱的守护神，不，他们就是爱的天使，把真诚、无私的爱洒向每一个孩子，无论是幼儿园的，还是小学部的；无论是学习成绩好的，还是学习暂时有困难的；无论是家庭背景好的，还是家庭背景特殊的……爱是平等的、公平的、不求回报。爱又的确像魔法，使孩子变得文明起来、聪明起来、勤劳起来、善良起来、健康起来。艾瑞德的故事的确是爱的故事，而爱的温度可以传递，让整个艾瑞德都变得温暖、光明、美丽。总有一天，艾瑞德的孩童将带着"爱的魔法"走向人生，走向社会，走向世界，为人类做出爱的奉献。

"善者因之"，对学生而言，意味着什么？抑或说对学生有什么要求？同样，可以用马克思的话来阐释："只有在共同体中才有可能有个人自由。"艾瑞德是个共同体，是冬天的火炉，是幸福的港湾，是精神的家园。共同体有共同的理想，艾瑞德孩子们的共同理想就是爱国、强国、报国，为成为可以担当民族复兴大任的时代新人打好基础。共同体有共同的规则，大家都遵守规则，大家也就都自由了。自由是创造的保姆，艾瑞德成了儿童创造的王国，创新精神、实践能力在校园里已长成了小树，将会长成一大片森林。

当然，还可以追问家长："善者因之"对你们而言究竟意味着什么？对新时代的家长提出了什么新的要求？艾瑞德的家长已交出了精彩的答卷，他们会讲出有温度的"春天的故事"。

为郑州艾瑞德国际学校建校十周年，我写了以上的话。不是谦虚，这篇文章没有书中的文章写得好，但我坚信"善者因之"。我也会变得更好。

谢谢艾瑞德创办人孙银峰先生，谢谢李建华校长，谢谢所有的教师和孩子。祝福你们，祝福艾瑞德的下一个十年！

成尚荣

2021 年 2 月 28 日

（成尚荣，国家督学，教育部基础教育课程改革专家委员会专家，中小学教材审查专家，中国教育学会学术委员会顾问）

栉风沐雨，砥砺前行

《自然生长：这里是一所学校》一书即将出版，我内心无比激动，也无比忐忑。

这将是艾瑞德教育办学十年实践的再一次升华，艾瑞德的故事也将真正绽放和舞动在中国的教育舞台上，让每一位观众都能找到艾瑞德独特的教育表达！《自然生长：这里是一所学校》是艾瑞德办学十年的里程碑，艾瑞德人用自己独有的视角和智慧呼应着中国教育，为大家呈现出未来的儿童模样、儿童力量！同时，我们还需要不断总结、不断反思，也盼望更多的教育大家给予我们批评和指正，让我们在奔向未来教育的路途中更有力量、更有方向！

回想办学路，峥嵘岁月稠，充满了压力、痛苦、焦虑，但更多的是兴奋、自豪、欢喜。也许冥冥中已注定，办学就是我终身为之奋斗的事业。从小学、初中到师范，我一直是大人眼中"最喜欢和小孩子在一起嘻嘻哈哈玩耍的孩子王"，而我的父亲刚好也是一个"孩子王"，只是他比我多了些许严肃，学识更为丰富。他才是真正受人尊敬、桃李芬芳的老师。读师范是父亲帮我做的决定，而我实际上是以另外一种身份继承了他对教育的热爱。

品正为师，学高为范，因材施教，没有契机就没有教育，兴趣是最好的老师，没有落差就没有成长、教学相长，传道、授业、解惑，燃烧自己照亮别人……太多有关教育、有关教师的生动描述，在我三年的师范学习生活中，已深深烙印在心，对教育的向往亦深入骨髓。

师范毕业初为人师时，那时的我怀着无比的兴奋和期待。然而，我在初中任教仅仅三年就当了"逃兵"，辞职而去，实在羞愧难当。值得欣慰的是，我是以学科教学成绩连续三年年级第一的身份离开的。短暂的教学生涯给了我无穷的办学力量，直到今天，这份力量还在持续发力。

感谢那一段青涩的执教生涯，尽管那时热情很高，但是因为教学经验和学生管理艺术不足，犯了很多今天看来不该有，甚至想起来会觉得幼稚可笑的过失。也很感谢那些朴实包容的家长和那群内心纯净善良的孩子，是他们给了我宽松的成长空间，让我深深感受到为人师表的责任和爱。

值得欣喜的是，二十多年过去了，我还能偶尔接到当年的学生充满关怀的电话。因此，做一名老师的幸福始终是我挥之不去的怀念。如果不是因为办学的缘故，我是真的愿意一辈子做一名一线老师，始终和孩子们在一起。

虽然离开了三尺讲台，但我并没有告别教育。辞职不是因为不想当老师，而是当时实属无奈。由于家乡经济薄弱，我毕业三年仅仅领到六个月的工资，而且只有全额工资的一半，致使生活一直很拮据。我和妻子都是教师，对我们这样的家庭来说，情况更是雪上加霜。于是，我们商量后决定，一人守家教学，继续当老师；一人出去闯天涯，贴补家用。

我想到了办学，对教育的热爱让我无法把脚步从学校、从孩子身边移开。

办学是偶然也是必然，当时国家大力鼓励发展民办教育。但是，当我辞职办学的想法一提出，可谓石破天惊，21岁的我遭到来自各方面的反对。唯有父亲站出来力挺我。母亲是最反对的一个，可当我执拗地要付诸行动时，母亲还是全力支持起来，和父亲一起卖掉了家里全部能卖的桐树、小麦、玉米……又找邻居和亲朋好友挨个儿借钱。

我和爱人也一起四处筹款，把所有同学和朋友的家里都跑了个遍。有时候在朋友家等半天，才借到二百元。也许我的脸皮是从那时候开始"变厚"的，内心所有的纠结在那段特有的岁月锤炼中全部打开，我对自己说：心中想到的必须要做到。

到现在经常有人问我两个问题：你为什么要办学？你办学的第一桶金从哪里来的？说真话，当时办学的直接原因就是家里经济维持不下去了，想通过办学改善经济状况，仅此而已。那时候还不知道理想抱负是什么，只是觉得办学就要办成功。办学更高的责任追求和更高的历史使命感是后来在办学中慢慢生发起来的，并且一发而不可收。这要感谢一路走来所结识的那些优秀的老师和教育专家，以及望子成龙的家长，是他们身上的精神品质和教育追求为我树立了追求美好教育的灯塔。

而我又哪有什么第一桶金？所谓第一桶金，是父母和家人面朝黄土背朝天赚来的血汗钱，是朋友和亲人给予的信任钱！其实，说句大实话，自从办学以来，个人经济状况虽有改善，但真没挣到什么钱，所有的办学积累都投到学校上了，这也正好符合了国家民办教育非营利的办学方针。要想守好初心，真正做好教育，确实需要相当大的累计持续的投入。前几年办教育如火如荼之时，很多想要投资学校的商人来找我咨询时，也会刻意地问一下投资的回报情况。每当此时，我就毫不客气地说："你要是为了挣钱，我劝你还是别投资教育了，挣钱的办法有很多种，唯有投资学校不挣钱。而我办教育二十二年，最大的收获就是快乐和尊严。"

艾瑞德征地建校，可以说是我办学 12 年时又一次的跨越和重塑。在那一年，为了把学校建起来，我倾尽所有，再次举债几千万，人生没有一点退路，举步维艰，战战兢兢，如履薄冰。不过，比办学资金更烫手的问题还在后边。当时的我站在办学 12 年的节点上，陷入了迷茫：我要办一所什么样的新学校？培养什么样的儿童？育人方式如何转变？课程如何设置？构建什么样的学校文化？以什么样的办学理念来定位？如何组建优秀的名师团队？如何让更多的人去接受一个新学校？这些问题都困扰着当时的我和创始团队。

"天下大事，必作于细。""智者千虑，必有一失。"为此，针对以上诸多问题，我带队先后组织了几十场大大小小的论证会，外出十几次考察学习，人忙得像个陀螺似的。不过，现在回忆起那一段惊心动魄而又富有挑战的工作，虽然很辛苦但很甜蜜！上级的莅临关心、问题的落地、同事和朋友们的帮助鼓励，每时每刻都让人如打了鸡血一样兴奋与开心！万事开头难，这点不假，但更难的是临门的那一脚。由于那一年开学刚好赶到雨季，开学日期推迟，到开学前，学校经济已经陷入赤字危机，真应了那句"一分钱难倒英雄汉"。当时我心力交瘁，极度崩溃，为了筹集资金，无奈之下，我把学校未建成的第一排楼全部抵押给了别人。我当时也曾戏谑地对赵校长说："学校还没有建好，已经是别人家的喽，我们努力咬紧牙关，挨过黎明前的黑暗吧！"

现在回想起来，如果当时有一丁点的泄劲，就可能会全盘皆输。建校期间，我的大哥和妹妹在洛阳专门召开了家庭会议，达成一致意见：银峰在郑州办学，资金如果出现困难进行不下去，我们就是把家里所有的家庭资产变卖掉也要支持他！深厚的手足情谊让我动容，人生如此，夫复何求！

奋斗是解决一切问题的金钥匙。艾瑞德新校的创建，是对过去十几年的办学做了一个深度的梳理总结，意欲破解办学存在的诸多困惑。我不止一次地想，新创建的艾瑞德一定能找到一条更好的发展路径。于是，艾瑞德创建之初，我组织召开了19次大大小小的研讨会，数次邀约北上广著名教育专家和当地诸多有教育思想的家长"华山论剑"。很多时候，我们争论得面红耳赤，但唇枪舌剑的背后，都是对儿童、对教育的热爱，都是为了我们可爱活泼的儿童能在六年的小学生涯中有更好的发展。文化、理念、课程、环境创设、育人方式、教学方式、课堂样态、评价方式……在一次又一次的研讨和一次又一次的激情碰撞中应运而生。艾瑞德的诞生，一开始就以高站位形象和姿态立在中原教育的风口浪尖，注定不平凡，也终将不平凡。

事实证明，十年办学耕耘，十年探索实践和发展，自然生长，温度故事，诗与远方，八大文化景观，教师成长"五件套"，儿童成长六个"一"、六个"会"，干净、有序、读书，名师影响学生，教育就是关系加联系，教育就是爱与被爱，田园农场，劳动教育，自然生长课堂……艾瑞德正如最初设计的那样自信昂扬，以势不可挡的力量和不断丰富的元素不断书写着艾瑞德人的教育使命和教育华章。

艾瑞德办学十年以来成绩斐然，先后获得河南省优秀民办学校、郑州市名优民办学校、河南省最具办学特色十大教育品牌等多个奖项。学校有专家治校、名师引领、优秀教师执教，多年来老师们的研究课题多次获得市级、区级奖项，在全国核心期刊与知名媒体发表专业论文与教育类文章10万余字。今年，我校的《四园联动：劳动教育校本体系的实践与建构》荣获"课程改革20年成果征集"高新区特等奖、郑州市一等奖。并作为优秀案例入选全国"立德树人落实机制"案例。学校也被评为首批"河南省中小学劳动教育特色试点学校"，这是对我们多年来教育教学成绩的极大肯定。

更多优秀的艾瑞德人演绎着、谱写着更美的、更动人的未来教育，为每一个儿童当下的发展以及为未来成为社会栋梁提供着更大的可能。艾瑞德，郑州闻名，中原知名，全国有名。一个有教育标杆意义和教育研究意义的样态学校立在这里。

今年是艾瑞德建校十周年，恰逢建党百年，我的办学生涯也走过了二十二年。正因为如此，这本书的出版多了更多沉甸甸的分量，这也让我办学的使命感和新形势下教育应有的历史担当感变得更为清晰与坚定。感谢十年风雨兼程的同路人和同事们！感谢包祥总督学把人生最宝贵的教育哲学奉献给艾瑞德，带到中原大地；感谢首任校长侯炳轩把披荆斩棘的创业激情与汗水挥洒给艾瑞德；感谢第二任校长梁辉为学校的巩固壮大所做的坚持和不懈努力；感谢现任校长李建华以独有的教育特质和教育追求，带领艾瑞德走向强大，声名远播。感谢你们，是你们的付出和奉献，是你们的智慧和汗水，是你们的日拱一卒、不辍耕耘，让艾瑞德有了今天最美的模样！最后，感谢参与编写的老师们为此书所做的工作，感谢中国大百科全书出版社、知识出版社让本书正式面世。

孙银峰

2021 年 7 月 12 日

（孙银峰，郑州市十佳杰出青年，区人大代表，郑州高新区艾瑞德国际学校创始人，艾瑞德教育集团董事长，河南省民办教育研究会副会长）

目录

走自然生长教育之路 办有温度有故事学校

理念篇

『善者因之』愿景管理

管理篇

学生篇

每一位学生都是美丽的不同

理念篇

走自然生长教育之路 办有温度有故事学校

这里是一所学校

　　这里是一所学校。一所可以安放宁静书桌，编织金色童年的学校；一所带儿童弯下腰滴下汗，耕种一亩田的学校；一所领儿童观日月星辰，采摘瓜果桃李的学校；一所布置体育家庭作业，践行"光盘行动"的学校；一所陪着儿童行走世界，去看诗和远方的学校；一所以花的念想来培土，以孩子的念想来教书的学校；一所让温度爬满教育枝头，让故事别上童年衣襟的学校；一所视生命为珍贵存在，以儿童为美丽不同的学校；一所让教育被慈善以怀，让师生被温柔以待的学校；一所令学生在校时深深热爱，离开后依依眷念的学校……

捧着初心办教育

孙银峰

十年办学磨一剑。对我来讲，磨掉的更多的是浮躁和各种莫名的欲望，余下的都是对教育的执着和赤诚。

某次和几位朋友聚餐时，席间，一位好友郑重其事地对我说："你办学校很成功，其中最重要的原因是你坚持得好。"我不敢得意忘形，但心中还是颇为认同。第二天一大早，我第一时间拨通好友的电话，同样郑重其事地对他说："昨天你对我的总结很好，不过，我觉得还不全对。"闻言，朋友也感到很好奇。我继续说道，"除了坚持，在这十年办学的过程中，我始终能体会到办学带来的愉悦感，这是支撑我一路坚持下来的根本动力，也许这就是人们常说的'情怀'吧。"

艾瑞德筹建之初，摆在我面前最重要的问题就是，我要办一所什么样的学校？我要培养什么样的儿童？换言之，在"德育为首，育人为本"的党和国家教育指导方针下，我应当如何赋予一所学校独有的教育内涵？如何赋予每一个孩子独有的精神气质？

为了找到答案，我曾经彻夜难眠，辗转反侧。我虽然曾经做过老师、教务主任与校长，但是这些角色与资历在面对这样本质、严肃的追问时，显得那么苍白无力，以至于我难以做出满意的回答。

时间总是厚爱专注做事的人。一天，一个英语词组"elite cradle"就那么忽地一下在我的大脑中闪现。那一刻，我的内心像着了魔一样，反复念叨着"elite cradle"——精英的摇篮。我想办的学校，不就是要把现在的孩子培养成未来的社会精英吗？有爱、有社会担当、有历史使命，将来能成为为中华民族伟大复兴事业增砖添瓦的人。于是，英文"elite cradle"的中文音译——"艾瑞德"这个带着对未来教育的理想追求的美丽校名就应运而生了。

我曾经在多个场合多次谈到我的教育观。我们要培养一个儿童成为未来的社会精英，靠的不是现在在校园里琢磨如何传授知识给他们，尽管这些也很重要。我们更应该做的，是用倒推的理论视角去追问学校教育是什么，学校应当给儿童提供怎样的育人环境和成长路径。理要明，道要清。战略架构认知要成竹在胸，否则得到的结果就会跟预想南辕北辙。

每个家庭都对孩子的发展寄予了无限期望，期待孩子未来能够在社会上有所担当，成人、成才、成功。想来这并非中国式家庭独有的渴望。

如果要办一所精英学校，培养每一个儿童成为未来的社会精英，就要深刻研究、深入总结现代社会乃至未来社会精英人士的特质。曾经有人问我，"拥有"和"成为"孰先孰后，哪个最重要。比如成龙，是因为"成为"成龙之后才拥有了财富，还是因为拥有了财富之后才成为今天的成龙？

似乎这个问题的答案也是一目了然的。任何一个成功的人能够拥有今天的成就，首先是成为那样一个人，一个内在充满正能量的人。只有这样，他的未来才有势不可挡的发展前景。这也印证了中国人的"内圣外王"之道，以及诚意、正心、修身、齐家、治国、平天下的本末终始逻辑。

无论社会如何发展，社会精英人士的特质基本是恒定的，而恒定的事物都有规律可循：道德、博爱、健康、才气、意志力、学习力、创造力……既然我想办一所培养精英的学校，让艾瑞德成为精英的摇篮，就要赋予儿童这种特质，让每一个儿童从小就习练这种品质，从而拥有这种品质。

儿童是拥有无限奇思妙想的神奇存在，是"成人之父"。我们的使命就是有足够的耐心和爱心看着他们自然生长，让他们在自然生长中绽放伟大的生命力和神奇的觉察力、创造力；我们的责任就是有足够的智慧和艺术让他们在温度、故事中接受洗礼，经历儿童该经历的一切，让儿童的生命一天比一天茁壮，让儿童一天比一天生长得更好！

德之大者，天下为公；德之不厚，行之不远。今天上学品学兼优，明天工作德才兼备。真心希望艾瑞德的儿童未来有能够成圣成贤者，为天地立心；真心希望艾瑞德的儿童未来有达者，能兼济天下，穷也独善其身；真心希望艾瑞德的儿童未来都是幸福的平凡者，都能在平凡的坐标点上缔造不平凡的人生，发射属于自己的那颗"卫星"。多年以后，当他们白发苍苍，依然能带着最美、最祥和的笑脸，用他们微薄的一己之力演绎、讴歌这个真善美的大千世界。

体之强者，终身受用；体之不力，何以任重。没有强健的体魄，哪来生命精神？爱上一项属于自己的终身运动，每天一个小时的汗流浃背，能够让儿童未来拥有更加健康、幸福的生活。今天艾瑞德游泳馆里的"小海豚"，也许明天就是五星红旗下为国争光的游泳健将。万物生长靠太阳，人也一样，在艾瑞德三百亩的田园校区，我们让儿童在太阳下奔跑，观日月星辰，感四季更迭，听万物生长的声音，让生活在城市里的儿童也能在田间地头挥汗如雨，也能把双脚插在泥土里感受万物生长的惊喜。一想到能够这样践行教育，我就感到无限欢喜。过去民间有"穷读书，富练武"之说，且不去争论对错，用现代精神来解读的话，这个说法至少有一点是值得肯定的：随着生活物质条件的改善，我们绝不能培养安于享受、弱不禁风的少年。

心之力者，爱之情深；心乃大药，能愈诸疾。儿童饱满的情感百宝箱里，装的是对这个社会无限热爱的能力。人的本质是爱。孩子今天有多喜欢这个世界，明天就有多大的能力来改造这个世界。艾瑞德儿童从小有爱、懂爱、会爱。各种主题活动、家长沙龙、老师培训、智慧父母大讲堂……让我们每个人都有爱、懂爱、会爱，让爱的力量浸润孩子的精神世界，用爱将世界的美和孩子的精神世界紧紧相拥、彼此裹挟。真心希望每一个艾瑞德儿童都生活在爱的世界里，明天也带着爱走向诗和远方。

一所好学校就是一群爱读书的老师，带领着一群爱读书的儿童。一所好学校就是一群品行高洁、学识渊博的老师在言谈举止间潜移默化地影响着学生。十万个读书广场是学生们醉心流连的梦工场，书中自有表达、思维和逻辑，书中能生发各种能力。一所好学校就是以儿童发展为使命的学校，让每一个家庭对孩子发展的美好愿景在这里得以实现。学校到处是孩子们绽放梦想的空间和舞台。这里有他们演讲时滔滔不绝的激情豪迈，这里有他们书写时洋洋洒洒的飒爽英姿。读书成为孩子们最宁静的内心表达；演讲与写作成为儿童最特别的童年气质、童年声音，最阳光的童年律动。

苏轼说过："古之立大事者，不惟有超世之才，亦必有坚韧不拔之志。""杂交水稻之父"袁隆平也提到，成功的秘诀就是八个字："知识、汗水、灵感、机遇"。"我的成功就有两点，做中的灵感和坚持地去做。"我认为对儿童来说，学习首先是一种非常好的工具，其次才是知识的最终掌握结果。对儿童来说，在兴趣发展、个性特长的培养阶段，始终用好学习这个工具，不断地磨砺孩子的意志力、耐力、品行、观察力、分享表达等能力，可谓至关重要。

让学习和各种活动在儿童多元发展中得以烛照和升华；让意志力的良好精神贯穿儿童未来的一生，照亮儿童未来不确定且多变的世界。曾国藩也曾教育子女说，人生两大病就是傲慢与懒惰。而懒惰就是对意志力的吞噬。从正向角度来说，就是人要有作为，做到勤奋与谦卑。而勤奋就是意志力的不断叠加与升华。

我从来不渴望在艾瑞德出现神童，也不会竭尽所能开发儿童智力的宝藏。因为每一个儿童本来就是宝藏一般的存在，仅仅是个体特征不一、机遇不同而已。儿童时期是记忆力的黄金期。古人让儿童大量背诵经典，即是童蒙养正之学，又是对童子功的顶礼膜拜，更是中国教育智慧对儿童独有的理解与表达。随着现代教育学的发展与进步，随着环境的变化和人才模式培养的新呼唤，我们也不能忘记始终要把新教育学和传统教育学进行有机的融合。

很多教育人认为"聪明"是心的意识流问题，而忽略了这个词实际上是"耳聪目明"的简缩，从而忘记了耳朵和眼睛的作用力才是聪明的根本所在。儿童从上学到毕业参加工作，学习所有的知识时，如果能够过目不忘，听而不忘，吸纳信息的能力有多强可想而知。只有大输入，才有精彩的大输出，才能有更好的加工萃取的可能，才有可能让儿童在未来拥有活跃的创造力。我一直梦想着赋予艾瑞德儿童一种特别的能力，这种能力就叫"聪明"。

所有的学校工作开展、所有的工作效果，决定性的因素最终还是人，人是开展教育教学活动取得成效的关键，而接受教育的也最终是人。我们永远不要过于强加给儿童什么，一切都应该是最自然的表达。大鱼带小鱼，名师风采就是学校第一风景，学生风采就是学校第二风景，最终形成的师生风采就是混合风景，就是学校最美的风景。名师影响学生，不浮躁、不喧嚣，亲其师，信其道。未来必将青出于蓝而胜于蓝。

如此，教育初心之始，终将如愿以偿。

自然生长最美

包 祥

2011 年 2 月 27 日，对我来说是一个特殊的日子。清晨，首都北京飘起一场春雪。雪下得悠扬，下得中和，下得有诗意，让京城沉浸在一片银白之中。瑞雪丰年，我默想着。人们还在熟睡时，我下了楼，只觉得清新的空气扑面而来。在纷飞的春雪中，我驱车来到首都机场三号航站楼。今天是应孙银峰董事长的邀请，飞往中原郑州任艾瑞德国际学校总督学。是《中国教师报》的褚清源主任，用教育情怀把我们组合在一起。

春天就是希望、动力。学校在按部就班地建设着。我们在郑州美术馆和古香古色的茶楼招聘老师。我们为家长讲学招生。4 月 20 日在光华大酒店三楼金色大厅，召开新学校诞生的新闻发布会。自然生长教育感召了老师，感召了家长把孩子送来。足足 100 场讲学，最多的时候一天讲学三场，上午一场，下午一场，晚上一场。何以有如此动力？"因为心中有爱"。

9 月 1 日准时开学，300 名孩子，近百名教职工会聚。第一个月，我们没有在新校园上课，而是把孩子们带到母亲河黄河岸边的 400 亩生态园里，践行自然生长教育。蓝天白云下的生态园，活动安排丰富多样，有起红薯、花生，有摘苹果、葡萄，有与鸡、鸭、鹅共舞，有小湖观鱼、戏水，有听天籁之音、数星星，还有篝火晚会、湖边读诗、中原看日出等。10 年之后

○ 自然生长：这里是一所学校 ●

的今天，我们仍能听到孩子们的笑声。后来，我将这段美好的时光收录在我的《童年是属于大自然的》一书里。

新学校学生的"八大习惯"（吃饭、睡觉、穿衣、孝顺、干净、有序、说话、走路）开启了；"八大品质"（独立、幽默、忠诚、风度、合作、勇敢、自约、包容）开启了；校园"八大文化景观"（丹山路、校训石、善者因之、自然生长、圣人论道、大鱼带小鱼、十二生肖、8 的奥秘）开启了；"启蒙博学"校训开启了；"以文化引领教育，以名师影响学生，以读书形成校风"开启了；简洁大方的"中国文化长廊"（孔子、老子等）开启了；"读书广场"（太极图形状、弧形书架）开启了；"小木屋"开启了……

侯炳轩校长是典型的中原男子汉，愣是带领老师们克服建校时期的重重困难，把学校拉入轨道；梁辉校长对教育的执着，咬定青山不放松的劲头令我钦佩；李建华校长把他的教育情怀、教育积累全部倾注于学校。孙银峰董事长知人善任，把每位校长的才华发挥到极致。一大批优秀教师把青春、智慧和对学生的爱凝聚于这方热土。10 年，成就了今天成熟的艾瑞德国际学校。

自然生长是春、夏、秋、冬，是昨天、今天、明天，是早上、中午、晚上。自然生长对于儿童，是 1 岁、2 岁、3 岁……生长过程中，4 岁儿童必须经历 5 岁才能到 6 岁……儿童生长没有跨越式。艾瑞德用 10 年的时间，力求在本质上揭示，在实践中探索"儿童生长路径"，即自然生长。儿童生长同树木花草的生长一样，在太阳光下遵循自然规律，有秩序地生长着。3 岁，送孩子去上幼儿园；7 岁，孩子欢快颖悟地去上小学；13 岁，孩子要独立上初中；18 岁或 19 岁，孩子离开爸爸妈妈去上大学。

自然生长是中国文化"学而时习之""天人合一""中和位育"等思想在教育中的呈现。教育应让儿童有足够的自主自由支配时间和空间。大自然需要儿童自由自在，悠游余裕，不受打扰地享受一切；让儿童生理的、本能的、无意识的生命，呈现原生态自然生长。

阳春三月，我站在小木屋二楼开阔的阳台俯瞰，校园阳光明媚，鸟语花香，书声琅琅。运动场上有儿童活泼的身影，读书广场上闲坐着的师生在静美读书，科技室里学生试图发现世界奥秘……这是一幅舒展开黄金比例的精美教育画卷，衔着远方的蓝天白云，左前方是老子故里，右前方是羑里《易经》诞生地。我感慨万千，想起曾写过的自然生长教育赋：

> 万物有理，四时有序。天地星辰，自立自律。地阔天圆，亨通顺利。圣心之道，行走天意。中华文化，沧海桑田，繁衍茂盛，世界屹立。开物成务，天健德丽。教育神圣，金石之理。苍天孕育，儿童神奇；如海浩瀚，似天邈兮；超凡脱俗，天赋演绎；智慧泉源，曼妙情契。吾师伟大，激荡诗意；情怀炽热，敏锐洞悉；善者因之，愿景如一；育我儿童，顺势秩序；张弛有度，动静相宜；科学人文，相融相依。精神物质，乾坤一体。时空交会，延伸万里。自然生长，乃真教育。

放眼宇宙，由巨而微，由星而尘，蚁象猿人，万类霜天竞自由，在生命的长河中演化生息——这推动宇宙、转动地球、化生万物、演进人类的力量是"自然力"，其又形成"自然律"。

天地无人推而自行，日月无人燃而自明，星辰无人列而自序。人之所以生，所以无，所以荣，所以辱，皆有自然之理。儿童应是自然生长。

自然生长最美！学生在自然生长着，老师在自然生长着，学校在自然生长着。收笔。

○ 自然生长：这里是一所学校 ●

校园里的"人、情、味"，让教育湿润起来

李建华

　　3月，对一所北方的学校来说是最美的月份。2月的天还有点冷热不均，而3月到了，我们就能说春天真的来了。

　　我常常想，如何能让学校师生的心里一直充盈着春天的气息？无论外面是不是"春天"，但我们内心一直拥有"春意"。如今我逐渐明白，其实"春意"的另一个释义叫作"情意"。我们控制不了自然的大气候，却可以调节内心的晴雨表，而流淌在校园里的人、情、味，就是可以让彼此心房"放晴"的密码。

　　教育呼唤"人"的回归，其实是对教育之"情"与教育之"味"的重申。我们憧憬的教育是温的，我们渴望的校园是暖的，我们期盼走在校园里的人心里是湿润的，就好像"行走在加了糖的空气里，心中似飞鸟般快乐"。

　　在艾瑞德国际学校，我们努力试着用我们的"人、情、味"照亮教育的纹理，也期待与更多的教育同人一起，用"人、情、味"为这个春天加冕。

人，在校园站立着

教育的首要目标是"价值立人"。学校不是简单的学生上完课回家、老师改完作业下班的地方，而是一个用价值内核营造的场域生态，以体恤人心、关照生命。"场"的形成基于儿童立场、国家立场、学校立场，"场"的目的在于托起每个人精神的明亮，使学校中的每个人都能昂首挺胸地站立，觉得自己也有"可以伟大"的地方。

艾瑞德国际学校的"三观"是：每一位教师都是珍贵的存在，每一位学生都是美丽的不同，每一位家长都是重要的链接。也许正是对于这种价值理念的深度认同，让我们看到一个又一个独特而珍贵的生命个体在这个"场"中立了起来，亮了起来。

"刘一墨线"的故事在艾瑞德广为流传。2018年3月8日，开学第一周，三年级的刘一墨同学给校长信箱写了一封信，提议在洗手间的抽纸盒下设立一道线——"抽到此为止"，以提醒同学们节约用纸。第二周，他的建议即被采纳。在国旗下，校长当着全校2000名师生的面，授予他"好建议"纪念奖牌，并提名他为"瑞德少年"。从此以后，学校每个洗手间抽纸盒下的那道线被命名为"刘一墨线"。

除了"刘一墨线"，还有"孙云鹤礼"。2018年5月21日，三年级的孙云鹤同学因为给老师鞠躬行礼问好时动作规范标准，被校长提名为"瑞德少年"，他的行礼姿势被命名为"孙云鹤礼"。从此，"孙云鹤礼"风靡校园，成了今天整个艾瑞德校园独特而亮丽的风景线。

对人而言，何为站立？人之所以为人，是因为精神的站立。教育，是对人施加全面发展的影响，最终使得人的精神完善，成为一个独立站立的人。如果说，直立行走，让人与动物区分开来，是一种偶然；那么，从身体的直立到精神的站立，让人与动物本质区分开来，这是人的必然，是需要"场"的作用。

其次，教育的根本行为是"课程树人"。学校教育需要课程转化力，简

○ 自然生长：这里是一所学校 ●

单来说就是让学生全方位的发展通过课程得以持续。在这种转化过程里，教育智慧闪烁其中。相比于单纯地探讨教育策略和技巧，我们更期待创造一种关系和联系，让道德品质和思维方式通过课程"树"起来，从而让"人"的形象更加饱满。

"眼中有光、脸上有笑、心中有爱、脚下有力"，是艾瑞德国际学校的学生成长目标，为着这个目标，我们围绕课程育人、活动育人做了许多尝试。在艾瑞德，我们用劳动课程、研学课程、拓展课程、家政课程、故事课程等拓展学生的生长路径，设校长助理、瑞德少年、大队委、百名岗位志愿者等众多学生岗位，给他们搭建台子，让他们"站立"在校园中。任何一名同学都可以给校长信箱写信，并在下一周的升旗仪式上得到校长的反馈，写得好的同学，还可以收到精美礼品。"每封必看，每封必复，每封必藏"，这是校长给学生的郑重承诺，回复他们的问题，保护他们的隐私，珍藏他们的信件，让孩子安全而自然地表达，在他们心中种下一粒自由、民主的种子。在课间时分，任何一名同学都可以拽着校长拉家常、说心里话。

此外，学校开设非常有特色的"六个一"主题课程：露过一次营（一年级）、穿过一条谷（二年级）、经历一种爱（三年级）、访过一座城（四年级）、蹚过一条河（五年级）、登过一座山（六年级），以天地为课堂，引山水入胸膛，把山川河流、日月星辰、风花雨雪融入孩子的生命中，滋润他们饱满的童年。同时，六年里，每一个孩子都要种一亩地、写一本书，这是他们小学毕业时送给自己的礼物。马克思认为，"人的本质是一切社会关系的总和"。人是基于某种需要在一定的社会关系中、在所从事的实践活动过程中不断生成的历史存在物，即为我的、自觉的、社会性的实践活动过程中的生成物。那么，人，在学校关系中，便通过学校课程和教育实践活动的一次次"生成"，慢慢长成如树般挺拔向上的样子。

情，在校园流淌着

情，从泥土里生长，用汗水浇灌。细思学校的"人、情、味"，情如一条线，情不断，人的成长与教育的影响便不断。师生情、同伴情、家校情……涓涓不断。

情从何来？我们认为，校园里的情意并不是坐享其成，而是从做事中来，从实干中来。从泥土里生长出来的情，经汗水浇灌，根深蒂固，历久弥坚。这个春天有点特别，停课不停学，从"地上"到"线上"，我们依然是温度在升腾，故事在继续，因为大家知道，唯有努力，才有春天；唯有真情，才有春天。这个春天虽在云上，但我们是用滴在泥土里的汗水将它记住的。

六年级语文老师王雪冰，为了给学生开设主题拓展课程"趣谈名人"，28 分钟的视频，整整录了 15 遍才满意。"重视，所以紧张；紧张，所以出错；出错，所以反复；反复，所以熟练；熟练，所以无畏；无畏，所以无悔；无悔，所以无憾。"她感慨道，"一节 60 分钟的拓展课，装满了老师们殷切的希冀，也承载着每一个瑞德学子的兴趣和梦想。老师也要把最硬的鳞传递给云端的你！"

六年级的学生还有半年就要毕业了，班主任王艳培老师珍惜和他们相处的情分，与班级任课教师一起，对每一个在家的学生进行电话家访，让电话成为连接师生情谊的桥梁。她听到了学生的真情实意："王老师，我们想你们了，我们特别想早点开学，早点回到校园，早点见到同学和老师，因为我们再有三个月就要毕业了，一想到这个，眼泪就会流出来……"

沈祖芸说，教师工作的实质是一种情绪劳动，就是关注学生的情绪状态或学生学习体验的劳动。我们一方面看到情绪劳动中对内在情绪情感的关注，另一方面也应看到这是一种"劳动"。

艾瑞德有句话叫"教育是个动词"，教育要在爱中出发，在事中磨炼，在做中精进。因此，情绪劳动在艾瑞德这样表述：教育 = 爱 + 被爱，教育

○ 自然生长：这里是一所学校 ●

＝期待＋善待，教育＝关系＋联系，教育＝温度＋故事。

情，在主动做事中经受磨砺而变得深刻而坚定，如此才能真正让教育被慈善以怀，让学生被温柔以待。情，在故事中流淌，用温度疏通。

学校的一个重要功能是保证这个生命场域中所有积极而温暖的情感可以顺畅、自然地流淌。这当中一个关键的要素是"故事"。所有渠道的打通其实都是为故事的发生寻找载体，在这个上面下功夫，我们慢慢会发现，故事是教育的实践、经历、艺术和味道，而温度是教育的底色、磁场、翅膀和力量。

这个春天突如其来的疫情将我和学校，和老师、孩子、家长隔离开了，虽然学部有序开展着云上的"停课不停学"，但是我总觉得还能做点什么，让我们在云端的"拥抱"更紧一点。

于是，从 2 月 10 日"云开学"那天起，我开启了"校长 60 秒"。虽然我不能像平时一样与学生在校园里温暖相遇，但我要用每天的"60 秒"，捎去我的耳语，捎去我的挂念，在时间的胶囊里，与学生一起记住当下的时空，记住这个春天，在"云"中与每一个孩子击掌、拥抱。

近 40 天，我每天都确保"校长 60 秒"在早晨 7：00 通过我的公众号发出，成为每一个家庭在春日早晨醒来的"闹钟"。每次的 60 秒录音，从话题的准备、素材的整理到文字的凝练，起码都在 60 分钟以上，录音都在 10 遍以上，我不厌其烦，乐此不疲。正是这样的 60 秒，承载了一个又一个动人的故事，帮助我们记住了这个春天。

什么环境能产生故事？安全的、信任的、柔软的。为了打造这样的环境，我们做了不少尝试和努力。

每学期开学，我们都会安排插班生在升旗仪式上与全校师生见面，做自我介绍，帮助他们找到存在感，加快融入。而这样的用心也促使了故事的发酵。教育不要竞争，办学不必模仿，成长不需比较，学校是迎来送往的生命驿站，为来到面前的每个孩子提供最适合的土壤，让每一个生命经过你的面前时都有着自己最美的样子。

做教育，既要有"孤舟蓑笠翁，独钓寒江雪"般的坚守，也要有"青箬笠，绿蓑衣，斜风细雨不须归"般的浪漫，无论是坚守还是浪漫，都是情的延伸，爱的抵达。学会发现故事，传播故事，创造故事，是小学校里的大学问，而让故事能自然流淌，靠的是暖融融的温度对人心中坚冰和隔阂的消融。

味，在校园氤氲着

教育是用"坚持"烹至味。人间至味是清欢，学校至味是什么？在我们看来，学校的至味在于一群人坚守着一件事。我们用"坚持"的浪流冲刷出自己的一片田地，师生生长于其上。时代更迭很快，但做教育我们愿意慢慢来；世界变得智能，但办学校我们肯下笨功夫。"坚持"帮我们在大背景中握住小趋势，守住基本盘，烹出校园至味。

从 2018 年 11 月开始，每天下午 4：30 发校车，我和在校的干部们都会下来送校车。与登车的学生互行鞠躬礼，然后看着他们蹦蹦跳跳地上车。当校车开出校园的瞬间，车窗上扒满了摇动的小手。手越挥越远，心却越来越近。这样的挥手不是再见，而是想念；不是分开，而是靠近。上学父母亲人相送，放学老师校长相送，孩子的一天有始有终，有情有爱。天天如此，这样的迎来送往，让孩子多了一些幸福感，让教育多了一点仪式感。

此外，作为校长我始终坚持着 13 件小事：

（1）每天给家长打"相约 8：30 电话"，表扬孩子的进步，累计 800 多人次；

（2）每周四中午与学生校长助理共进午餐，累计 100 多次；

（3）每周一国旗下为"瑞德少年"颁奖，累计 107 次；

（4）每周一国旗下讲故事；

（5）每周四阅读"校长信箱"来信，累计 900 次；

（6）每周一回复"校长信箱"来信；

（7）每天坚持"日精进打卡"，累计 110 万字；

（8）每天坚持读书半小时，累计近 1000 天；

（9）每天坚持与老师一起写粉笔字；

（10）每天阅读教师公众号，为老师点赞；

（11）每天下午送学生放学；

（12）每天校园行走 1 万步；

（13）疫情防控期间每天开通"校长 60 秒"，累计 104 天，计 4 万多字。

坚持是一个深入浅出的过程，它让校园里的人们看到绵绵用力、久久为功的价值。有时候一条道走到黑的尽头，看到的并不是真正的暗夜，而是重门洞开，那光亮让我们重新懂得恒心的意味。

教育是用"精进"创新味

教育直面人和人性，无论儿童的生长还是人性的进化，都有亘古不变的原理。但是，这并不意味着学校的味道就是一成不变的。精进，每天都一样，每天都不一样，让学校始终保有生机与活力。而活跃的思维和旺盛的学习力，使得一所学校可以常用清新的味道来呼应这个时代，也让学校成为一种温暖的期待。

"国旗下"课程是艾瑞德国际学校校本课程中的重要板块，每周一的升旗仪式和校长国旗下讲故事是全校学生的期待。停课不停学期间，师生不能到学校，那么升旗仪式如何进行呢？为了不让孩子们的期待落空，德育中心将升旗仪式搬到了线上。在这个过程中，我们不仅要克服技术问题，还要思考每周选择什么主题？和当下的环境有什么衔接？如何通过升旗仪式将师生和家长链接起来？如何发挥线上升旗的优势？就这样，在不断打磨中，艾瑞德云上升旗仪式上线了。

从第一周，我们的"云升旗"就获得了师生和家长的一致好评，它让孩子们家中周一的清晨多了仪式感。亮相后的惊艳并没有使以少先大队部为首的主创团队停下思考的脚步，在此后的每一周，线上升旗仪式都会有新鲜的内容，让人眼前一亮。如今，每周一清晨的线上相约已经到了第六周，"云升旗"不仅升起了师生心中的爱国情怀，还升起了我们做事时追求"精进"的态度，升起了学校清新的味道。

人、情、味，因人而有情，因情而出味，因味而感人。因为有了人情味，普通的校园变成了温润的笑园。我们常常畅想，最美的校园是什么样，如今，我们有了自己的答案，那就是"有人在校园站立着，有情在校园流淌着，有味在校园氤氲着"。如何让人站立？如何让情流淌？如何让味氤氲？那就需要我们站在教育的高地，去尊重人的立场、研究情的价值、守护味的绵长。

教育应是湿润的，干燥的土壤是无法孕育出生命的，正如充满疏离的心灵无法流淌出故事一样。而让教育这片土壤变得湿漉漉、暖融融的，正是这可爱的人、情与味。

（此文发表于《新校长传媒》公众号 2020 年 3 月 20 日）

○ 自然生长：这里是一所学校 ●

这里是一所学校

李建华

　　这里，让每一个孩子看得见分数，想得起童年，记得起恩师，忆得起母校。在校时，涌动的是热爱；离校后，留下的是眷念。

　　这里，是深深浅浅的时光，是你你我我的成长，是真真切切的温暖，是长长短短的念想。

一个核心

　　艾瑞德建校十年，始终秉承一个教育核心：走自然生长教育之路，办有温度有故事学校。这个艾瑞德国际学校的核心办学理念，是 2017 年 8 月老师们在洛阳白云山召开的一场会议上确定的。这次会议在艾瑞德办学历史上具有举足轻重的意义，我们称之为"八月会议"。

　　在这个会议上，老师们对办学六年的自然生长教育进行了总结与反思，对未来学校的发展明确了定位和方向。孙银峰董事长一锤定音，确定了学校的核心办学理念为"走自然生长教育之路，办有温度有故事学校"。

　　2011 年那个春天，艾瑞德落户郑州，自然生长教育根植其中。在当时的教育环境和背景下，这个理念的超前性和预见性是非常了不起的。孙银峰董事长酷爱教育，他一开始就期待在艾瑞德"每一个孩子像小树一样自由、阳光、舒展地生长"。后来，包祥总督学在新乡四季同达生态园每天写一篇文章记录当时的办学实践，集册成书。慢慢地，就诞生了自然生长教育。

因此可以说，自然生长教育是孙银峰董事长和包祥总督学顶层设计的高站位。由此，艾瑞德在中原大地上的春天的故事开始了。自然生长教育是正确认识儿童生长规律，尊重儿童、尊重生命、尊重生命生长路径的教育。自然生长教育在艾瑞德教育创业者们的共同努力下，与我们艾瑞德国际学校一起血脉相连地"自然生长"着。

自然生长教育是属于每一个艾瑞德人的，尤其是属于至今依然还在学校的第一批创业者。新乡四季同达生态园是我们的"井冈山"和"延安"，是自然生长教育的发源地，是"星星之火可以燎原"的梦想场。如果没有艾瑞德人丰富而富有智慧的实践，没有包祥总督学的悉心指导与记载，我们就无法想象自然生长教育最初的模样。

这是一段激情燃烧的岁月，这是一段永载校史的时光，这是一种开天辟地的精神，这是一种永远继承的文化。

孙银峰董事长说："自然生长教育核心理念是艾瑞德团队在发展路程中集体智慧的结晶。"

温度是教育的底色、磁场、翅膀和力量，故事是教育的实践、经历、艺术和味道。在自然生长的教育之路上再多做一点探索与实践，力争让"温度"与"故事"再丰富点、再生动点，这是我们每一位艾瑞德人肩上的责任和义务。

走自然生长教育之路，办有温度有故事学校，更需要我们尊重儿童发展规律、尊重教育发展规律、尊重社会发展规律，这是我们对"为谁培养人、培养什么人、怎么培养人"的学校表达和时代应答。

不忘初心，不辱使命，共识而为，携手而为，努力而为，坚持而为。

两个目标

两个目标，就是指教师发展目标和学生成长目标，也被我们称为艾瑞德"四有教师"和"四有学生"。

教师发展目标：有温度，有高度，有故事，有本事——"四有教师"

2014 年，习近平总书记在教师节前夕看望北师大师生，他提出了"四有"好教师的标准：有理想信念，有道德情操，有扎实学识，有仁爱之心。这是一种期待，也是一种要求，更是一种目标，这是好教师的中国化表达，当是我们所有教师努力的标杆。

2018 年暑假，在我们的文化体系中逐渐有了"四有教师"的表达，这是这些"带着爱、发着光、踩着风火轮、自备小马达、自成小宇宙"的老师给艾瑞德教育带来的启发。

这个带着泥土味和青草香的表达，从我们自己从实践中抽象、具象出来的。这是中国"四有"好教师的校本化表达，也是学校核心理念的教师版呈现，更是我们教师观的具体化尺子。这就是艾瑞德教师的样子，不是其他学校教师的样子。这是教师自我成长的期许，也是学校教师培养的指南。

三年暑期培训计划，每月名师讲堂、神秘天使、旗袍节、研学、读书、写作、讲故事、种地等"五件套"，都是为了培养出这样的老师。

在"四有教师"中，有温度和有故事都是取自我们核心办学理念中的表达。

有温度，是排在第一位的，其主要内涵就是要有"理想信念"、有"仁爱之心"：爱学生、爱学校、爱教育、爱国、爱党、爱中国特色的社会主义，这是做教师、做好教师的前提。没有了温度，就不能从事教师这个职业。

有人说，教师是太阳底下最光辉的事业。而对艾瑞德学校而言，教师就是一种当太阳的事业，自己要能成为一个有温度的"小太阳"。

有高度，其内涵就是"有道德情操"和"有扎实学识"，专业上的高度和做人的高度，这是一种无形的期待，要高于常人，高于学生，这样我们教书育人才能游刃有余。

我们常说，爱学生，更要懂学生，光有温度是不够的，要有更多的爱和本领，这就需要高度了。爱学生需要有温度，懂学生需要有高度。教育是科学，也是艺术，有故事，这是教育艺术的问题。教育艺术侧重体现在"有故事"上，我们的教育教学要有方法和办法，要善于"做故事"、"讲故事"和"写故事"。一个好教师一定是一个会讲故事、讲好故事的人。

对教师而言，我们一定要想方设法丰富其精神、丰富其内心、丰富其生活，呈现出向日葵般的明亮和饱满。鼓励并帮助教师利用假期多经历、多体验。教书育人，不是简单地写在课本上、呈现在课堂上的那点东西，而是写在中国大地上、写在世界人类历史上的璀璨文明。读万卷书，行万里路，爱读书、爱生活的教师是有故事的。

有本事就是要求我们做一个立德树人的好教师，像于漪老师、斯霞老师、李吉林老师、陈立群老师那样，他们是有本事教师的杰出代表，我们要向他们学习，力争成为一个有本事的教师。

有本事，是一种综合能力。我们以"四有教师"的标准来要求自己，并坚持不懈地做下去，努力成为"四有好教师"。这样，你就是一个有本事的好教师；这样，你就是珍贵的存在，你就是美丽的不同。也正如来参观的人们所说，"艾瑞德老师的精气神就是不一样。"

学生成长目标：眼中有光，脸上有笑，心中有爱，脚下有力——"四有学生"

曾记得，在 1980 年，邓小平同志提出了"有理想、有道德、有文化、有纪律"的"四有"新人。

今天，我们要培养德、智、体、美、劳全面发展的社会主义建设者和接班人。这些都是国家意志上的育人目标，如何把这些目标校本化、具体化、实践化，需要我们教育人有转化的智慧，转化成既符合国家要求，又符合学校实际的具体目标，让师生"看得见""摸得着""够得上"。这样，目标才可以激励人、发展人、成长人。

眼睛是心灵的窗户，一个内心有光、有爱的学生，一定是"眼中有光""脸上有笑""脚下有力"的。

对一个真实、自然的儿童而言，他们的外在都是内在的自然流露。我们自然生长教育也是追求培养一个真实、自由的儿童，培养一个干净、有序、读书的儿童，他们眼里的光、脸上的笑，除了来自原生家庭外，更多的来自我们学校。

一个充满生命质感的儿童，是可以从眼里、脸上和脚下"读"出来的，也是学校教育潜移默化来的。因此，我们的鞠躬礼、"一条线"、就餐集会、"光盘"就餐、瑞德少年、学生校长助理、习惯课程、拓展课程、研学课程、劳动课程等，都是基于"四有学生"的成长目标而开展的。

聚焦现有学生成长目标，培养未来中国公民模样。未来确实不可预知，但是，基于爱与创造力的培养，是教育的 DNA。我们的自然生长教育对应创造力，指向核心素养；我们的有温度有故事对应的是爱，指向的是核心价值观。

很多到过艾瑞德的专家学者曾不止一次地感慨："艾瑞德的学生和其他学校学生不一样，但是怎么不一样，似乎也说不清楚。""这才是学校的样子。"唯有我们知道，这些都是对"四有学生"质地、质感和质量的鼓励，也是我们一直坚持下来的沉淀，我们视之为教育质量。

当然，这两个目标不是割裂的，而是紧紧地联系在一起的，没有"四有教师"，怎会有"四有学生"呢？

好教师影响好学生，好师生成就好学校。学校是师生成长的地方，当教育被慈善以怀、学生被温柔以待时，好的学校生态、教育生态就会呈现出来，"四有教师""四有学生"就会如雨后春笋般涌现了。

三观

人有三观，学校也应该有三观，三观正了，学校的样子也就正了。就一般意义而言，人的三观是指世界观、价值观、人生观，而我们所讲的三观特指学校的教师观、学生观和家长观，这是表达我们对教师、学生、家长的情感、态度和价值观。教师、学生、家长是学校中重要的人，我们关注三观，其实就是在关注人。

在艾瑞德，我们的教师观是：每一位教师都是珍贵的存在；我们的学生观是：每一位学生都是美丽的不同；我们的家长观是：每一位家长都是重要的链接。

我们认为，人为贵，我们把人放在心上，放在教育的中央。教育学，其实就是人学，学校的一切都是基于人、为了人、发展人。

我们认为，每一位教师都是珍贵的存在。笛卡儿说，我思故我在，而我们要说，我贵故我在。教师是学校最重要的人，教师第一，没有教师的珍贵，就无法托举学生的珍贵。

教师的"珍贵"有四层含义：

一是从教师本身职业特点而言，它不同于其他行业，它是太阳底下最光辉的职业，是人类灵魂的工程师，因此显得珍贵。

二是从教师个体而言，教师的存在是因为教师自身的珍贵，存在即金贵，教师要有自己的"金刚钻"，要通过教书育人、立德树人让自己珍贵起来，珍贵不是靠别人捧在手心的，而是靠价值证明的。

三是从学校层面而言，我们要尽可能托起教师的珍贵，看见、信任、

○ 自然生长：这里是一所学校 ●

帮助每一位教师的成长，让他们不断地珍贵起来，让他们有价值感、幸福感和存在感。

四是从学生、家长而言，要把教师当作珍贵的存在，尊敬老师、信任老师、配合老师，把老师当作先生一样来对待。

我们认为，每一位学生都是美丽的不同。每一个生命都是独特的个体，儿童是最神奇的存在。世界上没有两片完全相同的树叶，更何况孩子呢？"不同"是儿童的客观存在，不同的孩子开不同的花，有不同的开花季节，有不同的花期，作为教师，我们要从内心认可并接纳这种不同。

世界因不同而丰富，儿童因不同而美丽，假如世界上所有的孩子都是一个模子克隆出来，哪怕他再聪明、可爱，都是一件很可怕的事。

教育的作用、教师的使命，就是要让这些不同的孩子都美丽起来，向善、向上，用不同的方法、不同的评价来帮助孩子充分显示出各自的不同。

学生"美丽的不同"需要教师"珍贵的存在"，没有教师的"珍贵的存在"，就培养不出来学生的"美丽的不同"。而学生"美丽的不同"，同时也凸显出教师"珍贵的存在"，桃李满天下，是教师最值得骄傲的荣光。

同时，教学相长，因为儿童的不同而促使每一位教师因材施教，练就了教书育人的本领，有本事的教师就是珍贵的。正因为儿童在"美丽的不同"地成长着，所以我们教师这个职业也变得伟大起来、美丽起来、珍贵起来。

我们认为，每一位家长都是重要的链接。家校关系是共同体，出发点一致，阶段目标一致，价值取向也一致，就是要教育好孩子。但是因为一些因素，不少学校的家校关系总会出现一些问题。

家校关系需要不断地修复，不断地链接，而且家长和教师彼此心里都视对方为重要。一旦视对方为重要，而不是把自己当成重要的，问题解决的契机就会出现。因为把家长当成重要的人，我们才会每年举办三天的智慧父母课堂，我们才会每天坚持拨通校长8：30电话，我们才会在重大活动中把家长当作嘉宾，我们才会认真落实家长来信中的建议……

开门办学，就要对家长开放，平等对待每一位家长。链接不是平面的、点对点的联系，而是立体的、多点交融的联系。当然，把家长当成重要的链接，不是无限制地满足每一个家长的要求。重要不是讨价还价的砝码，而是相互尊重的天平。

每一位家长都要能匹配这样的重要，越是重要，我们越是要小心谨慎、用心呵护、真心沟通。家校关系出现问题的话，是永远没有赢家的。因此，我们对家长的态度是和善而坚定的。

"三观"是我们共同的文化，共同的价值观，我们也希望成为教师、学生、家长的共同文化。

善待教师、善待学生，善待家长，践行"三观"是践行好学校文化和价值观之关键，让文化长在人的心里，我们的教育生命之树就会常青，我们艾瑞德的教育事业就会永恒。

四人

文化的引领，一定是核心团队的重要工作。学校的干部观很重要，干部必须要明白"我是谁，为了谁"的问题，尤其是在我们学校，我们绝大部分中层管理干部非常年轻，他们几乎都是刚 30 岁出头，更需要找准自己的位置。

我们的干部，都应是"学校温暖的符号、师生成长的道具"，这是基于"走自然生长教育之路，办有温度有故事学校"核心理念而回应"我是谁"的问题，也是符合未来组织对干部的要求。在《重塑组织》一书中，提出了未来的"青色组织"理念，它的隐喻是"组织是个生命系统"，将有三大突破：自主管理、完整性、进化宗旨。显然，"温暖的符号""成长的道具"在接近这样的组织，我们也努力把学校建设成"青色组织"的颜色。那么，

○ 自然生长：这里是一所学校 ●

我们期待所有的干部都能成为四种人：坚守办学价值观的那个人，与师生保持最近的那个人，让学校保持沸腾的那个人，把学校带向未来的那个人。这是我们的干部"四人"观。

坚守办学价值观的那个人。事业永远是一群人的价值观长跑，也是价值观的胜利。每所学校都会有自己的办学价值观，而这样的价值观总需要有先行者、坚守者，每位干部就应该是这样的人，都要身体力行学校的价值观。价值观本相是看不见的抽象、摸不着的虚空，但因为我们的坚守，它变得有血有肉、可亲可近、能仿能学了。

坚守价值观是一个干部的基本素养，也是对事业的重要态度，我们讲忠诚，最重要的是忠于我们的价值观。因此，我们需要的不仅是赶路人，更重要的是需要同路人。自然生长教育是我们的大道，道相同，方可为谋，坚守价值观，就是我们每一个干部的天道。

与师生保持最近的那个人。要成为这样的人，需要我们不断地走近师生，来到他们中间，听到他们、看见他们、发现他们，"看见他们的模样，接住他们的忧伤，捧住他们的欢畅"，也就是与他们打成一片。尤其在发生重大事件、重大问题时，我们都是师生的身边人，我们就是他们其中的一员。

"不求在中心，只求在心中。"物理距离要近，心理距离也要近。我们推行了年级部管理，干部联系年级、教研组，推行大部制（幼儿园、小学部、行政后勤部），都是为了重心下移、靠前指挥、贴近师生。目前看来，运行得非常成功。心靠近了，事业就长远了。

让学校保持沸腾的那个人。沸腾，是生命的一种状态，沸腾是对生活和当下的热爱。学校应是生命沸腾的地方，儿童、少年、青年是学校的主角，他们生机勃勃、充满活力，面向未来，他们喜欢自由呼吸、舒展奔放。学校应该营造一种积极向上、与他们生命相匹配并促进他们快乐健康成长的环境。

沸腾是需要温度与故事的，沸腾也在散发着温度与故事。每一位干部都有自己的影响所及，要成为"沸腾源"，用一种饱满的热爱来点燃师生。每一个年级、每一个学科、每一节课、每一位老师都沸腾了，那校园就有色彩了，就有画面感了，就会让人热爱、让人眷念。

把学校带向未来的那个人。教育是面向未来的事业，学校是走向未来的驿站，儿童是面向未来的天使，每一个生命都是从学校走向未来。

于漪老师说："教师一个肩膀挑着学生的现在，一个肩膀挑着国家的未来。"如果今天的学校不面向未来，未来的国家将面向过去。我们的使命就是把学校带向未来，把儿童带向未来，这就需要我们把目光投向远方与未来，一起来尽我们所能重塑学校、重塑教育、重塑自己，我们的"一二三四五六"的文化就是要把学校带向未来。

预测未来的最好对策，就是创造未来，我们要力争让孩子在将来路过未来时有似曾相识、手足有措的自信：我们来了！

五件套

我们的教师成长目标是"有温度，有高度，有故事，有本事"。为此我们的抓手是"研、读、写、讲、种"，俗称"五件套"。成长的"外套"越来越多，原先是"读、写、种"的三件套，后来又增加了"讲"，现在又多了"研"。在民办学校的职称、晋级等成长通道还没有完全畅通之时，我们需要寻找自我成长的路径，我们需要练就自身的基本功。

研，是研究。研究儿童、研究课堂、研究教学，这是教师的首要任务，也是我们站稳讲台、守住专业的基础。儿童立场，自然生长，我们要研究儿童，研究每一个儿童。华东师范大学终身教授叶澜先生认为，基础教育阶段，要给孩子留下明亮的心。在她看来，小学阶段是给孩子打下人生底色的阶段，要给孩子一个明亮的天空，让孩子心里面总是向着光明、向着善良。基础教育应当首先面对具体的个人生命成长，留给孩子对人生的向往和追求。因而，儿童是我们眼里、心中最重要的人，教师应该成为儿童、研究儿童、帮助儿童。

"自然生长课堂五要素"是我们教学的纲要，它不是简单的模式，而是一种教学的思想，需要每一位老师去研究它、实践它，让课堂更符合儿童的自然生长，让课堂成为师生生命共同对话与成长的栖息地，教师和学生的诗和远方应该是从课堂出发的。

当然，课堂不能简单等同于教室，课堂应该在校内与校外，研学路上、一亩地等都是我们的课堂，需要我们研究好、实践好。专家引领、同伴互助、周六集体教研、名师线上线下等都是我们在"研"字上的具体动作。

读，是读书。这是教师自我成长与修炼，也是我们的校风之一。我们常说，到学校就是读书的，读书形成校风，校风联动家风，需要教师带头读书。读书应该成为我们的一种生活方式与生活态度，腹有诗书气自华，书香是最持久的味道，堪比任何香水。

每日的读书打卡，让人多有画面感，坚持下来，必有芬芳，这是我们集体的心理契约，这是我们共同的美好约定。

艾瑞德教师的与众不同就是因为读书。读书燃梦、读书圆梦、读书造梦，通过读书，"读"出我们的海阔天空；"读"出我们的生机勃勃；"读"出教育的桃花源。每一位艾瑞德的教师、员工，首先要是读书的人，其次慢慢成为读书人，让读书成就我们的"珍贵的存在"和"美丽的不同"。

写，是写作。教师的写作，不是写长篇大作，不是为了成名成家，而是写儿童、写学校、写教育，写的都是我们教育的人间烟火。

做，是珍珠；写，就是穿起珍珠的那根线，做、写结合，就是美丽的项链。做，可以成事；写，让人通透；一个人写，是小世界，许多人写，就是大天地。

过去的一年，全校 130 多个公众号、700 多万字，还有 40 多篇论文的发表，这就是我们的量级成长。2021 年建校 10 年的 10 本教师公开出版书的问世指日可待。在最美的年龄，有一本自己公开出版的教育书，这是多么美好的事。

写，并不意味着谁能写，而是因为能坚持。在自己业余的时光里，噼里啪啦敲着键盘，成就着自己专业的远方，码的是文字，也是在码着自己的成长高度。这是一件多么美好的事。

艾瑞德微信矩阵里教师们的公众号现在已经排了长长的两列。皇甫宜磊、陈琳、高培丽、王彦月、李娜、孙超、薛静娴、王雪冰、葛小幸、李丹阳、王倩、王冰等老师都是写的坚持者。

讲，是讲故事。讲艾瑞德的教育故事，这是一种教育表达。口头表达是教师的基本功，讲好我们自己的教育故事，是我们的专业本事。如果说，"读"是一种输入的话，那"讲"就是一种输出。

厚积才能厚发，做多了、研究多了、读书多了、写作多了，自然我们的"讲"就精彩了。曾有人听过学校中层的交流后感慨道"艾瑞德的干部太能讲了""年级部主任谈工作都有点'TED'味道了"，其实，他有所不知的是，我们的干部太能干了。他们不是在云里雾里绕圈圈，而是从风中雨中蹚过来的。

我们也力争搭建了更多"讲"台，让更多的老师走上去、走出去。每次教师们的分享都让人看到了他们的成长。我们反对只讲不做，我们提倡边做边讲，练"做"功，也练"讲"功。

种，是种地。这是我们的独特文化，我们 300 亩的田园校区是另外一所学校，呈现的是教育的另外一种样态。

劳动教育不是简单的劳动，一亩地是师生教与学的田园课堂，一年四季，自然生长。当教师放下粉笔头、扛起锄头与学生下地干活的那一刻，你在学生心中的形象顿时变得丰满起来、立体起来。

教育与生产劳动相结合，这是教育的要求，也是我们老师的责任。既然我们有这样天然的条件，那我们就一起种好我们的一亩地。

种地就是种德，我们身体力行，与学生一起种下成长的样子，田园里的丰收，丰收的不仅仅是瓜果蔬菜，更是师生的精神明亮。种过地、会种地的老师一定是不一样的老师。

"五件套"就是帮助我们变好、自立自强的"铁布衫"，让我们长成自己想要别人看见的样子。或许在不久的将来，我们的老师还会迎来成长当中的"六件套""七件套""八件套"等。

但不管到了几件套，我们在这个成长的过程当中已经收获了许多。收获了什么呢？我们收获了教师发展的路径，我们收获了团队能力的底色，我们收获了同事之间的一份深情，我们收获了学校经历的故事和同频共振的默契。

六个一

我们学生的成长目标是：眼中有光、脸上有笑、心中有爱、脚下有力。

如何让这样的目标有抓手、有载体，让学生呈现不一样的模样？我们提出并践行"六个一"主题课程：露过一次营，穿过一条谷，经历一种爱，访过一座城，蹚过一条河，登过一座山。这是一个学生在学校六年生活中的经历与体验，是在校时对学校的热爱之点，也是未来毕业后对母校的眷念之源。

露过一次营，这是送给一年级的礼物。我们将带着全体师生在我们300亩的田园校区过帐篷节，搭帐篷，望星空，听虫鸣，开篝火晚会，看露天电影，以此装扮孩子的童年。

童年是属于大自然的，大自然是孩子最美的课堂。"儿童散学归来早，忙趁东风放纸鸢。""儿童急走追黄蝶，飞入菜花无处寻。""意欲捕鸣蝉，忽然闭口立。"我们的田园校区是原生态的，是属于儿童的。在这里，儿童可以自由玩耍、任意奔跑。而露营是我们仪式感的承载，可以想见，蓝蓝的夜蓝蓝的梦，五颜六色的帐篷撑起了儿童五颜六色的梦。

穿过一条谷，这是送给二年级的礼物。我们带领全体学生驱车120公里后，徒步穿越在河南和山西交界处的后河大峡谷。登高山，临峡谷，都是生命的新体验。这些可爱的二年级孩子身处谷底，仰望世界时，面对荆棘丛生、脚下无路的情形，他们的内心是好奇？是渴望？是害怕？是勇敢？我们都不得而知，我们所能知道的就是这样的经历是孩子成长的必需，我们认为这样做是对的。

经历一种爱，这是送给三年级的礼物。每年的12月初，三年级的学生会在凌晨三四点分组奔赴城市的公交站、地铁站、垃圾站、早餐店、教师家、学校食堂等地方，去探寻这个城市中醒来最早的人，并为他们送上我们的爱心。美好的城市有人在呵护着它，我们生活在这样的城市里，总有一群辛勤的人早早醒来为这个城市奉献着他们的爱。这样的仪式感，也在默默教育着孩子要爱着这座城、爱着这些人。"让城市在爱中醒来"这个活动，我们已经连续做过两届，并成为三年级的保留项目。

访过一座城，这是送给四年级的礼物。少年古都寻梦，行走天地课堂，古都研学，一周时间，四年级学生每年12月在正常的学习时间访问中国古都。连续三年，从开封到洛阳再到西安，这个研学活动已经连续做了三届。通过研学，激发起学生对古都、对中国文化历史的敬仰与热爱。每一届研学归来，都会有一场面向三年级的汇报演出，承上启下，激发期待，唤醒美好，让古都成为一本活教材，让儿童知道活学习。

蹚过一条河，这是送给五年级的礼物。黄河是我们的母亲河，我们紧邻黄河边，我们组织五年级学生沿着黄河边，从当年的楚河汉界的鸿沟出发，徒步拉练10公里。遥想当年的金戈铁马，考察黄河的风土人情。黄河

○ 自然生长：这里是一所学校 ●

岸边留下了刘邦、项羽的传奇故事，也留下了我们的成长足迹。长江澎湃，黄河咆哮，它们都通向大海；儿童有梦，教育有诗，我们在奔向远方。

登过一座山，这是送给六年级的礼物。小学六年的学习，也是一次小小的攀登，毕业旅行，是六年级的最后一课。我们已经连续做了两届，效果很好，还将继续。我们会改变毕业旅行的仪式，将毕业旅行与毕业典礼结合起来，并选择在愚公移山之地——位于济源市的王屋山的山顶颁发我们的毕业证书。学生们带着愚公移山的精神走向中学、走向未来，这将是一次有意义的毕业课程。

孩子的童年登上梦想的高山，用眼看世界宽度，用心去感受人文的气息，用脚丈量大河的温度，倾听千年一夜虫鸣耳语。六年生活的美丽不同，让学生的成长充满着期待。

"星空、峡谷、城市、古都、黄河、大山"，"六个一"是一种非常的意向，也充满着无限的想象，它相当于六个重要的坐标点，深深地镶嵌在孩子们的童年里。

当然，我们还有一直坚持的种一亩地、写一本书，都将贯穿在整个的六年中，一起丰富着学生的小学生活。泰戈尔说："孩子们是热爱生活的，这就是他们最初的爱，遏止这种爱是不明智的。"我们将基于"六个一"，为每一个孩子定做成长护照，沉淀记载他们的六年美好时光。

自然生长

自然生长是春夏秋冬的生长，是百花齐放的生长，是开放包容的生长。

自然生长教育是尊重儿童生命生长规律、遵循儿童生命生长路径的教育。

自然生长教育要尊重儿童生长的规律，尊重教育的规律，尊重社会发展的规律。

儿童立场

李建华

你不可轻视小孩子的情感！

他给你一块糖吃，是有汽车大王捐助一万万元的慷慨。

他做了一个纸鸢飞不上去，是有齐柏林飞船造不成功一样的踌躇。

他失手打破了一个泥娃娃，是有一个寡妇失去独生子那么悲哀。

……

他想你抱他一会儿而你却抱了别的孩子，好比是一个爱人被人夺了去一般的伤心。

陶行知先生的这段教育名言，道出了"小孩不小"这门教育学问。站在儿童的角度去读教育，就是儿童立场。所谓"儿童立场"，指的就是离儿童近一点、再近一点。一个优秀的老师，一定是离儿童最近的人。

儿童立场，首先是"儿童有场"。场，即环境，学校就是儿童的场，儿童走进校园，就意味着有场了。不同学校有不同的场，有的是儿童喜欢的场，有的是校长以为儿童会喜欢的场。这个场中应该有阳光、雨露和空气，让儿童能自由呼吸而不感到恐惧。这个场应该像动物园、游乐场一样让儿童心心念念。

儿童应该在"慈善以怀、温柔以待"的场里。"有温度有故事"是我们给儿童创造的场，干净、有序、读书，是我们这个场的风气。有什么样的场，天长日久，就会走出什么样的儿童，乃至老师。

儿童立场，其次是"儿童在场"。儿童在场的位置决定了一所学校的儿童观、一个教师的儿童观。场，有具体的，也有抽象的。儿童在班级的位置是具体的场，在教师心中的位置是抽象的场。有群体的场，也有个体的场，一群儿童的位置和一个儿童的位置也是有区别的，全体性与个别化的协调。每一个儿童都是美丽的不同，不同是客观存在，而美丽则是教育的使命。只有让每一个儿童在场，才能让每一个儿童拥有不同的美丽。在场学习，指的是儿童自主、自发、自然、自由地学习，课堂中如此，活动中亦如此。

我们喜欢用"人在中央"来表达儿童在场的位置，这样的"中央"指的不是物理位置，而更多是心理位置。是否在"中央"，要取决于儿童自身，每一个儿童的"中央感"是不一样的，正如一个教室里不是所有的学生都喜欢坐在中央的位置。

儿童立场，再次是"儿童造场"。儿童的场，不是成人建好的房子，让儿童住进来就是了。而是，儿童应该是场的参与者、建设者和贡献者。班级建设、学校建设中都应该有儿童的身影，儿童应该是"做"享其成，而非坐享其成。儿童应该是设计师，亲自参与设计他喜欢的地方。

儿童造场的过程就是儿童在场。如果只是充当一个旁观者，你就是把他放到了中央，那也不算在场。儿童造场就是与学习、学校建立关系和构建联系的过程。允许儿童造场，也是相信儿童、放手儿童的体现，陶行知先生的"教学做合一"就是放手让儿童造场。

我们的"自然生长课堂五要素"、"六个一"主题课程，都是在鼓励和促成儿童造场。现在国家强化的劳动教育，给儿童造场提供了更多的可能与保障。

儿童立场，最后是"儿童成场"。在学校，儿童是自己，也是他人的伙伴，合作每时每刻都在发生，都在为彼此学习和成长产生影响。一个人影响力越大，场的力量就越大。每个儿童都是小太阳、小宇宙，都在发光，都在贡献能量，每个儿童都是珍贵的存在。当儿童成了小场，他就感受到场的力量，才有可能眷念着大场，确保始终在场。

儿童立场，应该是儿童立于场，而不是我们让儿童立于场。当然，前提是需要我们有儿童"立场"。不过，我们这样做并不是一味地顺从与迁就孩子，而是要努力寻求其与教育目的的深度契合。

六会儿童

李建华

"学校啊，当我把孩子交给你，你能给他怎样的教育？今天清晨，我交给你一个欢欣诚实又颖悟的小孩，多年以后，你将还我一个怎样的青年？"

每每读到一位妈妈的这句话，或叫作呼唤，作为教育工作者的我都为之震撼。我似乎能看到这位妈妈充满疑虑而又期望的眼神，分明是在追问我们："你们将饮之以琼浆，灌之以醍醐，还是哺之以糟粕？"

回顾艾瑞德学校的教育历程，当我们确立了我们"每一位学生都是美丽的不同"的学生观，提出了"眼中有光，脸上有笑，心中有爱，脚下有力"的学生成长目标，并辅之以特有的"露过一次营，穿过一条谷，经历一种爱，访过一座城，蹚过一条河，登过一座山"的"六个一"主题课程后，我们的学生最终会长成什么样子呢？

成长"看得见"，关注的是"人与当下"；成长"看不见"，则面向的是"诗和远方"。

多年前，南京市金陵中学丁强校长就提出"既要对学生的现在负责，也要对学生的未来负责"的办学理念。2010 年，他在创办南京市金陵中学河西分校小学部时，也明确提出了学生的"六个一"：写一手好字，发表一篇文章，会一门乐器等。重庆市谢家湾小学刘希娅校长也提出"六年影响一生"的办学理念，由此可见，小学六年对儿童的影响。当一个家庭把孩子交到我们手里，六年后，我们将还给他怎样一个孩子，这是我们必须面对和回答的问题。

我们用"六会儿童"来尝试回答。会劳动，会游泳，会演讲，会写作，会旅行，会一门乐器。

会劳动。自然生长、劳动教育，是我们办学之日的初心。十年来，我们一直在认真对待劳动教育。300亩田园校区，每班一亩地，学生六年都要在一亩地上亲近生活、亲自动手、亲爱劳动、亲历生长。校园、田园、家园、社园的"四园联动"让教育更生动。学校教学楼没有保洁，都是学生自己打扫，能让学生做的劳动都交给学生来完成。德、智、体、美、劳，劳育很重要，会劳动的孩子一定差不了。我们就是要培养一个会劳动、爱劳动的学生。

会游泳。这是我们对体育的彰显，也是我们办学的体育特色，利用我们得天独厚的游泳馆，让游泳课进入正常课表，教会每一个孩子游泳。会游泳，是一种技能，也是一项教育。每年放寒假前，会有一个蓝色、白色、黄色的"泳往直前换帽季"活动，目的在于促进游泳技能的学习。蛙泳、仰泳、自由泳、蝶泳，不同的泳姿在展现我们学生美丽的不同。

会演讲。语言是思维的外壳，可以反映出人清晰的思路。演讲是一种语言交际活动，对人的综合素养要求比较高，公众场合、体态语言、鲜明主张、声情并茂、宣传发动等演讲的特点，对人的表达能力要求比较高。对学生演讲能力的培养，已经融入我们自然生长课堂之中，每天课前三分钟演讲、语文课堂的改革、基于理解的分享与表达、首届演讲大赛，这些都在培养着学生的演讲表达能力。丹尼尔·韦伯斯特说："如果有一天神秘莫测的天意将从我这里把我的全部天赋和能力夺走，而只给我留下选择其中一样保留的机会，我将会毫不犹豫地要求将口才留下，如此一来我将能够快速恢复其余。"侃侃而谈中透出自信，声情并茂中彰显力量，举手投足中显示风采，这就是演讲的魅力。

会写作。写作是书面之表达，从小学一年级开始，学生就开始写成长日记，六年下来起码有 10 万字；鼓励学生给校长信箱、后勤信箱写信，也是为学生的写作搭梯子；六年中发表文章、出一本属于自己的书，就是我们的目标，也是我们的达标，语文教学的主要任务就是教会学生写作。会写作、爱读书，就是语文教学的目的。写作是输出，读书是输入，读得多，自然就想写，就会写了；写得多了，才会产生饥饿感，从而产生读书的需求。读书是我们的校风，让读书成风，才有可能让写作成风。要通过作文大赛、办班级报、办班级公众号、成立学校文学社等形式为学生搭台子，激发他们的发表欲。

会旅行。"读万卷书，行万里路。"旅行，是带着学生去看世界，把世界铺展在学生面前，让学生融在真实的成长场景中。旅行是活生生的教育，也是热腾腾的生活。走出校门，走向世界，行走的半径扩大了，成长的图景也就丰富了。世界是鲜活的教材，旅行是行走的课堂，以天地为课堂，引山水入胸膛。祖国的山山水水，中华的璀璨文明，都在无形中融入学生生命的气象中。只有眼前多"树木丛生，百草丰茂。秋风萧瑟，洪波涌起"之风景，心中才会有"日月之行，若出其中；星汉灿烂，若出其里"之感悟。人的胸襟和气魄是要看你走了多少路过了多少桥，装下多少山水。一到六年级的"六个一"主题课程，就是着眼于培养会旅行的艾瑞德学子。

会一门乐器。我们常常形容一个人多才多艺，会说他吹拉弹唱无所不会。我也经常跟老师们开玩笑说，在人与人的交往中，才华的展示不是让你做一道奥数题，而是你的一手好字、一副好歌喉，或是会弹曲子。会一门乐器，是我们艺术教育看得见的目标，艺术教育、美育，是人成长之关键。爱因斯坦与小提琴情愫深厚，他甚至认为自己演奏小提琴的才华可媲美于科学上的成就；和爱因斯坦齐名的德国著名物理学家马克斯·普朗克钢琴弹得非常好；天文学家开普勒也是个音乐家……艺术和科学是一枚硬币的两面，也应是人成长的两只翅膀。艺术是想象之母，是艺术催生着人的想象力，而想象力是创造力之母，没有想象，何谈创造。个人以为，教育的重要任务是教会学生想象。我们的拓展课还要再拓展一些，我们的音乐课也不能只局限于教孩子唱唱歌，学校应该有小型的民乐团、夕阳乐团、合唱团、鼓号队等，从会一门乐器开始，让我们的艺术教育具体而丰富。

古就有"礼、乐、射、御、书、数"六艺之说，今有艾瑞德学子"六会"之求，德、智、体、美、劳全在其中，全面发展真实可见。这是需要落实的，学科、活动、课堂联动起来，一盘棋，多手抓，全覆盖。当然，"六会"只是具象，还应有"七会""八会"，乃至更多……

用劳动教育扣好人生的第一粒扣子

李建华

2018年9月10日，习近平总书记在全国教育大会的讲话中指出，要"在学生中弘扬劳动精神，教育引导学生崇尚劳动、尊重劳动，懂得劳动最光荣、劳动最崇高、劳动最伟大、劳动最美丽的道理，长大后能够辛勤劳动、诚实劳动、创造性劳动。"因此，我们在做新时代劳动教育的时候，必须瞄准国家的顶层设计和顶层要求。新时代的劳动教育不能等同于以往的劳动教育，它是以全国教育大会的精神为指导，遵循中共中央、国务院印发的《关于全面加强新时代大中小学劳动教育的意见》（以下简称《意见》）和教育部的《大中小学劳动教育指导纲要（试行）》（以下简称《纲要》）的文件要求，开展劳动教育。新时代的劳动教育已经不能等同于综合实践活动，它远远高于综合实践活动，因为它属于德、智、体、美、劳五育范畴，是上位的。

记得2014年5月4日，习近平总书记在北京大学考察时语重心长地告诫青年人要扣好人生的第一粒扣子，"如果第一粒扣子扣错了，剩余的扣子都会扣错"。我个人认为劳动教育是扣好人生第一粒扣子的教育。2020年11月26日，中共中央召开了劳模表彰大会，在会议上明确提出在新时代要弘扬劳模精神、劳动精神、工匠精神。中央电视台在劳模大会召开后的《焦点访谈》当中，把镜头都对准了普普通通的劳动者，快递小哥、基层劳

○ 自然生长：这里是一所学校 ●

动人民。而这三种精神也是帮助人"扣扣子"的。

艾瑞德国际学校自 2011 年创办之日，劳动教育真真切切地践行了九年，我们是基于"走自然生长教育之路，办有温度有故事学校"的核心办学理念，我们认为在天、地、人之间，人的生命必须和天地贯通。华东师范大学叶澜先生曾经说过，"感天地人事，育生命自觉"。因此，我们基于这样一种认识，把人的生命和自然的生命紧紧融在一起。艾瑞德国际学校在创办的时候就有两个校区，一个校区是孩子们日常学习的地方，另外一个校区是 300 亩的田园校区。2011 年学校建设资金并不充沛，可是我们下大力气建设田园校区，开展劳动教育，因为我们觉得它很重要。今天，我们把劳动教育做到了现在这种程度，用劳动教育来扣好人生的第一粒扣子。我想到了耳熟能详的一首诗《悯农》，现在的孩子为什么不知道珍惜劳动成果？我个人认为，如果没有经历过"锄禾日当午，汗滴禾下土"的辛苦，要让学生明白"谁知盘中餐，粒粒皆辛苦"的品格教育几乎是不可能的。凡是得来容易的东西都常常不被珍惜，只有通过低下头、弯下腰、流下汗得来的东西，我们才会去珍惜它。因此，《意见》当中明确指出，新时代的劳动教育必须"让学生动手实践、出力流汗，接受锻炼、磨炼意志"。这是新时代劳动教育的育人价值之一。

所以，今天我就劳动教育对人品格养成的作用讲两个方面：一是品格养成是劳动教育的题中之义，二是劳动教育是品格养成的必由之路。

品格养成是劳动教育的题中之义。这里的题中之义，是指事物的关键之处。劳动教育牵手"四育"，起到树德、增智、强体、育美，这是其他四育所没有的功能。这在学校具体如何落实呢？

故事发生在我们的田园校区，一个班级的一亩地上种出了"中国"二字。劳动教育不是比产量的多少，比的是在劳动教育中形成热爱劳动、珍惜劳动的品格。当孩子们用心在种地时，在他们的一亩地上种下"中国"两个字的时候，他们内心升腾的一定是对这片土地、这个国家的小情愫。

他们没有喊出爱国的口号，他们用汗水写出了"中国"。再比如我们班级的油菜丰收了，大部分用来榨菜籽油，那段日子，同学们脖子上挂着支付宝、微信的二维码，手中提着菜籽油，在校园里兜售，并用卖来的钱采购下一季一亩地的种子。也有同学把油菜籽装在非常小的瓶子里，做成了劳动作品展示，并起了"你太有才（油菜）"这个有意义的名字。

一个班级的红薯种得非常好，老师们、孩子们兴高采烈地带着工具来到田间组织收获活动的时候，突然发现他们班的红薯"不翼而飞"了，大家可以想象那个场景（孩子们抱怨等），这时候我们的老师是怎么做的呢？班主任牛云云给孩子开了一个主题班会。主题班会分为三个层次：第一，接纳事实，这是一个美丽的错误；第二，调整心态，积极地面对；第三，解决问题，确定班会新主题。当我知道这个消息之后，我在那周的国旗下讲话当中，特意拓展延伸讲到红薯为何丢失、红薯丢失之后我们该怎么办。一位学生家长在红薯丢失之后说："此时此刻我们大人的一言一行就是榜样。"如何面对一亩田的红薯丢失事件，这成了德育的话题，同学们将来走上社会，可能也会面临着如红薯丢失之类的劳动成果丢失现象，这时候就需要趁机开展德育活动进行成长引领。

艾瑞德国际学校的劳动教育，从"三有"时代新人走向"三有"艾瑞德儿童。习近平总书记提出要培养新时代有理想、有本领、有担当的"三有"时代新人，我们把它校本化为艾瑞德"三有"儿童：眼中有光、心中有爱，脚下有力。"眼中有光"包含必备的劳动知识、灵活的劳动思维；"心中有爱"包含正确的劳动态度、积极的劳动精神；"脚下有力"包含健壮的劳动体魄和熟练的劳动技能。最终，形成勤俭、奋斗、创新、奉献的劳动精神。

如何培养勤俭的品质？"光盘行动"艾瑞德做了两年，每个年级都有餐前集会、班级值日生，改变了由以往学生到一个集中地方去倒餐的惯例，变为在年级就餐处倒餐，每周班会课都有相应的节约主题活动，然后这个问题就解决了。如何培养奋斗？班级一亩地，每年班级开镰日的时候，小学 41 个班级加上幼儿园 13 个班级全部去种地，人人必须种地，出力流汗。如何培养创新？一个班级用量子原理，一亩地长出的红薯又大又没有虫害，呈现出劳动的新业态。如何培养奉献？校园义工岗，在我们学校校园有一百多个义工岗，只要有劳动的地方就有孩子的身影，我们学校教学楼里是没有保洁的，都是孩子们打扫，能交给孩子做，就不要让教师或者保洁去做。

劳动教育是品格养成的必由之路。学校劳动教育以"四园联动：劳动教育校本体系的实践探索"为主线，学校主动，学生灵动，教育生动，"四园联动"让教育更生动，借此来培养学生的劳动品格。"四园"中，校园是实施劳动教育的核心阵地，起主导作用；田园是劳动教育实践的特别场域，起基地作用；家园是劳动教育发生的重要地点，起基础作用；社园指向儿童目前与未来的场景，起支持作用。

校园劳动是以自主管理，涵养品性。学校设置有一百多个义工岗，办公室的垃圾桶我是不倒的，都有专门的学生义工负责。大家肯定说我这个校长很懒，中国有一句俗话叫作"懒娘生巧女"，懒校长培养出勤学生。教育不就是校长、老师往后退一点，让孩子朝前走一点吗？劳动教育更是如此。一个就餐值日生，值日之后在一篇文章中写道："看到丢了一个馒头，心会痛一下。""痛"一下的时候，教育就发生了。没有就餐值日的劳动，就没有这样潜移默化劳动品格的慢养。除了就餐值日生，我们学校还有"快递小哥"。因为艾瑞德是一个寄宿制学校，经常会遇到家长送东西到学校来，而疫情防控期间家长不能进校园，怎么办？于是，"瑞德快递"组织产生了，每个"快递小哥"承担不同年级的快递分拣、配送工作，他们做得非常好。校园里还有瑞德银行、瑞德购物中心，其目的就是让孩子们体验并明白，未来我们也要成为普普通通的劳动者、普普通通的建设者。

田园劳动以亲身体验出力流汗。亲近生活、亲自动手、亲爱劳动、亲近生长，这符合《纲要》的精神。《纲要》反复强调劳动教育必须让孩子亲身体验。在学校有一个班级叫"向日葵班"，班级一亩地种的全是向日葵，我参加了他们班级第一粒向日葵种子的种植。后来,在 2018 年 5 月的一天,由于受到恶劣天气的影响,这个班的向日葵一夜倒伏。向日葵倒了,这个班的孩子心都揪了起来,他们一晚上没睡着,第二天早上没有来学校,而是直接前往田园校区,一个个孩子用一根根杆子把向日葵给扎扶起来。暑假前夕,全校许多老师都分到了颗粒饱满的向日葵。孩子们懂得了收获的来之不易。劳动是教育的密码,劳动是教育的钥匙。

家园劳动以持之以恒培养习惯。在艾瑞德,孩子们每个学期都会拿到一个家政作业清单,这个清单不是一次的,它是一学期的。我们的低年级学生不需要做家庭作业,但是必须做家政作业、体育作业,这是必做的,因为非常重要。这样安排就是为了把劳动的校风逐步延伸到家风当中去。学校是劳动教育的主阵地,起主导作用,要用这样的主导来影响家庭。

社园劳动以联动参与发展素养。服务性劳动一定是在学校之外的第三方劳动才叫服务性劳动,这是《纲要》和《意见》中的精神,在学校发生的劳动一般都叫日常生活劳动,都是师生应该做的,而服务性劳动是对他人的。每年,学校都会组织"让城市在爱中醒来"劳动主题课程活动,这是学校三年级的"必修课",目前已开展了四届,在每年 12 月初或 11 月底,零下 3℃,凌晨 3:00,三年级全体师生走进了郑州市的公交站、医院、消防大队等一些地方,去感受这个城市是谁让它在爱中醒来。这样的劳动教育主题课程,是培养孩子亲身参与到劳动当中,更重要的是让孩子们懂得尊重普通劳动者。

劳动教育具有四个特点,综合性、实践性、开放性和针对性。综合性指学科综合、五育融合;实践性强调动手实践、出力流汗、接受锻炼、磨炼意志,花拳绣腿的劳动不是劳动,不流汗的劳动不是劳动;开放性指场域开放、教与学的方式开放;针对性指要因地制宜、就地取材、结合校情、结合学情。

劳动教育必须要有目标,如果没有教育目标,那么靶子就不知道在哪里。我们针对小学低、中、高段特点,依据《意见》和《纲要》精神,明确了设立三段的目标：小学低段，劳动意识得到启蒙，在劳动中学习日常自理的基本技能，体会劳动的乐趣，明白人人都要参加劳动；小学中段，养成良好的卫生、劳动习惯，做好个人卫生清洁、班级和责任区卫生基本清洁，主动分担家务，愿意在学校、社区进行义务劳动，具备基本的认真负责和吃苦耐劳的精神；小学高段，形成正确的劳动价值观，懂得如何在劳动中与他人合作，能够在劳动中发现问题并创造性地解决问题，有一定的职业意识，以劳动为荣。

同时，我们结合二十四节气课程、节日主题活动、德育主题活动，把劳动与教育紧紧融在其中。我们非常重视二十四节气课程，除了考虑到人与自然的结合，更重要的是学校地处河南，因而更要立足中国大地办教育，扎根中原文明做劳动，而二十四节气是中原文明的一个重要特点。在劳动教育中，我们始终遵循"鼓励积极参与，重视实践过程，增强劳动价值感"的原则。

劳动教育评价是个难题，我们做了一些探索，采用学分制评价方式。基于基础学分、绩点学分和奖励学分来评价，这样的评价不是简单地打分，而是要把孩子劳动的过程通过记录、可视化的形式，让孩子知道他的劳动综合素养最终形成的评价结果。学校也希望带动劳动教育从生活走向日常，每学期的综合素养评价都包含劳动教育，每学期都有劳动综合素养评价。

劳动教育也常常让我牵挂，一个周六的下午，我开车到田园校区，发现很多家长、孩子都在劳动，我有感而发，写了一首打油诗："周末人倍忙，师生爱农场。种地为作业，田园亦课堂。今日弯下腰，来日挺脊梁。汗滴禾下土，梦中瓜果香。双脚立大地，才有诗远方。无问西和东，自然成篇章。"

总之，学校希望通过劳动教育，最终实现"劳动最光荣，劳动最崇高，劳动最伟大，劳动最美丽"的教育价值，通过劳动教育来培养学生的品格，最终达到扣好人生的第一粒扣子的目的。

（此文发表于《高新教育》2020 年 12 月第十四期）

从"等风来"到"迎风去"，2021 教育风向标

李建华

> "唯有迎风而上，向标而行，才能打好课改下半场，跑好教育全场，走出一条自然生长的教育之路，办好一所有温度有故事的学校。"

美国企业家洛克菲勒说："在人生的大海中，我们无法左右风向，但是我们可以掌控自己的风帆。"人生领域常常如此，走进学校则似乎有更多可能。

如果我们综合参考国内前沿教育机构的研究成果，并对全球局势、国家政策以及政治经济的发展趋势，有一个准确预判时，那么一所学校也可以掌控自己的"风帆"，进而在学校的小场域，甚至教育的大场域里开创一种局面，左右一种"风向"。

2020 年底，由蒲公英教育智库主办的"第七届中国教育创新年会"，将"教育的风向标"吹遍九州，吹向中原，吹进了河南艾瑞德学校工作的日常。

2021 年，中国共产党建党 100 周年，也是"十四五"规划和二〇三五年远景目标的开局年；同时，还恰好是国家基础教育课程改革的第 20 年——自

○ 自然生长：这里是一所学校 ●

2019 年中共中央、国务院发布《关于深化教育改革全面提高义务教育质量的意见》以来，关于"劳动教育"的意见，"教育评价改革"的方案，还有体育、美育、惩戒权……一系列承载着教育变革风向的文件接踵而至，教育回应时代的"风口"全面到来。

舞台已搭，道具毕现。风口既至，教育何为？

2021 年 1 月，我们从"等风来"转为了"迎风去"，经过一个月回顾、梳理、酝酿、发酵，在全校的进阶学习浪潮中，学校以一场内部研讨会，发布了教师团队自己的"教育风向标"。

一、自然生长课堂构建。自 2017 年以来，我们通过锁定自然生长课堂的"五要素"，形成了对课堂教学的价值追求。具体是哪五个要素呢？

一是基于关系的相遇与对话，二是基于自主的探索与发现，三是基于合作的互动与体验，四是基于理解的分享与表达，五是基于发展的激励与评价。

我们推行"五要素"，是以学生的现实生活出发，让他们的学习具有适度的挑战性，帮助他们习得团队协作能力，解决具体问题的能力，以及学习成果作品化的能力，而这些能力，均聚焦于学生的核心素养。

要实现这一教育目标，学校的教师，他必须是"情绪劳动者"，能够用和善而坚定的语气与学生对话，让孩子们成为"主动学习者"；他还是精神导师，能够不断启发孩子们独立思考和批判思维，成长为一名"深度思考者"。

二、学习方式变革。我们要通过变革"教育方式"来更新"学习方式"。

佐藤学认为，好的课堂是"润泽的课堂"。"润泽"是一种湿润程度，那种安心的、无拘无束的、轻柔滋润的感觉。在"润泽的课堂"里，每个人的呼吸和节律都是那么柔和，老师与学生都不受"主体性"神话的束缚，大家轻松自如地构筑着人与人之间的关系，构筑着一种基本的信赖关系。

基于这种"润泽"理想，今天，我们逐渐形成了在"语、数、英"三科教学上的明确思想，让课堂充满"润泽"感。这种课堂氛围也推动着"小组合作"从松散走向紧密，从合作走向独立，形成了一种"课堂的社会"——一种由对班集体的直接性归属意识，与对课堂之规范的无意识承认，融合而成的原始共同体。在这样的课堂中，教师既是专家，又是父母。他与儿童的关系，表现为绝对的尊敬与亲密的信赖。

与此同时，我们还开发了学生成长的工具箱和脚手架。未来，我们还要研发"百宝箱""万花筒"这样的黑匣子，扩大学习共同体的势力范围，让师生和家长都可以在其中，按需抓取能量，实现自我价值。

三、教研模型构建。我们要形成一个高效有用的教研模型，并不断迭代更新。教研为教学而生，并不断引领教学。今天，学校的教研和教学已经紧紧融合，我们通过"提问、交流、共识、共学、尝试、反馈、成果、辐射"八个模块的建构，让学校教研拥有了"规范、有效、成果"三个节点意识，用以致学，学以致用。

四、成立名师工作室。我们的名师工作室不断被孵化出来。

2020 年，我们先后成立了语文学科樊婧工作室、数学学科蒋静工作室、英语学科李春晓工作室、班主任管理牛云云工作室、幼儿园管理艾幼智库工作室。

通过这一系列的工作室，我们的学术团队得以深入研究学科、管理方面的问题与解决方法，通过"自赋能，自成长，自组织"，不断延展更多功能，孵化名师，培育伙伴。

五、绿色作业变革。"人类永远是在强化社会基础运行规则的前提下，不断追求更高程度的个性化和自由。"而关于作业的个性化与自由，同样是学校变革的重点，我们的口号叫"绿色作业革命"。

"绿色"，是无污染、无公害的。我们学校的班主任，每天严格控制孩子们的书面作业总量，同时备课组要科学合理布置作业，教学中心要严格控制考试频率，德育中心采取等级评价方式，强化实践性作业、探索弹性作业和跨学科作业，通过一连串的"监督"机制，将绿色带到孩子们面前。

同时，学校还有一条"铁律"：禁止让家长批改作业、签字，晚上 9∶00 以后可以无条件不写作业，热烈拥抱《中小学减负措施》，杜绝重复性作业和惩罚性作业，让"绿色作业"成为艾瑞德的一道景观。

六、综合活动整合。著名教育家叶澜认为："无论从自然变化、万物生长的节律，还是从继承传统的维度，节气都应该成为整合学校活动最适宜的框架。"

二十四节气无疑是古人最伟大的发明之一，时至今日，它仍然从历法、农业、饮食、健康、习俗等多个方面影响着现代人的生活。二十四节气缩短了人与自然的距离，也让我们可以一窥宇宙的奥秘。

基于对节气文化的理解，我们的节气课程逐渐形成了"春生""夏长""秋收""冬藏"四大支柱，巧妙整合了教育、教学活动，落户年级、固化时间、整合项目，与"十四五"时期经济社会发展指导方针中的"文化建设"和"生态文明建设"相映成趣。

七、综合素质评价。黄晓婷教授（北京大学中国教育测量与评价中心主任）认为，综合素养不仅是知识与技能，它是在具体情境中，通过利用和调动心理、社会资源（包括技能和态度），以满足复杂需要的能力。

而分解到每一门学科，也都有它的素养。比如说语文，培养的是孩子们的审美素养和逻辑素养。遣词造句的技巧、要求背下来的古诗和文言文，都是为了让学生的气质随着这些文学知识的积累得以提升，也就是修身养性。而逻辑，则主要体现在阅读题和议论文上。

比如数学，主要培养孩子们的严谨思维和推理能力，实事求是的态度和探究真理的习惯。这是一门锻炼思维的学科，也是数学的学科素养。2021 年，我们继续做好每学期末的"学科素养测评"，落实学分制评价方式，将学校所在区域一体化综合评价融入其中，帮助孩子成长，形成一套有艾瑞德特色的综合素质评价。

八、劳动教育一揽子。我们相信，劳动不仅可以教会大家"诗意栖居"，最重要的是培养一种"工匠精神"。

2020 年，我们精心设计的"四园联动"劳动教育校本体系，已成为学校特色，成为抓手。2021 年，我们要继续深挖劳动教育，将"四园联动"做成品牌，促进五育融合，培育大国大民的"工匠精神"。

九、家校关系重塑。家校矛盾愈演愈烈，一方面跟社会高速发展带来的问题有关，一方面也跟家校双方沟通不畅有关。

2021 年，我们继续提倡"四个共"——共识、共情、共商、共生，坚持"引领在先、立场准确、边界清晰"的指导方针，通过家长沙龙、家长课堂、微型家长会、家长开放日、智慧父母课堂等方式，柔化双边关系，重塑家校情感，达成合力育人的目的。

十、年度十本必读书。我们也发布了 2021 年艾瑞德人的"必读十本书"。

顾明远先生说："我十分主张，我们的教师、特别是中小学教师都要学点教育史经典名著，这样才能有较开阔的视野，有历史的眼光，来开创教育的未来，创造新的经验。"

我们十分强调师生的精神滋养，强调从阅读中获得生长。于是，我们为教师、学生和家长都发布了经典"套餐"。

我们希望孩子们通过遨游时空，纵横驰骋，从经典小说中一窥这个古老民族的精神根系、文化源泉，从而了解个人之于民族，民族之于国家的深沉关系。

我们的风向标发布会，在老师、家长中引起震动。

有老师说："起风了，唯有做足准备，才不至于在风中凌乱。"

有老师说："我们即将站在风口浪尖，展翅飞翔。"

有人说："过大关、想大事、谋大局，十个风向标全部指向儿童与教师成长，罗织成了艾瑞德的未来图像。"

也有人说："未来要打破传统课堂，把教学目标与孩子的学习活动挂钩，设计趣味适切的学习活动，推动自主学习与合作探究。"

还有家长说："陪伴孩子的同时，要不断完善和投资自己，只有自己优秀了，才能带动身边的人……"

2021年，是艾瑞德建校的第十年。十年前，我们像婴儿一样蹒跚学步；十年后，我们像婴儿一样初心如故。

2021年，所有教育人都要过大关、想大事、谋大局。我们知道，唯有迎风而上，向标而行，才能打好课改下半场，跑好教育全场，走出一条自然生长的教育之路，办好一所有温度有故事的学校。

这，就是我们正面临的浪尖风口；这，就是我们的风向坐标和精神坐标。

（此文发表于《新校长传媒》公众号2021年1月29日）

温度故事

温度是教育的底色，教育的磁场，教育的翅膀；故事是教育的实践，教育的经历，教育的艺术。

以花的念想来培土，以孩子的念想来教书。让温度爬满教育的枝头，用故事别上童年的衣襟。让教育被慈善以怀，让师生被温柔以待。

学校安全感的三个尺度

李建华

安全感，是人内在精神的需求，是贯穿一个人生命轨迹的重要底色。

许多人认为，到了现代社会，人的安全感的根本来源，是物质温饱，是家庭与住房。人类学家项飙曾提出疑问：家居是不是从来就是"人之为人"的源泉？游牧者、山民和水上民族居无定所，是不是就丧失了他们的人格和自我身份意识？

决定"人之为人"的究竟是什么？在以培养内心充沛的人为事业和使命的教育人眼里，安全感是什么？它来自何处？

有一对父子，爸爸是重庆众多"棒棒军"之一，在朝天门扛货，一年365天，他扛350天。整整10年过去，如今，这位名叫冉光辉的爸爸已经在重庆买了房，安了家。冉光辉说，他最大的愿望就是儿子能有出息，为此他愿意为儿子再扛20年。

这是一个父亲给儿子的安全感；儿子有出息，是儿子给父亲的安全感。他们的故事，也是千万普通人通过勤劳与努力建构安全感的一个缩影。

纵观历史长河，人类文明进步的脉络其实与人类不断追寻安全感的过程相暗合。从直立行走到开始使用工具、寻求食物来源的农业文明时代，再到满足住宿、交通需求的工业文明时代，都是对安全感的追寻驱使人类向前。当我们进入一个全新的时代，世界的经济与科技如熊熊烈火，内心的热爱与安宁却闪烁不定，我们常说"在不确定的时代做确定的自己"，依然是在寻找安全感。

正是因为我们对安全感在不同发展阶段有不同的需求，才推动了整个人类文明滚滚向前——寻找安全感，是社会进步的车轮。

那么，"安全感"，它究竟意味着什么？

英文中"安全"的单词是 Safe。如果允许我重新解读，也许它正代表了安全感对于我们的意义。

S 是 Steady，稳定。大到国家，小到家庭，都需要底盘稳定带来的踏实感，它给予我们基本的自尊与自信。

A 是 Alive，活跃。死气沉沉和鸦雀无声不会有真正的安全感。我们需要热带雨林般的生态，那里人情活跃、思维跳跃。

F 是 Free，自由。我对自由的理解就是对时间的轻松把握，对空间的随意抵达。而这需要足够的安全感来支撑。

E 是 Equal，平等。这是对人格的托举，它决定了精神的站立。站着呐喊永远要比跪着吃饭让人感到安全，因为决定未来的是视域的远近，而不是碗的大小。

稳定、活跃、自由、平等，也许就是我们站在当下的坐标点上，真正能带给我们安全感的力量源泉，能为我们营造一个最终走向自我实现的环境。

那么，人类是如何获得安全感的？不妨把今天分享的主题颠倒过来看：文明进步与人生奋斗是获得安全感的重要源泉。

春秋战国成就了诸子百家，抗日战争诞生了西南联大——越是动荡的时代，我们越要看见恒常，那是产生安全感的内生力量：唯有奋斗才有安全感，唯有付出才有安全感，唯有发展才有安全感。我们可以参看这些词条，将它们作为获得安全感的坐标：刻意练习、一万小时定律、时间颗粒

○ 自然生长：这里是一所学校 ●

度、终身学习、自驱型成长、跨越能力陷阱……

安全感，最终还要回归到自我价值的体认与追寻，需要个体建构高水平的自我调适系统。而教育，就是帮助师生完成这种"回归"，促成这种"建构"。另外，我们还需要思考一个问题：对于学校和教育，有安全感具体是指什么？

学校的安全感哲学：看见师生、捧起欢畅、接住忧伤。

艾瑞德学校，很多老师是 80 后，他们给我推荐过一首歌，是陈奕迅的《稳稳的幸福》，这首歌里有这样几句歌词：

"有一天，开始从平淡日子感受快乐。看到了明明白白的远方，我要的幸福。……我要稳稳的幸福，能用双手去碰触。每次伸手入怀中，有你的温度。……我要稳稳的幸福，能用生命做长度。无论我身在何处，都不会迷途。"

我们还可以透过一份非正式"检讨书"看到答案——说它非正式，不是学校要求的检讨，而是学生自发的行为。

"2019 年 1 月 4 日，星期五，天气阴。这是 2019 年的第一场雪后，今天早上吃完早饭，跟着同班同学来到了操场，看见了李校长。不知道谁先拿了个大雪球，向李校长扔了一个，我也拿了一个雪球向李校长扔了一个，扔完之后意犹未尽，便又追着李校长，追上他之后又一个雪球扔了过去，扔完之后又团了一个雪球也扔了过去，扔完之后又扔了一个……

"李校长在我们一次次朝他扔去雪球时，都宽容地笑一笑，只是这笑中似乎也夹杂着几分无奈、几分尴尬吧。

"如果一群一年级的小朋友向李校长扔雪球，那可以视为一种可爱。而像我们现在，已经是六年级的人了，那就是一种无知、幼稚，还有点可笑。试想，如果李校长没有耐心，那么他一定会像我们一样把雪球扔回来，但是李校长他有耐心、有知识，还很成熟。

"李校长他一定是度量极大的校长，俗话说'宰相肚里能撑船'。而我们，没有李校长的那种度量，没有李校长的知识渊博，所以我们才会一而再，再而三地向李校长扔雪球，李校长还能在每次被雪球砸到后都一笑置之，他一定是大人不记小人过的君子啊……他温和大度，怪不得他能管好一所学校呢。"

这名学生最后是被班上学生校长助理"逼"着写的检讨，写完后他们一起把检讨送到校长办公室，然后嘻嘻哈哈而去。

大家不妨想想身边的事物：斑马线。它无法真正解决安全问题，它解决的是安全感的问题，但它创造一种情景，形成一种秩序，让过马路的人内心妥帖。

答案呼之欲出：一个有安全感的学校应该看得见师生的模样，捧得起师生的欢畅，接得住师生的忧伤。

想一想，接住那个扔过来的雪球也许就是"捧起欢畅"，微笑对待这份"检讨书"大概就是"接住忧伤"，如此一来，孩子与我，都能彼此"看见模样"。

那么，一座校园如何于无声处营造安全感？

我们如何才能让我们的学校变成充盈着安全的"笑"园、"甜"园？我想从郑州艾瑞德国际学校一直践行的三个方面，来分享我们的想法和做法。

建立爱与被爱的关系，铺满爱的土壤。孙浩哲是我们学校一个腿脚不太方便的孩子。2017年开运动会，他没办法参加。我知道了此事后，有意地创造了一个无意的相遇，很自然地牵着他的手在操场上走了一圈。后来又一届运动会开幕式上，孙浩哲有了特别的出场方式。他的班主任王顺平老师为他搞到了一辆小车，在班级方阵的最前面。孩子当时脸上洋溢的只有骄傲，你看不到他因为身体原因产生的不安全感。

有一个小男孩叫石昕航，他从我们学校幼儿园毕业后升入了一年级，刚开始他很不适应，总是想念他以前幼儿园的班主任王倩老师，而王倩老师去了另外一所分园任职。

○ 自然生长：这里是一所学校 ●

有一天石昕航看到了教师墙上王倩老师的照片，忍不住哭了起来。王倩老师知道后，特意在一个周末去石昕航家里看望了他，还带他出去转一转，给他一些安慰。为了能让这个孩子更好地适应，石昕航一年级的班主任黄冬燕老师常常陪着石昕航在校园里散步，和他聊天，放学后还常常给他补习功课。

安全感，对石昕航来说，就是不再抱着过去照片里的"她"，因为身边有了同样爱他的"你"。

爱，会让人有安全感。拥有爱和创造的能力正是人类文明进步的DNA，也是人类在 AI 时代也不会被机器替代的原因。

舒展人际关系，需要促成每一份细小的善意。去年的一天，校长信箱收到一封来信。写这封信的小朋友是一（3）班的张若渔，信的内容是："李校长，你好！我想问你一个问题，你每天都那么早下班，为什么我妈妈不能早点下班？"

她妈妈是谁呢？是我们学校校长助理刘浩然老师。校长说这是他遇到的最难回复的一封信，便去求助万能的朋友圈。

回复如潮。比如，三年级马竞老师回复：你妈妈努力工作是为了当校长，当校长就可以早下班。

乃殿雄老师回复：校长助理是校长 + 助理，做完了校长的工作后还需要完成助理的工作，所以下班会晚一点。

白露露老师更是神回复：李校长姓"李"（离），所以可以早点离开，你妈妈姓"刘"（留）所以要留下来迟点再走。

从中，我们是否可以窥见师生之间、同伴之间、干群之间的安全感呢？

安全感，其实就是在特定的时间里，感觉自己被偏爱。当老师被温度"惯坏"，校园才能被安全感"灌溉"。

教育，不是铸造高深的大道理，而是促成实在的小善意。雷夫用"没有恐惧"创造了56号教室的奇迹。苏霍姆林斯基"在每一个角落种哪种花木都要经过师生精心考虑",从而有了"可以栖息善良情感"的帕夫雷什中学。陶行知先生四颗糖的故事,诠释了"和风细雨常常润物无声"。

安全感,还来自此地与远方的链接。我们还会考虑,如何也让家长对学校、对教育产生安全感?

我们学校的家长观是:每一位家长都是重要的链接。所以,我们增加了与家长之间有益的互动,让家长与学校建立关系和联系。

3年前,我们开启了"新生家长智慧父母课堂",孩子没开学,父母先上学,为期三天。正因为我们认真对待"初识",家长才会更好地达成"共识"。在学校的很多岗位上,比如运动会裁判、外出研学联络、校门口交通疏导等,都能看到家长的身影。

今年我们学校学生运动会为火炬传递采集火种的,就是学生代表杜美瑾和她的爸爸妈妈,这个家庭被评为2020全国抗疫最美家庭。运动会结束后,我们为全体家长志愿者留下珍贵的瞬间。因为了解,所以安心;只有走近,才会热爱。

据不完全统计,我们学校一共有15对双胞胎,全校有184位堂、表兄弟姐妹在学校就读。

什么叫有安全感?人们常说"鸡蛋不放在一个篮子里",可是我们家长愿意把最珍贵的宝贝都放进艾瑞德这一个"篮子"里。

关系和联系,可以是你和我之间。比如,在我们学校通往三层报告厅的楼梯两侧,挂满了曾在这个报告厅为我们做过报告的专家的照片。他们人离开了学校,可是把精神留下来了。有的老师说,每次上楼梯时看到这些照片,想起这些台阶都是大家踩过的,心里就觉得幸福和自豪。

关系和联系,可以在现在和未来之间。比如我们每届学生校长助理上岗前的宣誓。教育就是让孩子面对未来时不害怕、不陌生、不彷徨。

关系和联系,可以在此地和远方之间。比如我们学校"瑞德大使"出

○ 自然生长:这里是一所学校 ●

国交流，都会带一份由我们学校书法老师亲手写的"校书"，由孩子们和老师郑重地交给国外友好学校。当孩子们回来了，"校书"还留在那里，我们从此有了联系，孩子们从此对那片土地有了情感。

寻找安全感的路上，愿我们都有为他人画斑马线的善意，也有顺利过马路的能力。

（此文发表于《新校长传媒》公众号 2020 年 11 月 19 日）

校长是一所学校温暖的符号

王田田

李建华校长把办公室的老板椅送给其他老师很久了。为了不让自己在办公室舒适地坐着,他自己坐的是一把简单的硬椅子。

每天上午8：30,李校长给家长打电话表扬孩子的进步,至今已经打了1000多个电话;每天下午,他都送孩子们放学;每一次毕业典礼上,他要给孩子们鞠上两三百个躬;他不让自己在办公室里坐着当校长,每天要在校园里巡视一万步……来到郑州的三年里,他收到了孩子们给校长的900多封信,以及亲密无间的信任;他也胖了,是被孩子们的蛋糕喂胖的。

他当校长10年了。而进入教育行业,已经整整30年。从南京来到艾瑞德国际小学3年。

李校长,他是孩子们心中亲密无间的好朋友。

给孩子爱的教育,靠的是点点滴滴的用心。一大群孩子围在校长身边,有拽着校长手的,有拽着校长衣摆的,孩子们叽叽喳喳,清脆地喊着:"李校长好!"而中间的校长穿着整整齐齐的西装,看起来很年轻,却已经满头花白,始终笑眯眯地回应:"你好。"

孩子们敢搂着李校长的腰,甚至抚摸李校长的屁股。这样的场景在艾瑞德国际小学很常见。而在我没来之前,从未见过小学生跟校长可以拥有如此亲密无间的关系。

相信在不少人的印象中，学生要么是从未见过校长，要么只在重大会议里，可以见到高高在上的校长。孩子们带着害怕和好奇，如此一来，见到校长也不认识，更别提打招呼了。

可在这个小学不一样。

每周，校长信箱都会收到来自孩子们的信。信的内容可能也称不上信，有时候只是一句用稚嫩的字体写的话：校长，今天的腊八粥很好吃。也有建议："校长，我在校车上听听英语故事和英文歌可以吗？"这些建议一般都会被采纳。

两年多以来，校长收到了900多封信，每一封他都收藏在文件夹里，厚厚一大摞，这是孩子们与校长最直接的链接。同时，校长还会每天上午8：30与家长打电话。不是告状，不是斥责，而是表扬孩子的进步。

孩子们不害怕校长，把校长当成最亲密的朋友。家长们也从未害怕"老师打电话"或者"叫家长"。

也许，在现在许多小学里，学生有了问题，老师第一时间找到的是家长，想要和家长一起打败问题。而在艾瑞德，校长、老师，要带着孩子们打败问题。

没有孩子会害怕李校长给爸爸妈妈打电话。曾经，一个刚转学的孩子在操场小便，校长和老师没有斥责他，只是告诉孩子家长："你千万不要着急，相信我们，一定会改变的。"三个月后，这个孩子的学习成绩从班里的倒数变成了前几名。

李校长总是说："不调皮还叫孩子吗？让孩子去适应成人，不是教育；低下身子与孩子交流，才是教育。在艾瑞德，孩子是猕猴桃，就会长成猕猴桃，而不是被削成香蕉。"

在现代教育中，分数才是最重要的，人的成长变成了边角料，但在李校长看来，应当把人放在主要位置，分数是随之而来的东西。

贵在坚持，坚持很贵。每周一的升旗仪式上，孩子们都认真地看着前面站着的李校长，他在每个升旗仪式上，都会带来自己的故事，讲给孩子们听。

故事很简短，有时候是国家的大事，有时候是清洁工的故事，有时候是外国的故事，反正没有重复的，讲完之后，校长不会讲大道理，而是说说自己的感想。故事环节雷打不动，至今已经讲了一百多个。

校长站在升旗仪式前面讲故事的形象，深深印在每个艾瑞德孩子心里。

每天，李校长都会跟孩子们一起吃中午饭，他会选择其中一桌，跟孩子们吃饭聊天，每天如此，从不间断。

学校食堂每天都像节日，其中有一个"汉堡日"。"汉堡日"的起因是一个孩子跟校长说悄悄话，"校长，我们怎么还不停电啊？"原来，每次一停电，食堂就会从外面买汉堡。

李校长没有斥责孩子不懂事，不知道停电会造成多少损失，而是定下了一个"汉堡日"，这天食堂吃汉堡。

什么是教育呢？教育是孩子的心动，心一动，教育就发生了。以身作则，也是为人师者最好的教育。

学校一楼有许多展示粉笔字的小黑板，其中有李校长和老师们每天坚持写的一首古诗，评分也不是自己来评，而是让孩子们参与其中。

校长是学校温暖的符号，是师生成长的道具。

基于此，李校长在不断地为老师和孩子们搭建精神文化的桥梁和温暖的平台。

在疫情防控期间，他想办法加强与孩子的链接。于是，在微信公众号上，他每天发一段 60 秒的语音，内容可能是国事家事天下事。

这学期初，他自己在小区每天早上 6：00—6：30 准时跑 5000 步。

随着他的坚持，同小区的师生也慢慢加入晨跑中。

学校的每一个角落都充满了故事和爱。学校的吉祥物"瑞瑞"和"德德"是一个小男孩和一个小女孩，低年级的孩子们，经常会跟瑞瑞、德德说悄悄话。

这也成了孩子们与学校的情感链接，除了瑞瑞、德德，学校的每一个角落和物体都有一个温暖的名字，比如贴满孩子自己做的社团海报的一楼，叫芝麻街；学校的校车，叫大黄蜂。

艾瑞德的校车启动前，司机要拿安全锥绕校车一周，保证孩子们的安全。

这都是征集大家意见所得的创意。

曾经有个六年级毕业的孩子，还写了一篇作文表达自己对大黄蜂的怀念。

孩子们喜欢学校，喜欢李校长，几乎每一个在学校碰见李校长的孩子，都会开心地打招呼。即使离得很远，也会使劲儿招手，喊道："李校长好！"

每周一，白鸽班花落谁家也是孩子们最期待的。

学校里有两百多只白鸽，每周轮换的白鸽班负责领鸽粮喂它们。因此，校园里的白鸽都很亲人，它们也是孩子们最喜欢的存在之一。

每一个从艾瑞德毕业的孩子，都会想念校园里飞来飞去的白鸽。

学校的墙，都是给孩子们的空间，几乎每一个孩子都有画作在上面张贴，校长认为，无论是老师还是校长，都不能去评价孩子的艺术创作，"凡·高也是去世之后，艺术才被大家所理解"。

因此，每个孩子都可能是艺术家。

正如李校长所说，学校的每一寸资源都应该成为教育资源。

不仅把老师捧在手心，还关注到每个人。艾瑞德的老师流动率非常低，尽管这里的工资并不是郑州民办学校里最高的。

李校长常说，自己没有三头六臂，不是龙凤，所做的事情也不过是普通的事情，正是因为有了这群老师信任的合作，才有了艾瑞德。

每个月，校长带老师们读一本书，读稻盛和夫的《干法》《活法》，读王阳明的书，读曾国藩的书，读《南渡北归》……

校长信箱开通两年多了，无论孩子们反映什么问题，他从不会因为这些问题去责备老师。

因为他知道，教职工和校长是一个整体，是最值得信任的团队伙伴。只有信任，才能把爱传递。

走在教学楼，我还看到，有一间专门设置的母婴室，原来这是学校给老师中的妈妈们设计的，采用了机场标准。

校长觉得，作为一个母亲，理应坐在一个安静安全的环境，把孩子抱在怀里喂奶，这是对生命的尊重。

在艾瑞德，每位过生日的老师，都会收到蛋糕券。家中有子女参加中、高考的教职工，会收到粽子和糕点。

学校为"每一个"做了很多安排，一个人都不能少，在学校，没有距离感，李校长照顾了每一个角落。

今天的艾瑞德，是一所教学楼没有保洁、校园没有垃圾桶的学校，因为孩子们会自己劳动，打扫卫生，搬水送水。作业本上没有 ×，班级没有"插秧式"座位。

小学教育留下的是种子，为了孩子能成为科学家而去刻意培养，效果往往跟预想的南辕北辙。只要这片土壤不贫瘠，没有压迫和焦虑，有阳光，有水分，就足够了。

李校长的校长观来自他的经历。他从事教育工作已经 30 年了。在来郑州艾瑞德国际学校之前，李校长不仅已经是全国知名校长，还是江苏省物型课程首批教育专家、南京市德育专家。10 多年前，他曾辞去工作，在中国民办教育的第一航母南洋教育集团工作，后来再次回到公办学校。他曾经把在南京金陵中学河西分校小学部和南京莲花实验学校两所学校发生的每一个温暖、细腻、美好的小故事记录成书，引起了业界的关注。而莲花

○ 自然生长：这里是一所学校 ●

小学是他"做有故事的教育，办有温度的学校"教育哲学的发源地。莲花小学 95% 的学生是外来务工人员的子女。在那样一个大都市里面，李校长决定给予在这所学校读书的孩子们温暖。他坚持用传统家访的方式，让老师走进孩子的家庭，与孩子和家长面对面交流。家访如同和风细雨，让孩子们出现了可喜的变化，老师也更能理解孩子的家庭，教学中更加细心。温暖、故事，是李校长的校长观中不变的核心。

"我不抱怨我的孩子的缺点，我只欣赏他们。"在他看来，自己的学生没有"缺点"只有"短板"——而这些"短板"，都是可以被"加长"的。"公平""公正"成为当时很多学生的共同感触。

"我没办法改变孩子的家境，但我可以想办法改变孩子的教育环境。"他说。无独有偶，郑州艾瑞德国际小学创始人孙银峰董事长的教育理念与李校长不谋而合。

孙银峰董事长是河南西华人，70 后的他，1999 年坚决辞去了公办学校老师的职务，自己创办拥有"理想中的教育"的学校。

他认为，教育是个超前的事业，一举一动都影响着学生的终生，责任重大。因此，一所好学校，必须要有一个好理念，还要有一群为了追求理念而甘愿付出的人。

在艾瑞德建校之前的十年间，孙银峰董事长已经陆陆续续在国内创办了 6 所民办学校。艾瑞德创办之初，孙银峰董事长就坚定地认为，一定要找到好的教育人才，要办的是一所高水平的国际学校。

这时候，他找到了李建华校长。2018 年，李建华校长被艾瑞德国际学校吸引了。

艾瑞德学校自建校以来始终秉持"自然生长"教育理念，这也是学校创办以来文化立校的根本。"自然生长"，简单地解读就是遵循儿童生命生长规律，尊重儿童生命生长路径。李校长对学校的理念很认同，他放弃了公职，来到郑州艾瑞德。任职艾瑞德国际学校校长后，他又在原有的理念上做了升华和完善，将"走自然生长教育之路，办有温度有故事学校"正式作为学校的核心办学理念。

以前小时候看《窗边的小豆豆》的时候，第一次见到巴学园的小林宗作校长的"生态式教育"，就被吸引住了，至今记忆犹新。巴学园里，亲切、随和的教学方式让那里的孩子们度过了人生最美好的时光。那时候我就想，中国要是有这种校长多好啊！

现在，我想我找到了中国版的"小林宗作"。

李校长有句话，我觉得说得很对，"教育是个动词"。

（此文发表于《豫记》公众号 2020 年 11 月 10 日）

一所学校如何营造满满的爱意

韩董馨

这是一个古老的话题，爱意！它从祖先的篝火里走来。当黄昏降临，大地之上燃起一团火红，氏族中的长者缓慢讲起故事，木头上的火苗千变万化，火光映在嬉笑奔跑的小孩子脸上，爱意随着火花一起飞舞。

这是一个弥新的话题，爱意！它向人类的永恒处走去。没有围墙的学校里，少年盘腿坐在一处阳光最好的青草地上，他轻轻地念："弟子不必不如师，师不必贤于弟子，闻道有先后，术业有专攻，如是而已。"此时有人静静在他身边坐下，捏起他肩上的一根草屑，少年站起鞠躬，喊：老师好！爱意在他们眼睛里扑闪。

我们清楚地意识到，教育会永远和爱裹挟在一起，无论现在或者将来，这都是一个深刻且持久的话题：一所学校如何营造满满的爱意。

"走自然生长教育之路，办有温度有故事学校"的郑州高新区艾瑞德国际学校一直是这个话题的思考者、践行者。

让人丰富起来：养好爱的精神土壤。当一个人会为一朵野花怦然心动，前提一定是他心中已经有一座花园。满满的爱意一定来自内在的充盈，校园的"爱意"是从校园中人的"丰富"里生长出来的。人的精神富足了，才会有更多的爱从他心田汩汩淌出……

对校警师傅刘再安来说，这所学校是他待过的第三个单位，却是唯一一个每月会为员工发一本书的单位。他写的读书随笔突破过全校教职工个人公众号的转载记录。

对生活老师龚俊萍来说，在艾瑞德工作期间是她坚持读书最多、最投入的一段时间。她每年的平均阅读量为12本。

全校共读一本书，这件事情艾瑞德已经坚持了三年。对于读书，大家不再认为它是任务，更觉得像"千年精华尽收眼底，多样遗产罗列手边"。

近两年内，全校177名老师开设个人公众号，书写教育随笔文章13000余篇，累计1300余万字。对于写作，我们认为，这不是会写的人的专利，而是每个想写的人的权利。

看到的，是一所学校的教职工每天在自己的微信朋友圈坚持读书、写作打卡，用个人行为影响学校教育气候；看不到的，是这所学校的人在自己的气质里悄悄写下挺拔与豁达、温暖与悲悯。

李建华校长说："读书与写作，如人的呼吸一般不可缺少，在呼吸之间完成自然生命和精神生命的成长。"

刘再安师傅成了师生眼里的"最帅校警"，因为他会亲自送早上来校时情绪低落的孩子去教室，他会耐心地为刚到学校的新教师指路。他说，这所学校让他再次年轻！因此，在学校启动校歌征集活动时，他作为全校投稿第一人，写下了他心中的校歌："'干净、有序、读书'伴我成长，'温度、故事'充满爱的力量。小小课本，世界之窗；歌声阵阵，书声琅琅。迎着朝霞，宽阔的操场上，一二三四，我们斗志昂扬……"

龚俊萍老师是孩子们心中"像妈妈一样的人"。她不仅自己读书，还买了个小音响，专门供宿舍里的孩子们"听书"。《西游记》《柳林风声》《安徒生童话》……太多个夜晚，书中的故事装饰着住校孩子的梦乡。有的孩子说，自己好想生病，因为那样就可以有龚老师陪着睡。龚老师说："'凡事贵在坚持'这句朴实的话说出了做事的大道理。不苛求、奢望自己的坚持能带来什么，但如果没有坚持，只能对着别人的东西望洋兴叹，进而只能羡慕别人。或许，通过久久的坚持，我们能让自己变得更好。这，无愧于光阴，无愧于独处，无愧于内心。"

每个人心中都有一棵菩提树，那是爱的起点和归处。学校就好像培育这棵树的一个大园子，我们心甘情愿地在自己精神的一亩田里劳作：读书是下肥，写作是翻耕，研究是除草，分享是撒种，学习是浇水。坚持这样的躬耕不辍，直到结出爱的果实，我们才能骄傲地说，我为爱努力过。就好像奥地利作家里尔克在《给一个青年诗人的十封信》中写的那样："为了一首诗，我们必须观看许多城市，我们必须认识动物，我们必须去感觉鸟怎么飞翔，知道小小的花朵在早晨开放时的姿态……"

让情流动起来：讲好爱的叙事哲学。哲学中存在这样一种流派，认为当哲学以一种生动的叙事形式出现时，它就达到了最佳状态。这个流派的代表黑格尔、海德格尔等希望通过叙述故事的艺术和技巧，给予人们一种全新的充满兴趣的方式来亲近哲学。实践证明，这样的尝试是有益的。我们借鉴这样的经验来思考在学校营造满满的爱意时，发现爱的营造需要背景，爱的传递需要媒介，爱的表达需要载体。我们需要一种机制，作为情感的通衢，让爱意流动，离人更近。

今年8月，后勤中心主任赵宗新发起了一场线上征集，目的是为教学楼内新建的三个漂亮小广场征集名称。于是，一场全校范围内的集思广益活动开始了，孩子们、老师们、管理干部们纷纷出谋划策，一个又一个可爱的名字在线滚动。最终，经过投票，三个小广场分别有了自己的名字：芝麻街、钢琴厅、彩虹桥。

这并不是艾瑞德第一次发起这样的公开征集活动。

为了编写校歌，音乐组在周一升国旗仪式上专门启动校歌征集活动，校歌投稿邮箱正式亮相……

为了制定更贴近儿童的菜谱，膳食中心发布了"我心中最爱的一道菜"

投票活动，统计出了艾瑞德最受学生欢迎的粥类、菜品、面点、加餐……

为了让每个班级都有给校园白鸽喂食的机会，德育中心在每周升旗仪式上专门设立选定"瑞德白鸽班"的抽签环节，每次被抽中的班级都会发出一阵欢呼……

为了听到孩子们的心声，校长信箱每周定时开箱，学生来信校长每封必看、每封必回、每封必藏，目前已累计回信900余封，优秀信件的来信学生会获得奖品，名字会在学校电子大屏滚动一周……

为了让家校关系更加紧密，校长8：30表扬电话每周按时拨通。二年级赵柏翰的妈妈接到校长电话后，写了一封信给学校：

"褪去工作身份，老师们也是有家人需要陪伴的，可他们大部分时间都给了艾瑞德这帮孩子，回到家有时候还有放不下的人和事，偶尔还会有住宿孩子生病和突发状况，一个电话就又从家里奔赴学校这个战场。多少次，亲眼看着严寒的冬天扛着小娃步履匆匆的老师，有熟悉名字的，有熟悉面孔却叫不上名字的，那一幅幅画面，深深地刻在我脑海里。是什么让他们为了艾瑞德的这些孩子而牺牲自己陪伴年幼孩子入眠的时间？这难道仅仅是为了每个月的工资吗？这都是对教育对孩子真诚的爱啊！"

校园内情感流动的频率取决于学校的办学活力，就好似物理学讲温度的升高能加速分子的运动速度，并能增加分子之间相遇概率。学校的打开、接纳、包容、鼓励无一不在表达：让我们更近一点，接受这爱意的包围，你的声音备受重视。那么，如何发放爱的邀请函？如何组织一场场爱的席卷？高举这爱的火把，能将大家引向何方？

对这些问题的思考，会帮助我们创造一个又一个时空，在那里，我们参照"教育戏剧的表达"来讲述"爱的叙事哲学"，从而看见参与、交流、沟通、碰撞、探究、共享……这一切让校园里飘荡静静的热浪，界限在浪花翻滚中消弭，就好像美国诗人玛丽·奥利弗在小诗《我怎样去树林》中写的那样："通常，我一个人去树林，……我不想被人目睹我跟猫鹊交谈，或拥抱那棵古老的黑橡树。……当我独行时，我便如同隐形。……我可以听见几乎无闻的玫瑰吟唱的歌声。假如，你与我去了那树林，我必定非常爱你。"

让善明亮起来：别好爱的价值勋章。学校不仅是学习场所，也应该成为精神家园，善良是它的穹顶，穹顶越稳固，人就会越安宁，爱就会越充盈。

在艾瑞德，有一位后厨师傅非常有名，他叫赵金遂，人称赵大厨。学校餐厅新买的桌凳，每一张每一把都有他的温度。因为担心新桌凳边角伤及学生，他亲手把桌凳摸了个遍，直到确保无任何隐患才放心，而这些本不是他的分内工作。让赵大厨真正"扬名"的，是他围裙前面的大口袋。这个大口袋就像一个百宝箱，里面装着孩子们喜欢的红枣、葡萄干、坚果等小零食。每天就餐时间，他就走进学生中间，和孩子们聊天，并时不时地从大口袋里摸出一些"宝贝"塞到孩子们手里。渐渐地，孩子们都知道赵大厨的口袋里有"宝贝"，所以常常会围在他身边叽叽喳喳，赵大厨就笑眯眯地听着，然后任由一双双小手伸进自己围裙前的大口袋里。

赵大厨的宝贝同样换来了宝贝。一个四年级同学因搬家要转学，但又不舍得赵大厨，便专门找到他，送了他一个崭新的有自己签名的本子，表达对赵大厨的感谢。赵大厨说，这是他在艾瑞德的"军功章"。

面对这样一名后勤师傅，学校决定授予他"瑞德教师"荣誉称号，他是后勤部门获此荣誉的第一人。赵大厨穿着雪白的厨师服，系着前有大口袋的围裙，头顶高高的厨师帽出现在国旗台上领奖时，台下响起了经久不息的掌声，这是全体师生对这位后厨师傅的深深敬意。

让善良成为善良者的通行证，让温暖成为温暖者的欢迎词。

一个主动捡起校园垃圾的孩子被校长亲自提名为"瑞德少年"；一个小学生护送同在一个校园的幼儿园小朋友回班级，被写进"校长60秒"；一名书法老师亲手书写的书签被当作学校新学期礼物在师生间赠送；一位班主任卖力指导孩子们踢足球的视频被一个老师发到朋友圈后，随即引发全校转发……

善是爱的加持，爱是善的回礼。学校营造爱的氛围，需要回归到教育的真实价值：让爱手拉着真，牵引着美，最终走向善的怀里。

在校园捕捉每一丝细微的善良，收集、放大、传播、影响……日积月累，这些细小的善意会铺就校园爱意的红毯，让每个行走在上面的学生、教师、员工不觉路途辛苦，就像冰心在小诗《爱在左，情在右》中写的那样："爱在左，情在右。在道路的两旁，我们随时播种随时开花。使一路上穿枝拂叶的人，即使走过荆棘，有泪可落，却不是悲凉。"

（此文发表于《中国教师报》2020 年 11 月 25 日第 13 版）

○ 自然生长：这里是一所学校 ●

干净、有序、读书

　　穿得干净，吃得干净，语言干净，行为干净，干净要内化于心，外显于行。

　　自由的前提是自律，有序是同学们应有的模样，有序是校园里最美的风景。

　　读书是一个人精神长大的主食，读书是每一份童年永恒的滋养。

　　用校风带动班风，用班风影响家风。干净、有序、读书是我们一直的坚守，是我们共同的约定。

看得见的校风

李建华

在谈到对校风的理解时，我们的校风非常简单，"干净、有序、读书"。是大白话、大实话，幼儿园小朋友都能懂。有时候，越是简单的表达反而越深刻，内涵越丰富。无就是有，少就是多，空就是全，这是一种辩证。校风无所不包，也无处不在，如果我们师生都能做到干净、有序、读书，那我们的教育就成功了，我们的八大习惯、八大品格都融在其中了。

我们可以通过马莉老师的一亩田和董姣老师的一节课来解读校风。班级一亩田，没有杂草就是干净，瓜果桃李的条垄设计具有美感并且体现节令就是有序，种地也是读书，我们是在读田地之书，读自然之书，读生命生长之书。老师每天的每一节课都应该是干净的，而不是乱糟糟的，能经得起推门听课，每一节课的精心设计就是有序，董姣老师一节常态课为艾瑞德所有老师赢得了市教育局教研室姬文广主任推门听课后的极佳好评，这就是校风的体现。还有我们老师的穿着、就餐等都要从校风的高度来对待。

校风事关每一位老师，我们就如一个雁阵，不要指望一个人永远领航下去，那总有累的时候，总有飞不动的时候。每个人都需要有领头的本领和导航的能力，每个人都是重要的他人。在别人打头的时候，你要有跟飞的节奏；在你领航的时候，你要有领飞的本领。

保持干净：不给别人添麻烦。下午，二年级的年级主任马竞老师一人蹲在二楼钢琴广场的一面墙下默默地擦拭着六一文化周留下的痕迹。这是上学期他们二年级留下的杰作，虽然他们年级已经升到三楼，但是她不想把负担留给现在这个楼层的二年级年级主任李丹阳老师。换位思考，不把麻烦留给他人。快要下班时，马竞老师竟然带着先生和孩子一起打扫卫生，尤其是她才上小班的儿子更是擦得一丝不苟。

到一楼时，遇见了一年级年级主任李娜老师，她近乎跪着在擦拭着不知擦了多少遍的椅子，王冰老师在分着一年级明天的游园卡。后来在和老师的聊天当中得知，每年的暑假，都会有艾瑞德的老师带着家人来学校打扫卫生，举全家之力，迎美好开始，为学生们创造一个干净的开学环境。有的老师的爱人到过，有的老师的孩子到过，甚至有的老师的婆婆和妈妈也到学校里来出力。毫不夸张地说，艾瑞德的墙砖，许多老师们的家人都曾擦拭过。在校园里转上两圈，再推开每一个教室的门，满眼都是干净的桌子和椅子，干净的门窗和地面。甚至，每一层的每一块玻璃都被我们安排的专业人士清洗得干干净净。休息日，教室里常见老师的身影。可以想见，这个干净的所在，一定浸满了老师的汗水，明天孩子走进校园，满眼都是干净。

保持有序：不辜负别人的每一份嘱托。为了让老师们的办公环境更加舒适和有序，暑期学校特意装修了教师的办公室。工期非常紧张，开学之际更是扫尾之时，今天是休息日，新的办公柜到达学校，在赵宗新主任的带领下，所有男教师将一台台办公书柜从一楼背到了各个楼层的各个办公室，汗水浸湿了衣服，双脚落满了灰尘。直至傍晚时分，他们依然在紧张地忙碌着，一个暑假他们都是这样的身影和姿态。金长老师的晚餐经常没有着落，他总说工期紧，得盯着他们干活以确保开学。想一想当我们走进校园，整齐有序的大环境背后都是他们付出的心血。当然，每一个班级的课桌椅、餐厅的就餐桌、宿舍的床铺早就有序地排列好，等待着小主人的到来。会议室中，赵静主任分别和年级主任、教研组、备课组的老师在商量着课表，翁主任自己在监控室捣鼓着大屏的电子欢迎标语，道旗早已规规矩矩地站在道路的两旁，随风飘动。有序，都将呈现在明天。

坚持读书：让读书广场成为大家的诗和远方。读书广场是孩子们和老师们非常喜欢的地方，和蔼幽默的高馆长，也因"一写"成了学校的风云人物。在公众号里，她推出了《且再等等》："在读书广场，学校想搭一个台子，为你。若有一个台子，你站上去，可以轻巧地取书。学校这样想，也这样做了。什么样的台子？这是一个钢架玻璃台子，能容你和班里的同学一起上去。顺便，大家可以俯瞰读书广场，更高的角度，全新的景致，不同的感受。你迫不及待了？呵呵，我也是。且再等等。一些工作要更完善更细致更美好，只为了你。莫急，且再等等，一定不负你期望。到那时，我会做好准备，迎接你。"

读书是艾瑞德的校风，为了让孩子们拥有更加美好的读书环境，整个暑期我们都在为"不一样的读书广场"做准备，希望这个地方能够容纳更多爱读书的孩子，能够迎接更多乐于读书的老师，让读书广场成为老师们和孩子们的诗和远方。

校如春风，潜移默化，滋润无声，老师们凭借着自己弯下腰的踏实行动，成为校风的最美代言人。

用好习惯注解每一份坚持

陈　琳

　　校园因孩子而欢腾，学校因儿童而欢欣，在校园的日常运转进程中，为了保障就餐、上操、安全演练等活动的有序进行，我们对学生的行进规则做出要求。

　　共下"一盘棋"。学校实行级部制管理，三餐前和重大活动前实行年级集会，能够最大程度实现学校管理细则的落地。年级集会由年级老师轮流执行，在集会时段，落实就餐服穿着情况、对年级卫生进行反馈、及时指出发现的问题以及树立年级榜样等。集会实现了对学生管理的高密度落实，减轻了班级对学生的管理压力，呈现了年级高效率自转的样态，并实现了以年级为主题的全校管理一盘棋。

　　年级集会地点依据年级所在教室就近设定，比如一年级集会地点在芝麻街、二年级集会地点在圣人论道广场、三年级集会地点在大黄蜂广场等。

　　共走"一条线"。一切的出色，都离不开基本功的扎实和前期的人格。洒脱的背后有着我们看不见的严肃。

　　我们用"一条线"表达有序。当拖鞋一条线、排队一条线、羽毛球摆放一条线，我们少了许多纷争和吵闹，孩子们所到之处，都在表达我们的校风"有序"。

一条线不是约束，是做事的风格；一条线不是"你的要求"，而是"我的习惯"。从一条线走向一条心，从小儿童走向好少年。有了一条线的标准，才有了一条心的敬畏，有了敬畏心，才会在品质的左与右之间画界线，如此这般，日复一日，年复一年。

共绘"一幅图"。为了实现有序状态，在新学期开学前一周，需发布年级集会地点、就餐线路、安全演习线路、升旗站位和课间操站位图。

线路图是学校工作和学生行进的导航图，线路图的划定是依照班级的教室所在位置，本着方便班级和与其他年级错开行进的原则，德育部门画出初稿，与年级部协商之后划定实行。年级部和班级拿到线路图时，依照线路图就能实现在开学第一天让一切有序进行。

我们从一开始就六个年级部齐步走，实现了"光盘行动"、鞠躬礼、集会、一条线等教育常规，让校园干净而有序，一开始就有好品质。

呈现周周摸底，及时反馈。孩子们的好品格一经发现，我们就伸出温暖的手去抚摸，越抚摸，越闪亮。

当孩子们坐在教室看见我们实现了共同做到，就能形成全校共识，孩子们就会处于同一个教育场。

学生状态就是校园的风貌，有序的行进状态是校园安全的保证。标准，是用来重复的；品质，是坚持出来的。拿出钉子精神，对着品质瞄准，一条线，一条心，一个标准，一种声音。

漂流的书包，流动的校风

王彦月

如果你问起艾瑞德学校的校风是什么，估计上至艾瑞德校园里的老师，下至幼儿园的萌娃们，一定会脱口而出地告诉你六个字：干净、有序、读书。

这六个字的校风，不仅是一句口号，更是校园里人人行为上的表达。没有垃圾桶的校园里，时时彰显着"干净"的力量。在每餐用餐前、课间操时间，学生都会列着整齐的队伍，"有序"地行进。而说起读书的校风，更是随处可见，每个楼层平台上的读书区、藏书十万册的读书广场等，都是孩子们将"读书"这一校风时刻彰显的地方。

在幼儿园里，大家经常会看到身背"小黄书包"的孩童开心地走进幼儿园。而这个小黄书包，却不仅仅只是一个书包那么简单，随着这个书包一起漂流的，还有我们学校干净、有序、读书的校风。

干净的小黄书包。在选择小黄书包时，幼儿园符君老师经过几轮的思考，最终选择了学校校徽上的"黄色"。黄色亦是阳光色，而幼儿园的孩子又是初升的太阳，选择黄色，也是和儿童最接近的颜色。而同时，黄色也是极其容易脏的颜色。为了保持这个漂流的小书包的"干净"，老师、孩子、保育员、家长几方共同约定：要爱惜小黄书包，时刻保持它的干净，如果发现小黄书包脏了，轮到谁背的时候，就把它洗干净。小黄书包时时呈现着干净的状态，这是大家共同的成果，亦是一份约定。

有序的漂流阅读。小黄书包不是人人都有，每个班级只有 5 个，而每个孩子每个星期会有一次机会轮到，然后把它背回家。如何排序？如何轮流？成了新的问题。

面对每个班级都是 24 名孩子的情况，老师和孩子们进行了一次次商讨，最终也把班里的孩子分为了 5 个小组，而在这 5 个小组里面，又有了 1 ~ 5 的排序，所谓 1 ~ 5 的排序，就是代表在周一至周五相对应的一天里背小黄书包回家。当有了清晰的分组，又有了排序，孩子们也就清楚了自己和小黄书包的约定。有了如此清晰的排序，小黄书包的漂流也在有序中进行着。

持续的读书之风。读书是艾瑞德国际学校的校风，亦是艾瑞德国际幼儿园的校风。而对幼儿园的孩子们而言，识字量匮乏，自主阅读能力薄弱，如何才能彰显读书的校风？作为老师，如何引领，才会让这一校风真正地在幼儿园孩子们的身上彰显？

面对这一系列的问题，幼儿园符君老师带领老师们又思考了很多方案，而在最终的抉择中，大家决定用老师读书带动孩子读书，用读书的校风引领每一个家庭阅读的家风。有了这一想法时，小黄书包就是架起学校与家庭读书这一校风的桥梁。在孩子们的小黄书包里，会有一本和近期班级课程进度有关的绘本，还有一本记录读后感悟的读书卡。轮到孩子把小黄书包背回家时，家长需要协助孩子一起完成这项小小的阅读"任务"，并完成读书之后的感悟记录。既丰富了亲子时光，又增进了亲子感情链接。

小黄书包不会天天有，但读书可以天天有。在小黄书包的引领之下，很多家长坚持带领孩子进行亲子阅读，也有很多的家长自发地开始进行着阅读。读书，是校风，而今也成为瑞德学子们的家风。

漂流的小黄书包，赋予了背起它的孩子一份责任，因为要时刻保持它的干净。同时，也赋予了孩子们一种自我管理的能力，让小黄书包在有序中流动。更为重要的是，这个小黄书包是架起"读书"这一校风和家风的重要桥梁。不仅是孩子们，连我也独爱校园里的这一抹"黄"。

燃梦·悦读

王彦月

艾瑞德发展的两个关键时间节点，都与读书有关。第一个节点是在2011年艾瑞德国际学校创建时，孙银峰董事长提出了这样一句话："让读书形成校风。"

当我们走到第2个节点2017年，对我们艾瑞德国际学校的核心理念——"校风"，再次提炼时，我们提炼出了这样的校风：干净、有序、读书。从这两个时间节点上可以看得出，读书是重要的存在。

当然，在学校发展中，我们的读书也是经历了三部曲。从最初的我们自主阅读、老师们自发地写读书笔记。到2017年，我们开始尝试着每月共读一本书，学校统一采购，发完书之后我们共同去阅读，阅读完之后，我们每个人都站到讲台上进行读书分享。这是我们经历的前两个阶段。走到今天，我们已经走到了第三个阶段——我们开始在微信朋友圈阅读打卡。这样的阅读打卡又把我们推向了另一个新的高潮，就是我们的全员阅读。毫不夸张地说，就连学校的保安师傅都深深被感染，开始了阅读打卡。

在这样的读书之下，也呈现了校园的另外一种生态：我们的孩子受老师的影响，会随时随地拿出一本书翻开阅读，或是在等妈妈的时间，或是在教室里面空闲的时间，又或是在乘坐校车回家的那个时间，这种现状随

○ 自然生长：这里是一所学校 ●

处可见。书成了我们艾瑞德人一个重要的标识。所以，关于读书，我们一起读出了校园的生机勃勃，读出了老师人生的海阔天空。

翻看着微信朋友圈，全是熟悉的人在读书打卡，似乎有一种"忽如一夜春风来，千树万树梨花开"的感觉。

说起读书打卡之事，就不得不提2019年5月24日上午，在学校报告厅里李冲锋博士的"燃梦"行动。这次的到来是继2018年5月26日之后的再次升华，而和一年前的到来有着相同之处的，是又一次的燃梦阅读行动。

一年之前的报告厅里，李冲锋博士带着写作的燃梦行动而来。也是从那一天开始，学校里老师们的公众号如雨后春笋般出现。一百多个公众号，一百多个写作者，大家在"爱我你就转转我"中相互学习和成长着。一年来，六千余篇文章在这所校园里孕育而"生"，而一年后再次迎来李冲锋博士时，这样的结果也令他欣喜不已。

与此同时，随之带来的是阅读的燃梦。也是从那一天开始，朋友圈里阅读打卡的信息霸屏了朋友圈。在大家的阅读打卡之中，又一次在上演着你点赞我、我点赞你的场景。

读书是艾瑞德校园里的校风之一。伴随着这个校风，校园里的老师们每个月都在共读着一本书。每个月的读书分享，也是大家针对一本书而相互交流心得体会的时候。从不同的层面、不同的站位、不同的角度去解析一本书，有趣而又有着互通的交融。而如今，伴随着读书打卡而来的，是相同的打卡中，大家在读着不同的书目。《捕捉儿童敏感期》《正面管教》《无所谓》《南渡北归》《水知道答案》《人类的群星闪耀时》《论语》……从工作需要到个人成长，再到经典文化的阅读，每一种阅读，相信都不仅仅是阅读那么简单。

常常有人会问：艾瑞德今天的模样为何如此蓬勃？其实仔细想也没做什么，也不敢说到底懂什么。如果非要说出个一二，那或许在这些书单中会找到答案吧。一张书单，可见老师的模样，可见学校的模样，可见教育的模样。研、读、写、讲、种是我们教师成长的"五件套"，也是我们每日精进的踏板。

文化引领教育，名师影响学生，读书形成校风。读书是其中关键所在。李冲锋博士的金句至今仍振聋发聩——持之以恒，久必芬芳！努力坚持读书写作，让一缕书香伴你我同行，不断反思，做智慧教师，做智慧教育。

管理篇

『善者因之』愿景管理

坚守办学价值观的那个人

　　每所学校都有自己的办学价值观，而这样的价值观总需要有先行者、坚守者。坚守价值观是一个干部的基本素养，也是对事业的重要态度，我们讲忠诚，最重要的是忠于我们的价值观，因此，我们需要的不仅是赶路人，更重要的是需要同路人。

中层如何成为共识传播的介质

韩董馨

《行星》是一部纪录片，其中谈到宇航员在太空要抵抗的孤独有两种：一种要兼顾生命，一种要对抗静默。太空是静默的，任何声音在真空中是没办法传播的，因为声音的传播需要介质。由此我想到，在我们的管理中是不是也存在一种孤独，而这种孤独是因为共识没办法传播造成的。

为了找到这个问题的答案，我决定把更多的人拉入解题过程中。于是，我采访了三个人。所以，你可以把我的分享当成一份采访报告，感谢我的采访对象，我的讲述，是他们和我共同完成的。

一、距离的消弭，让学校没有角落

我采访的第一个人是校警刘再安师傅。2017 年他来到艾瑞德国际学校，两年多的时间里，他告诉我，他最大的改变竟然是脾气变好了。他读过李建华校长《教育的温度》这本书，写下了一篇 900 字的读后感，他和老师们一起读书打卡，他打卡的照片登上过《新校长》杂志，他创作的诗歌《青春》刷爆了艾瑞德人的朋友圈。2019 年 11 月 11 日，学校在升旗仪式上启动了校歌征集活动后，他当即决定参与投稿。当天晚上，他花了两个多小时，改了 4 遍，写出了一首他心中的校歌，他将自己写的这首校歌命名为《启航》。其中的一段是这样写的："'干净、有序、读书'伴我快乐成长，'温度、故事'充满着爱的力量。小小课本，世界之窗；歌声阵阵，书声琅琅。迎着朝霞，宽阔的操场上，一二三四，我们斗志昂扬！"他说，投稿能不能中不重要，重要的是，他要表达对学校的感情。和刘师傅的对话当中，有一句话非常打动我，他说："重回青春已不可能，但这所学校让我再次年轻。"什么是让他变得年轻的密码？共识在其中如何起作用？我真的像一名记者一样，不断寻求新闻背后的故事。追随这些问题，我仿佛在他的表达中捕捉到了什么，他反复地提到一个人。他说："他每周都会给我们开一次例会，每次学校发东西他都会亲自送到我手上，他说要多读书跟上时代，他说要多锻炼注意身体，他特别细心。"

这个"他"是谁呢？他就是艾瑞德国际学校后勤中心主任赵宗新。于是，我找到了赵主任，要到了他的一日工作安排表。看着这份工作表，我心中五味杂陈，有敬佩，有感动，有心疼，不知道为什么，甚至还有一份小小的愧疚。在他的一日工作中，除去上下班时间，他的工作时长达到了 13 个小时，后勤部门的工作性质使得赵主任也很少有完整的周末。

进一步细分他的工作安排后，我又发现了一组数据，他平均每天巡视校园的时间是 205 分钟，他每天行走的步数是 1.7 万步，约 10 公里。

至此，我终于明白了，为什么刘再安师傅一再地提到他。他用脚步丈量出了学校共识所能达到的半径，这个圆圈里面装得下学校里的每个人，即便是门岗上的校警师傅。

到这儿，我也得出了共识传播的第一个要点：距离的消弭，让学校没有角落。

当 90% 的人都认可我们"走自然生长教育之路，办有温度有故事学校"的办学理念时，另外那 10% 的人就成了学校发展的天花板。要突破天花板，我们强调的是"关注到每一个"，让这所学校不存在角落。

为了"每一个"，我们也实施了许多举措。比如我们很少开无效会议，但凡开会，就一个都不能少。比如用学校特有的节日，营造出一种人人都是主角的氛围，我们称之为幸福的席卷。再比如我们的人文关怀，为每位过生日的老师送上一张生日蛋糕券，做一碗生日面，给家里有孩子参加中高考的职工送糕点和粽子，我们称之为温暖的裹挟。

在艾瑞德国际学校的干部观中，我们强调干部应成为这样的"四人"——坚守办学价值观的那个人，与师生保持最近的那个人，让学校保持沸腾的那个人，把学校带向未来的那个人。

如何近？我想，那要学赵宗新主任，得跑得远一点，看得远一点。你知道吗？赵主任在学校是很多老师崇拜的对象，不仅管得了后勤，他还写得一手好字。他曾写下这样一段粉笔字："我需要你的能力，更需要你的能量。能力，证明你是一个人在走；能量，证明你是带一群人在走。走得远重要，看得远更重要。"

二、潜能的抵达，让老师向美而生

接下来是我的第二段采访，这次和我对话的是幼儿园的一名老师，她叫苗晓洁。晓洁告诉我，刚来艾瑞德国际学校实习时，她一点自信也没有，她是个胖胖的女孩儿，说话甚至都不敢直视别人的眼睛。但是，现在的她已经是一名优秀的班主任，而且自带光芒。

在对话中，她告诉我艾瑞德国际学校有一句话对她影响非常大，那就是"每一位老师都是珍贵的存在"。当然，这句话不是一句口号，不是这句口号一喊，老师就立刻变得珍贵了。共识，不应该成为摆在那里的花瓶，看上去很美，而应该成为一片沃土，让老师从中开出美丽的花。

回到这句话，我追问晓洁："你什么时候开始觉得自己珍贵，开始认可工作中的自己了呢？"沉默了几秒，她说了这样一句话："站上平台，才知道原来我还能做这些。与其说期待平台，不如说更期待平台上那个未知的自己。"

她说完这句话，我好像一下子明白了什么，于是，我把中层成为共识传播介质的第二个要点解读为：潜能的抵达，让老师向美而生。如何激发潜能，这要回到晓洁提到的一个词：平台。艾瑞德国际学校为老师搭建了很多平台，而在这些平台的搭建过程中，都能找到中层的身影。如果把艾瑞德国际学校教师成长平台一一罗列的话，我想大概可以分为这样四个平台：专业成长平台、学科活动平台、项目统筹平台、综合发展平台。

专业成长平台中，我们聚焦课堂、教科研和教学基本功，并通过每月一次的专家进校园，创造老师与专家交流的机会。

学科活动平台，艾瑞德国际学校的学科活动非常丰富多彩，这当中的翘楚有芝麻街、瑞德银行等，在这当中，我们都能看到老师的想法在闪光。

项目统筹平台，学校的大型活动我们采取项目负责制，在这些大项目中还有很多子项目都是由我们的老师参与统筹。比如幼儿园的童话故事节，每个环节的具体负责人都是老师。

综合发展平台，老师们写的文章学校出成书，我们称作自己的土书。教职工运动会、读书故事分享、一亩田种植，让我们发现老师当中的一个又一个明星。

作家约翰·穆勒在《论自由》中提出过一个著名的观点，"原则问题要想落地，都要转换成技术问题"。所以，当我们面对共识传播这个很大的概念时，要去思考，如何将它转化。一个中层，要具备一种本领，就是能找到具体而有效的方法论，然后构建处理问题的科学思维逻辑。所以，搭台子也好，善激励也好，这都是技术性的问题，我们要有这样的转化能力。

三、自我的陶熔，让自己更加通透

最后一个对话者，她叫陈琳，小学部德育中心主任。当我采访过一名职员，一名老师之后，我想，追寻这个问题的答案还需要一个角色的声音，那就是中层本身。而陈琳主任，就成了我的首选。

在她成为中层之前，是一位非常优秀的英语老师，当然，她的优秀，也伴随着点个性。比如最初开全体教职工大会，她鲜有参加；比如李建华校长来学校都两个多月了，她还不知道校长是谁；比如她被称为"长在班级的老师"，她说她不需要办公室，她的办公桌就在教室里。

成为一名中层之后，她长在教室里的扎根精神，升级成了管理当中的钉子精神。下手从泔水桶里面捞勺子的人就是她，孩子送餐具时不小心把勺子掉进泔水桶里了，她就立刻下手捞了出来。

我问过陈琳主任身边的人，问他们陈琳从老师变成中层改变最大的是什么，他们说，陈琳从关注自己的优秀变成了更关注别人的优秀。她自己也告诉我，现在的她过得舒畅、快乐！正如她最喜欢的那句话：卸下利己的皮囊，穿上利他的铠甲。穿上利他铠甲之后的陈琳，成就了更好的自己。她把自己活成了一面旗帜。她是我们写作打卡的旗帜，全校有三位每日坚持打卡的老师，她就是其中之一；她是读书的旗帜，她说过一句话：读书，是完成自我救赎的经典路线；她是学习的旗帜，我至今记得当时在北京师范大学培训时，我俩是同桌，她上课时那双虔诚又闪烁着热爱的眼睛。

我们中国人常讲，修己达人，只有先修己，才能达人。所以，中层，如何成为共识传播的介质，第三个要点就是：自我的陶熔，让自己更加通透。

在自我进阶的这条路上，艾瑞德国际学校中层经历了和大部分学校中层一样的路径，我们都经历了从一名教师逐渐成长为一名中层的种种，然而，大家看到的职位变化不是最重要的，在这层楼梯的背后，我们还应该经历另外一层楼梯，每上一个台阶，我们都或主动或被动地去靠近一种能力。比如做教师让我们明白了什么是沉潜扎根，做班主任让我们学会了责任担当，做年级主任我们开始思考如何继承如何创新，做部门副主任我们开始学着平衡决策与执行，做了部门主任我们要懂得如何统筹铺排……

在自我修炼的这条路上，年轻的我们在磨炼中开始明白一些简单而朴素的与管理有关的道理。比如在带领团队时，我们渐渐明白"养鱼先养水，养人先养心"；出现问题时，我们不是简单地就事论事，而是知道逐层解析，因为"结构决定性质，性质决定功能，功能决定用途"；在对待教师成长上，我们明白"迷恋他人成长的人，也一定会被他人所迷恋"；在紧急情况处理上，我们知道如何均衡使力，有效出拳，因为"杀鸡不要用牛刀"。当然，最后，我们都会回归到同一个道理：人生是价值观的长跑，善良是最靠谱的竞争力。

到这里，我的采访报告就结束了。再来回顾这三个要点，真不敢说我们已经做得很好，但我们永远在努力的路上。最后，还是回到最初的话题，我突然觉得那名宇航员一点也不孤独了，因为在太空的时候，他心中也有一个共识，也是一种使命，那就是对于宇宙的探索也许会改变人类的命运。所以，希望我们彼此可以达成一个又一个共识，这样，每一个日子，我们都会因为拥有共识，而不再孤单。

寻找年级管理的生长跑道

马　竞

年级部管理是学校实现扁平化管理后的一项新举措，它能让学校的管理更加精细、科学、系统。

2018 年 9 月，艾瑞德国际学校将年级组正式命名为年级部，学校将管理重心下移，很多权力放给了年级部，六位年级主任平均年龄 31 岁，年富力强，热血澎湃，准备大干一场。

初始的迷茫

年级部成立初期，遇到了很多困难，每天打开钉钉软件，会收到来自各个部门的通知，几位年级主任做过统计，平均每天需要经我们的手转发出去的信息有 23 条。年级主任这个角色就像信号接收器一样，需要不断地接收信息，发出信息。

在年级部刚刚成立的那段时间，年级部的工作没有抓手，也无从下手。龚涛校长助理牵头召开过一次年级主任碰头会，可碰头会开成了吐槽大会。他们有委屈，有困惑，也有迷茫。大家总结了当时遇到的种种困难，年级部工作陷入了混沌和迷茫。大家也有或多或少的疑惑，设立年级部有意义吗？意义何在？

在探索中前进

在一次中层会议上，李建华校长明确指出：探索扁平化的年级部管理，我们一定会遇到困难，在这个特殊时期，我们要强势关注年级部。李校长给大家明晰了三条刚性原则：第一，六位年级主任在级别上同部门主任一样；第二，除校长室下发通知外，其他部门无权向年级主任下发任何通知；第三，不经校长室允许，任何部门不得干涉年级主任正常工作。

这三条刚性原则是当时的无奈之举，在探索扁平化年级部管理的道路上没有捷径。虽然年级部管理遇到了这样或那样的困难，但是艾瑞德国际学校的管理团队并没有退缩，我们始终坚信，扁平化的年级部管理，一定能成为艾瑞德国际学校管理中的一种新模式。

一年多来，我们尝试着寻找适合年级部的生长跑道。曾国藩说过："治军总须脚踏实地，克勤小物，乃可日起而有功。"治校也是一个道理。于是，年级部从大处着眼，小处着手，坚守工作目标，立足工作岗位，边做边想，边想边做。在这个过程中，我们对年级部管理也有了一些浅显的认识和心得，要想使年级工作顺利推进，需做好以下工作。

第一，做好年级工作计划。开学前，年级部会组织年级老师商讨新学期工作计划。一学期的教育、教学被安排得井井有条，老师们人手一份，学期有计划，工作有思路，做事有抓手。

第二，开好四会。四会指的是班主任会、教研组长会、年级教师例会以及每日三餐前的年级学生集会。

1.班主任会。年级班主任会形式多样，有沙龙式、随机式、项目式。以随机式为例，这种班主任会不受时间和空间的限制，根据需求随时随地召开，长则十多分钟，短则三两分钟，效率高，操作简单。

○ 自然生长：这里是一所学校 ●

2.教研组长会。年级各学科教研组长在一起教研，可以更好地平衡各个学科的学习任务和目标，有效地开展学科融合。另外，年级学科组长也能够更及时关注组内老师的状态，年级部和学科组长携手，让老师们成为学习共同体，打造成长型教研组。

3.年级教师例会。通过这样的会议，年级部老师齐聚一堂，认真学习各部门的方针政策，有效进行年级部团队建设。

4.年级学生集会。每天三餐前的学生集会是开展德育工作的大好时机，负责集会的老师就当下值得表扬或需要改善的地方做出总结，及时引领。此外，学生集会也能够将学校的大事件和最新动态及时告知学生，让学生在校更有参与感和归属感。

第三，年级内部赋能。我们希望在年级部，每一位师生都是活动的参与者、管理者、践行者。

1.项目负责CEO。大型活动实行项目负责制，例如，年级部要开展一次以体育学科为主的学生活动，那么年级部的这位体育老师就是此项目的负责人，从活动策划、实施到总结、评价，这位老师有权统筹调配年级的所有老师和学生。

2.一线教师挑大梁。在日常管理中，年级部管理重心会继续下移，根据老师特点，分配不同的小岗位，挖掘老师的潜能。

3.赋能学生。我们也给学生赋能，让学生学会自我管理。如学生安全提醒员、眼保健操督察员、卫生巡视员、年级主任助理等。

第四，提升年级部解决问题的能力。在开展工作时，有些以班级为单位，有些以教研组为单位，有些以具体活动为单位。那么，班主任、教研组长、老师，大家都可能成为某个领域的第一责任人，我们不断引导老师们要有责任意识，通过一系列赋能，不断壮大年级部力量。

坚守梦想，探索不息

一年多的年级部管理，让年级部从光杆司令变为了年级智囊团。每个年级都给自己起了一个响亮的名字：静水流深一年级，心手相依二年级，精进有力三年级，步步高升四年级，踏石有印五年级，团结奋进六年级。

一年多的拔节生长，让六个年级长出了许多共同的样子，也长出了一些他们自己的样子。

一年级在新生入学前，以年级为单位，研发出一套适应学生快速进入新角色的习惯课程。二年级每学期的家校见面会，是他们为家长和学校搭建起的另一座桥梁。三年级乐于为学生搭建一切台子。"老师，我们想在走廊里涂鸦。"于是，他们年级两侧的墙壁变成了小黑板的样子；"老师，我想让我的作品出现在集会小广场。"于是，他们的生长广场被学生点缀得创意无限。四年级日常管理是学生的天下，眼保健操督导员、年级主任助理、卫生巡视员等，从各项常规的检查到流动红旗的评比与颁发，全由学生参与完成。五年级总能给人以美的呈现，师生共同参与设计的年级公示牌，让常规管理变得美丽而温馨，年级军鼓队更是在"艾运会"上大放光芒。提到六年级，你是不是想到了小升初考试前的挑灯夜战？艾瑞德国际学校的六年级是这样的：每月一场电影，每月一场赛事，每月一次颁奖……老师将孩子在小学最后一年的学习生活安排得多姿多彩。在这里，他们一定能留下了美好的童年回忆。

在探索扁平化的年级管理中，我们不断学习、不断实践，在探索和求知的道路上，我们还会遇到这样或那样的困难。但是，艾瑞德国际学校有一批敢想、敢做、敢于担当的人，他们坚守教育梦想，他们立足岗位。其实，永远不要怀疑一小群坚定的人能改变世界，实际上，世界一向是由这些人所改变的。

小切口，切出德育课程新模样

陈　琳

德育工作，要把"立德树人"的根本任务落实、落小、落细，坚持去做温柔的钉子，钉在现场；以课程的形式让活动有纵深的课时划分和横向的学科融合；用教育的一阵子支持学生生命生长的一辈子，用真诚的教育人的姿态邀请到更多的老师、家长和社区，推动学生、班主任和家长协同育人，使其参与绵长悠远的教育裹挟。

德育，远吗？德育很远，它要落实国家的核心价值观，要用校风联动家风。德育，近吗？德育很近，就在孩子们的一言一行、举手投足中。

小切口　从自己切起

刚开始工作时，我总是把自己关在教室里，在教室办公，每天和孩子们在一起。要问那时候有梦想吗？其实也有，也想做事情，但始终找不到做事情的抓手。因此，每天朝九晚五，下午5：30准时打卡下班，冲到咖啡店，点上一杯咖啡，就这么幻想着能够抵达诗和远方。

这样的状态，让我觉得自己很不快乐，我期待着一个改变。

2018年3月，我接到了一个电话，学校要求我担任一年级的年级主任。

当时我犹豫了一下，最终还是轻轻地握住了这扇门的把手，从此走向了一种新的职业生活。我不懂管理，所以一切事情先从自己下手，要求别人做到的，自己先不折不扣地完成，别人做到的，就使劲地夸赞。

小切口　从剩饭剩菜切起

2018年9月，李建华校长提出了学校管理的一个"痛点"：师生有剩饭剩菜情况。他的目标是带领师生养成"吃得干净，吃得优雅"的好习惯。会议结束后，"吃得干净，吃得优雅"这八个字深深地印在我的脑海里，挥之不去。作为一名奔走在教育一线的班主任和年级主任，我能做些什么呢？如何才能解决就餐浪费的问题呢？

站在餐车前，望着倒餐处的拥堵，望着被冷漠倒进泔水桶里的白米饭，我的心很痛，正是这种痛感，让我决定要做点什么，我要在孩子的童年教会他勤俭节约。

节约，先从学校的一个餐桌开始。终于在凝思中，一个画面跳跃在脑海："就餐完毕后，汤碗、餐盘（一个个摞起来）、餐后垃圾盘、筷子（一根根筷子统一顺序排放整齐）依次排序，放在本班级餐桌上。"

那时，餐桌离我不足一米远，可是，就是这从脑海里到餐桌上不足一米的距离，成为最美的距离。

这件事也让我对管理有了初步的概念，把"光盘行动"做成功，就划开了管理的小切口。

于是，学生开始一日三餐执行"光盘行动"，具体措施为：

一、以班级为单位，每班一名身着黄色马甲的就餐值日生，不参加年级集会，下课铃声响后先到餐厅就餐。

二、就餐值日生用餐完毕，在本班餐区值日，每班配有两个泔水盘（一个放筷子、一个盛放餐余垃圾），提醒同学吃得干净（除肥肉、葱姜大

○ 自然生长：这里是一所学校 ●

料外，不能有餐余）。

三、学生排队倒餐余，要做到餐盘中没有剩饭剩菜。为了便于低年级学生熟记，特设定了餐盘放置口诀：一放碗、二倒餐（餐余）、三放筷子、四放盘。

四、学生倒餐完毕，后勤部门专人到班级收餐盘，就餐值日生清洗泔水盘。

五、六个年级部一起行动，三餐前所有年级举行集会，学生着就餐服一条线到餐厅就餐。

六、德育中心负责督查：餐盘是否有餐余夹带、地面是否有掉餐。途径是现场提醒和班会课引导。

目前，艾瑞德国际学校餐厅2个楼层、41个班级、20个餐车、41个泔水盘、1500名师生共行"光盘行动"。

就连在新生一年级入学的第一天，我们就鼓励孩子们吃得干净，吃得优雅。五天过去了，孩子们大概摸索出了自己的饭量，也渐渐能够做到"量肚儿而行"，把"吃得干净"变成了"我的习惯"。

就这样，我从之前端着咖啡杯空想，变成了守住泔水桶努力工作，这样的一个小切口，让我发现：要想做好工作并不难。

小切口　从一条线切起

一切的出色，都离不开基本功的扎实和前期的人格。就如儿童，我们想让孩子成为"眼中有光、脸上有笑、心中有爱、脚下有力"的四有儿童，就要在童年时期做好习惯的奠基，让好习惯长成孩子的一部分，为他们的成长增添些顺畅和惬意。

在艾瑞德国际学校，学生要养成走路呈一条线的习惯。好的习惯不是束缚，是让孩子们更大程度地接近自由，外在的有序，可以帮助孩子们建立内在的秩序，习惯养成的练习，也是在练就孩子的翅膀。

当拖鞋一条线、排队一条线、羽毛球摆放一条线，我们少了很多"报告老师，他拿我……"，我们少了许多纷争和吵闹，孩子们所到之处，都在表达我们的校风——"有序"。

一条线不是"你的要求"，而是"我的习惯"，从一条线走向一条心，从小儿童走向好少年。

小切口　从一块橘子皮切起

德育日常就是落实学生的行为习惯。一天，用餐后，我看见地上散落着孩子们中午加餐的橘子皮，我的脸在发烫，这是德育的结果啊！德育不能只关注大活动大事项，掉在地上的橘子皮不也是德育吗？

于是，我和六位年级主任碰面，在集会上要落实乱扔橘子皮现象，并在接下来几周的中队会上呈现了这种现象。从那之后，地上的橘子皮变得越来越少，也有许多孩子看见橘子皮后，就主动弯腰捡起来。

就这样，我从自己切起，从剩饭剩菜切起，从一条线、一块橘子皮切起，慢慢地找到了一些小切口之后，站在这个岗位上，我再也不慌了，再也不迷茫了，再也不是那个端着咖啡杯，在空想中寻找诗和远方的我了。

从那一刻开始，我明白了我想要的诗和远方，就在我的脚下，也渐渐沉淀出一种工作精神：要爱就爱上坚持，要做就做成钉子，德育，就是坚持做钉子。

工作切口找到了，剩下的就是如何操刀了。

课程育人　从一粒剩米饭到一条课程线

德育活动课程化是我们部门的共识。活动里的课程感体现在两个方面，一方面向学科靠拢，实现物理靠近；另一方面将德育活动进行课时划分，让学生真的从活动中有所成长。

德育要想实现课程化就要有抓手，我们就从"光盘行动"的落实，作为课程的一部分，从一粒剩米饭拉出了一条课程线。

"光盘行动"在落实食育课程，同时我们还有劳动课程。劳动课程当中有校园劳动和家政劳动，每个清晨，都可以看到孩子们拿着拖把、抹布打扫走廊和教室的卫生；每个周末，孩子们都会按照家政作业的清单在家里进行家务劳动，例如"整理家中的书柜""为父母整理衣柜"等。

除此之外，孩子们还有非常喜欢的田园劳动，完成了一周的功课，周末在父母的陪伴下，到班级一亩田进行劳作，松土、捉虫、拔萝卜，感受田园课程之趣。

每周中队会也是一门课程，由德育中心设计课程，全校 41 个班级共上一节课，里面包含了学校的大小新闻和校园常规。

文化育人　从一枚小奖章到一张文化网

"瑞德少年"在这所校园内，是个不小的荣誉，如果你低头去问迎面走来的一年级小娃娃："你有什么愿望？"他会朗声告诉你："我想当瑞德少年。"

如果你遇到的是高年级孩子，你问他想不想获得瑞德少年，他会抿着嘴，轻轻一笑："都行。"可是，转身之后，你会看见这个说"都行"的少年，在用行动告诉我们：其实，我也很想做瑞德少年。

如果想成为"瑞德少年"，就必须先做过"就餐值日生"，要为同学们弯腰过，要在劳动里磨炼过，要在泔水盘边服务过……

学校处处营造着一种文化育人的氛围。一枚闪亮的奖章成了孩子们的念想，以一枚奖章为始，编织成了一个校园的文化网。在艾瑞德国际学校，每一面墙都会"说话"，教师墙、校长助理墙、毕业生墙、家长墙……静静地听着孩子们向它们"诉说"，跟孩子们一起"表达"，它们见证了主题课程的发展，也参与了课程的融合和变革。

活动育人　从一个小故事到一个活动梯

在艾瑞德国际学校，一年四季，同学们都有丰富多彩的活动，春天有春耕日，夏天有六一文化周，秋天有新生入学习惯课程，冬天有公祭日。

掀开了小切口，工作就有了新模样，经过这一番努力，我们看见了许多新模样。

在艾瑞德国际学校的校园，你随处可以看见一个高年级的孩子，弯腰为低年级的小朋友系鞋带。你也可以看到，当一个孩子参加比赛，他的同学会把他的海报高高举起。这样的同伴们，一起到过田园校区种植一亩田；也曾一起举过火炬，参加学校运动会的开幕仪式。

你会看到游泳课后一位班主任蹲下来为孩子穿袜子；你会看到"旗袍节"，孩子和老师一起穿上最美丽的旗袍，走成校园里美丽的风景线；你也会看到毕业生时不时地出现在校园里，挽着老师的胳膊，说着过去的故事；你还会看见，当一个学生在舞台上比赛时，他的老师站在台下，为他大声喝彩。

家长也有了新模样，每周五下午家长都会带着自己的专业知识走进课堂，摇身一变，成为老师。周一和周五的上下学交通高峰时段，家长们穿着制服在校门口指挥交通，他们会把孩子从车里接下来，帮助孩子把行李运到门口，风里雨里，他们选择这样和我们站在一起。

其实，我只是艾瑞德国际学校中层干部中普普通通的一员，我们在一起工作，互相搭把手，帮助彼此实现小梦想。我们在一起的每一个日子，都在发生着幸福的席卷，甜蜜的裹挟。

绵绵用力，久久为功，齐头并进，力出一孔。德育工作从学生常规入手，以课程形式呈现，努力培养出"眼中有光、脸上有笑、心中有爱、脚下有力"的瑞德少年；德育工作以无形的梯子，为班主任的专业成长提供一条小径，帮助更多的人完成育人抵达；德育工作以席卷的态势，邀约家长走进校园，实现家校联动、家校共育，以课程育人、文化育人、活动育人、实践育人为抓手，抓住学生的一阵子，助力学生成长的一辈子。

与师生保持最近的那个人

"看见他们的模样，接住他们的忧伤，捧住他们的欢畅"，尤其在发生重大事件、重大问题时，我们都是师生的身边人，心靠近了，事业就长远了。

孩子们，用耳朵感受即将到来的天使吧

刘　泱

在二楼钢琴广场上，32个孩子手捧着玫瑰花站在台阶上，二年级的每一位老师也拿着花，站在孩子们旁边。

李慧婷老师走过来的时候，钢琴弹奏起，孩子们齐声合唱着：

> 你给我一句话就打开我一扇窗
> 你给我一个微笑我就浑身是力量
> 你给我一个眼神我就找到了方向
> 你放开双手让我遨游知识的海洋
> ……

孩子们排着队，依次把自己手里的玫瑰花送到李慧婷老师手上，再给老师一个轻轻的抱抱，把小脸贴在孕妈妈的肚子上，侧耳倾听一会儿。

每一位孩子，都笑靥如花。

看着孩子们小心翼翼到有点笨拙的模样，慧婷老师不禁笑了。笑着笑着，眼泪也一起流出来。

触动心弦处，温暖弥漫着。

这个情节，慧婷老师事先并不知情。

在艾瑞德，每一个活动，都力求浪漫且神秘，除了策划者自己之外，当事人往往都会被蒙在鼓里。

这些策划者，主要就是学校的中层干部。"给慧婷老师待产放假前的送别礼物，就是我和慧婷班上的语文老师张婉清一起策划的。"二年级年级部主任李丹阳老师讲了来龙去脉。

临近期末，李慧婷老师二胎宝宝的预产期也快要到了。看她每天挺着大大的肚子，还在学校里来回地忙，我们都劝她该回家休息啦！慧婷总说自己身体好，没有关系，能带自己的班级多一天是一天，能陪孩子们考完试也就放心了。

学校里像慧婷这样的老师很多，只要自己的身体条件允许，孕妈妈总是想要在学校多一天，再多一天，心里记挂的都是班级里那三十几张纯真的笑脸。

慧婷老师也快要回家休息了，我们就让这些她最最惦念的小朋友，送给慧婷老师一个暖心的礼物吧。

端午假期，我们开始悄悄行动起来，让孩子们在家练习《老师》这首歌。为了不被慧婷老师发现，张婉清老师没有在班级群里发信息，而是悄悄地私信了每一位家长，把音乐伴奏一起发给他们。我们订了60枝玫瑰花和一个足够全班孩子吃的蛋糕。

今天，小学部的刘浩然主任接受了我们的委托，午饭时，把这位孕妈妈带到了校外去吃饭。

下午第一节课开始前，慧婷老师回到班级，就被我们包围在这里。

（此文摘自《新校长》杂志2019年第10期）

雁行中层与我的故事

石　鹤

　　我必须承认自己是幸运的，在 30 岁的这一年。有这样的十几分钟，一束光打在我的身上，有一个舞台，只属于我一个人。学校为什么会选择我？我又能带给大家什么？我在不断追问自己，这是我在上百人面前做的第一场报告。今年是我入职的第三年，《道德经》中说"一生二，二生三，三生万物……"在"三"这个节点上，我也想回头看看三年来我的变化。

　　打开相册，寻找我入职艾瑞德国际学校第一年的照片，有一张照片我身穿紫色晚礼服，在一年级散学典礼上，作为英语主持人出现。当时我 156 斤，周围都是形象好、专业强的老师，我找不到自己的定位，内心总会有个声音在说："我不行，我不行"。我至今都很佩服我的年级主任李丹阳老师，如此放心大胆地把这个任务交给如此普通的我。我清晰地记得当时丹阳主任这样对我说："石鹤，你长得很明媚，你的优点就像是一双翅膀长在你的身后，你自己看不到，你需要这样的机会去发现自己的好。"身为一个胖子，很少有人会对我的外貌做出如此评价，听到"明媚"这个词语，我十分感动，内心真的瞬间明媚起来了。我没有半分的犹豫，抓住了这次机会，内心很笃定，我一定会完成得很好，因为我知道有一双充满期待和赞许的眼睛在望着我。

我的年级主任，她会亲自帮我缝裙子，不是因为我的裙子烂了，而是，我瘦了 30 斤。我是怎么瘦下来的呢？那要从写作说起。那一年，我写的一篇学生观察日记竟然获得了"大夏书系"的三等奖。从小到大，我的作文在班级里都没有被老师念过，没想到却获得了全国大奖。

在每月专家进校园的培训活动中，我们认识了李冲锋博士，他点燃了好多老师的写作梦，我就是其中之一。当时，我问丹阳主任会坚持多久？她说："有可能明天就坚持不下去了，但不要去想太大太远的总目标，只看今天是否能做到。"于是，我开始了写作。到第 60 天的时候，自己都吓了一跳，我竟然坚持了 60 天！那么，我的人生一定还有其他的可能性。于是，坚持一个月少吃主食，成了我的下一个目标。一个半月，我瘦了 30 斤。后来，学校让我在一次大型活动中作为教师代表出校旗。活动新闻稿中，我的照片看起来非常严肃，同事说："鹤鹤不笑的时候，太严肃，太高冷了。"丹阳主任却说："她是因为太重视了，石鹤说过什么时候希望她也能作为代表出校旗。当这一天终于到来的时候，谁会不紧张，谁会不动容呢？"

2019 年 6 月，刘泱主编在采访教师代表时，问过我们这样一个问题：几天的接触下来，我发现艾瑞德国际学校的老师都是眼中有光，脸上有笑，你们的老师还说上班就是赴一场盛宴，我想问你们私下难道真的没有半点抱怨或者负能量吗？

说实话我在工作中哭过不止一次。暑假，北师大研修归来，我接到翁老师打来的电话，让我在全体教职工大会上做学习分享，推辞的话还没讲完，一旁的丹阳主任抢过我的手机说："这活儿，我们接了！放心，石鹤一定是最佳人选。"挂了电话，丹阳主任对我说："要珍惜并且抓住每次在人前讲话的机会。"我知道这确实是个很难得的机会，但同时，真的不容易。我也曾因没有思路，夜晚坐在书房崩溃大哭。上台的前一天，我把发言稿复述给丹阳主任听，她激动得有些发抖，不停地夸赞我。教职工大会结束后，我收到了李建华校长发来的表扬短信，我把李校长的信息截图并保存，以后，每当遇到机会和挑战并存的时候，我都会再次打开，看一看，然后满怀感激地接受。

还有一次崩溃是在自己上了一节不太理想的公开课后。学科主任过来说李校长要找我们聊聊。中午，心神不定的我见到了李校长，他却要请我们吃海鲜面，那天李校长特意为大家点了许多菜品，但有心事的我，全然没品出菜的味道。直至用餐结束，李校长都没提及任何公开课的内容。第二天，我怀着惴惴不安的心情来到了学校，早饭时遇到李校长，他说："石老师，昨天请你们吃饭没有其他目的，就是看你们准备公开课很辛苦，请你们吃顿饭，你千万不要多想。课上得很好，你们都是非常优秀的老师。"心中一块大石头瞬间落地，随之而来的是鼻子发酸，满心感动。

刚开始我自恋地认为是丹阳主任偏爱我，是学校偏爱我。可三年下来，我发现了一个秘密，他们爱每个人，只不过会让你觉得你是被偏爱的那一个。

总是有人能够捧得起老师的欢畅，接得住老师的忧伤。我们所有的情绪都可以安全地表达，他们无条件地全部吸纳。这是我的故事，也不只是我的。当身边的老师遇到问题时，他们总在我们转身就能看到的地方，触手可及。

在这所学校，每个人是我，每个人也是雁行中层，我们相互席卷，彼此看见。

后勤管理弧线抛向哪里

赵宗新

后勤促前勤，作为学校管理工作的重要组成部分，后勤管理工作是否有效，关系到全校师生能否有一个安全、和谐、健康、温馨的学习生活环境，让家长乃至社会看到学校的另一片风景之美，同时也是衡量一个学校教育、管理水平的重要标志。

艾瑞德国际学校后勤团队努力践行"走自然生长教育之路，办有故事有温度学校"的办学理念，把"干净、有序、读书"的校风落实在工作实践中。用快速服务、精准服务，托起学校服务保障工作。既要干好后勤的实事，也要讲好后勤的故事，逐渐形成"低头能干实事，抬头会讲故事"的后勤文化。

后勤工作究竟做到什么地步才算完美？我认为后勤工作只有不断完善，没有完美。后勤管理者的任务是让后勤工作从机械的、被动的、单项的、粗糙的、命令式的工作，转化为主动地做、有激情地做，把有意义的工作做得有意思。后勤管理的弧线要抛向哪里？经过实践与思考，我认为学校后勤管理的弧线应抛向离儿童最近的地方，抛向师生向往的地方，抛向能使后勤团队更有文化、有情怀的地方。

后勤管理弧线抛向离儿童最近的地方

后勤服务站在"儿童立场，人在中央"的高位开展工作。尊重儿童生命成长的规律和生命生长的路径，对于儿童，我们呵护天性，尊重个性，发展社会性。后勤管理工作的故事要从更换书包，倾听儿童的声音开始说起。

改变学生书包的样式，源于日本学生书包的启发，从书包的品质、款式、功能等方面综合考虑。中层干部会上，我把红、蓝、黑三种颜色的书包展示给干部，请干部做出选择。然而，我们突然间意识到这种做法过于草率，干部的选择，仅代表成人的意见，学生才是书包的主人，我们需要倾听学生的声音。于是，德育中心金思成副主任拎着三种颜色的书包走进了班级，让学生举手表决。他竟然倾听了 22 个班级 632 名同学的意见，黑色成了男生的首选，红色成了女生的最爱。艾瑞德国际学校新书包就在学生的举手表决中诞生了。学校后勤服务工作要以生活为源，以生命为本，毫不动摇地坚持"儿童立场，人在中央"。成尚荣先生在《儿童立场：教育从这里出发》一文中提出："儿童的发展是现代教育核心价值的定位，儿童立场应是现代教育的立场。"毋庸置疑，教育是为了儿童的，教育是依靠儿童来展开和进行的，教育应从儿童出发，后勤服务工作也是如此。

学校生活辅导员老师每天上午 10：00 会在开水房前排起一条长龙，目的是为班级每个孩子接一杯爱心茶。爱心茶究竟是什么茶呢？是学校校医根据中原地区的气候变化，结合小学生身体体质，制定的艾瑞德国际学校四季养生茶谱。春季适合喝柠檬茶补充维生素，夏季熬制菊花、金银花可去火，秋季熬制山楂茶有开胃功能，冬季熬制冰糖雪梨有清肺润肺止咳功效。此事让家长为之感动，把勤劳的生活辅导员老师尊称为"爱心妈妈"，养生茶因此被称为"爱心茶"。

走到艾瑞德国际学校停车场，你会惊奇地发现校车前整齐排列着一排安全锥，这是校车的标配。师生都知道，校车前安全锥在的时候，校车是静止安全的，如果校车前的安全锥被拿掉，表明校车是待发状态，师生必须和它保持安全距离。开车前由司机师傅提起安全锥，围绕校车顺时针巡视一周方可上车启动。只要有利于师生安全的事情，就要坚定不移地落实下去，这是后勤工作的一贯作风，后勤管理用钉钉子精神钉出了校车前一道美丽风景。这个故事曾经在向郑州市教育局汇报安全工作时，得到了市教育局安全处处长的肯定，并有意向把这个案例面向郑州市有校车的学校进行推广。

每天下午4：30发校车时，所有干部同校长一起准时到校门口送放学回家的学生。校车开出校园的瞬间，干部们向校车挥手再见，车窗上也布满了挥动的小手，他们在向我们说再见，也是在向今天说再见。手越挥越远，心却越来越近。这样的挥手不是再见，而是想念；不是分开，而是靠近。上学父母亲人相送，放学老师校长相送，孩子的一天有始有终，有情有爱。每天如此，如此坚持，这样的迎来送往，让孩子多了幸福感，让教育多了仪式感。或许，挥手之间，撑起了一片天，装饰了一个梦，孩子的美好一天在挥手中结束，带着我们的挥手进入梦乡，梦一定是美的，上学一定是甜的。

后勤管理弧线抛向师生向往的地方

一次就餐时，有学生问校长什么时候学校再次停电呢？校长很纳闷，为什么要停电呢？学生告诉校长，因为只有停电才能吃到汉堡。（原来孩子们期望的并不是停电，而是停电后后勤中心启动的应急就餐预案：提供汉堡。）在餐饮改革时，我们专门为孩子设定了每月最后一周的周五中午是"汉堡日"。从此，学生对餐厅多了一份向往和期待。

有一次家长会上，家长提到为了改善口感，在家里用蔬菜汁给孩子做馒头。这个故事深深地打动了我。后勤会议上，我把此事讲给膳食中心的师傅听，大家为之振奋，认为这个案例恰好撬开了餐饮改革的切口。于是，大家一起尝试做蔬菜水果馒头。经过一星期的试验，艾瑞德国际学校五彩馒头向大家面市了：周一南瓜馒头，周二菠菜馒头，周三紫薯馒头，周四苹果馒头，周五芹菜馒头。学生在校期间，每天可以享用不同色彩的馒头，享受不同饮食的味道。

小学教师队伍中女教师普遍居多，如遇哺乳期，在办公室这样的环境不免会显得尴尬，这是多数学校都面临的实际情况。作为后勤工作人员，我了解到大型商场、机场等公共区域，都设置了母婴室。受此启发，我们便在学校为女教师装修了母婴室。10平方米的空间虽然不大，但婴儿护理台、消毒烘干机、电冰箱、储物柜、沙发样样俱全。健康、温馨、人性化的环境足够让哺乳期的妈妈在这里放心使用。后勤服务工作就要为教师解决困难，服务到教师的期待中，彰显"每一位教师都是珍贵的存在"。

艾瑞德国际学校春节有独特的年味。独特在于，有膳食中心为每位教工准备的纯手工年货：1. 麻椒鸡（吉祥如意）；2. 炸带鱼（年年有余）；3. 辣椒酱（红红火火）；4. 炸莲条（好事连连）；5. 五彩馒头（五谷丰登）；6. 花生米（妙笔生花），寓意"六六大顺"，加上买来的四样年货，共十样，寓意"十全十美"的年货就此诞生。忙碌一年的老师，也该回自己的小家团聚了，后勤员工希望艾瑞德人回家的路上脚下有力，手上有礼，双手提着沉甸甸的幸福，回家过一个幸福年。

后勤管理弧线抛向能使后勤团队更有文化、有情怀的地方

后勤工作人员普遍文化水平偏低，接纳新事物、更新思想观念缓慢是学校后勤的现状和困局。但是，后勤人员有着共同的优点：朴素、勤快、踏实。通过何种方法让后勤员工打破现状走出困局，是后勤管理要解决的问题。田振友先生在《小学后勤管理如何发挥育人功能》一文中提出，"在良好的服务中开展育人工作，在良好的环境中进行育人工作，更新管理观念，充分发挥育人功能。"后勤不能仅仅做好服务工作，更应该关注员工的

成长，想出点子，找出法子，做出样子，播下种子，让每位后勤员工在岗位上凝聚力量提升自己、成就自己。

后勤员工最看中的并不是待遇，而是被尊重。每年的高考前夕，学校精心为参加高考的教职工子女准备一份特殊的礼物并送上祝福，这份特殊礼物是糕点和粽子，寓意"祝福孩子在本次考试顺利高中，金榜题名"。收到礼物的后勤师傅热泪盈眶地感叹："全校300多名教职员工，我仅仅是一名后勤工作人员，在我孩子一生中最重要的日子，高考来临之际，竟然收到校长送来的礼物和祝福，并且能叫出我孩子的姓名。感谢学校的用心、细心、贴心。我唯有用真诚的工作态度同学校一起向前走。"礼物不贵，但是一个不经意的善举，让彼此被看见，彼此被温暖。

后勤管理提倡丰富员工生活，用业余时间装扮员工的梦。相继开展每月共读一本书、每月共赏一部电影、每月故事分享会。后勤员工每月一起走进影院观赏最新电影，把生活过得有仪式、有期待。每月故事分享会，后勤师傅代表走上舞台，为大家讲述后勤的故事，分享的内容并不是最重要的，重要的是从观众走向被聚焦的演讲嘉宾，这一角色的转变，转变了一个人的心境和状态。用每月共读一本书积累知识，每月共赏一部电影丰富生活，每月故事分享会绽放自己。业余生活丰富多彩了，就多了一份对生活的热爱、对单位的向往！

每周五通过学校微信公众号公布下周食谱，给师生一份惊喜和期待。后勤中心开设微信公众号"后勤在前线"，讲一讲后勤的人、后勤的事、后勤的管理心得。后勤师傅的朋友圈，你转我的故事，我转你的故事，彼此转发，彼此点赞。在"互联网＋"的时代，经营好后勤一亩三分地的同时，向外界传达后勤的声音，共享后勤成长点滴，相互学习，彼此影响。

后勤管理弧线究竟能抛多远，最终要抛向哪里？作为后勤中心负责人，我来回答这个问题：带领低头能干实事，抬头会讲故事，有文化有情怀的后勤团队，把后勤管理弧线抛向学生的心坎上、老师的期待中、家长的念想里。

让学校保持沸腾的那个人

沸腾是温度与故事的集聚，每一位干部都有自己的影响所及，成为"沸腾源"，用一种饱满的热爱来点燃师生。每一个年级、每一个学科、每一节课、每一位老师都沸腾了，校园就有色彩了，就有画面感了，就会让人热爱、让人眷念。

会微笑的墙壁

王顺平

在艾瑞德国际学校除了有八大景观之外，还有许许多多的校园文化元素和符号，如果说给人留下印象最深刻、视觉冲击力最强的，当数照片墙了。

德育活动中心在每个楼层都设立了一面特殊的墙，虽说是墙，可是它一点也不冰冷，它是用实木外围包裹一层毡布围成的柱子。在柱子的四个面上，都贴满了孩子们的照片，有孩子的个人写真，也有和家人一起的全家福。无论哪种主题、哪种背景，都有一个相似的特征：照片上的人们都露出了开心的笑容，因此，照片墙又被老师和孩子们赋予了一个新的名字——笑脸墙。

国庆刚过，老师们就迫不及待地把孩子们的照片收集汇总起来，想要尽快把孩子们的照片放在笑脸墙上。每个课间，老师们或蹲或站，把孩子们的照片小心翼翼地粘在墙上。看着笑脸墙被一张张照片装点得焕然一新，老师们心里有一种说不出的满足感。我们所做的这件事，可能微不足道，但笑脸墙背后所体现的教育价值不容忽视。

笑脸墙能育人。照片是一种特有的教育力量，会在无形之中对孩子的心灵有所渗透。照片背后的拍摄故事，家人坚定信任的眼神鼓励，会对孩子形成一种"心理动力场"，汇成一种温暖的磁场，可以在培养孩子心理素质的过程中，发挥无形的影响力。

笑脸墙能凝聚人心，让家校产生有温度的链接。照片能够让孩子们心里产生"家"的归属感，在大家共同营造的文化氛围下，孩子们心与心靠得更近了。共同的价值观和趋同感，会让孩子更加热爱班级、热爱学校、热爱家庭，内心的自豪感和幸福感油然而生。我观察到，每个课间，孩子们都会在笑脸墙下停留一会儿，和同学一起议论一会儿，找找自己认识的同学，回忆难忘的过往。笑脸墙不仅吸引了孩子们的目光，也吸引了许多家长驻足，他们也会在照片墙下面看得津津有味，嘴角上扬，目光温柔。

笑脸墙在讲述着一个个生动的故事。家庭成员用相机定格美好的瞬间，一家人面带笑容，或端坐整齐，或开怀大笑，或表情夸张。一张张照片，留下了彼此最美好的笑容与岁月。照片中的孩子，如今已长成高大的模样，父母的鬓角却已斑白。笑脸墙让那些模糊的记忆变得愈加清晰，孩子们看到曾经的自己，仿佛又想到当时拍摄照片时背后的故事，不由得开怀大笑，忍不住热泪盈眶。

笑脸墙定格了孩子成长过程中深入人心的某一阶段。"快看，老师，这是我当时轮滑比赛获奖的照片。""老师，这是我弟弟，当时他刚刚百天，我比他整整大九岁！""老师，你看这是我幼儿园毕业时候的照片，你能找到哪个是我吗？"照片定格了孩子成长阶段的重要时刻，从照片中我们看到了孩子点滴的变化，看到了孩子成长背后付出的每一分努力与艰辛，孩子也从中看到了自己一路走来的坎坷与不易，从小时候的牙牙学语，到第一次学习轮滑时，偷抹眼泪，咬紧牙关重新站起，再到若干年后的赛场夺魁，照片记录了孩子一点一滴的进步与成长。

李建华校长曾经在不同场合，表达了自己对照片墙的想法："要让每个孩子的笑脸都出现在墙上，一个也不能少！"照片墙的背后是学校的价值观，教师不仅是知识的传授者，更是学生美好生活的创造者。每一位孩子都是美丽的不同，每一位家长都是重要的链接，每一张笑脸都值得被铭记，每一份爱都应该被珍藏在心底深处。

白鸽喂养日志

王艳培

艾瑞德国际学校是个有温度有故事的地方，校园里随处都流淌着充满爱的奶和蜜，就连校园里的白鸽也成为学校的标志和温暖的符号。

在校园里随处可见白鸽闲庭漫步，与同学们欢乐互动。每周一的升旗仪式上，抽取"白鸽班"成了最神秘的环节，若有幸被抽中，这个班级将拥有一周的白鸽守护权。每当此时，操场就瞬间沸腾起来，孩子们都在大声呐喊自己的班级，想让喂养白鸽的机会降临在自己班级身上。

一（6）班的同学们从开学起就期待着幸运的到来，却每次都没有被抽中。这时候，他们总会用失望的眼神看着我，好像在说："王老师，我们多么希望是咱们班啊！"我也会鼓励他们："再等等，好运就在下一周。"我们在这样的期待中盼望着……

在第八周的升旗仪式上，机会终于降临，当听到"本周的白鸽班是一（6）班"时，同学们兴奋得一蹦三尺高，欢呼声、呐喊声、击掌声，响成一片。我们神圣地接过白鸽班牌、白鸽哨子和喂鸽粮的钥匙。

周一，同学们排着整齐的队伍，来到白鸽广场，看到白鸽，孩子们的兴奋就抑制不住了，奔跑着、欢呼着、跳跃着，想要和白鸽亲密接触。可是，事与愿违，看到孩子们这样的举动，白鸽一拍翅膀全部飞走了，同学

○ 自然生长：这里是一所学校 ●

们呆立在原地，只能仰望屋檐、楼顶，不知所措。就这样，白鸽在同学们的"围攻"中，被吓飞了。

"同学们，白鸽为什么会飞走呢？"

"肯定是因为我们的声音太大，被吓得飞走了。"有的同学因白鸽飞走，还伤心地抹起了眼泪。

于是，我因势利导："在喂养白鸽之前，我们先学习如何与动物相处吧！"随即上了一节"我与动物友好相处"的班会课，从每个动物的习性讲起，讲到如何保护动物，如何与它们友好相处。同学们通过一个个问题，一张张直观的图片，不断反思，纷纷表示见到白鸽时，要轻声慢步，不能大声喊叫。本次班会课，将友爱的种子悄悄播撒于孩子心间。

周二，我带领同学们再次来到白鸽广场，同学们互相提醒着"小声点，不要把白鸽吓跑了"。站在一旁的我很欣喜。接着，同学们手捧一把鸽粮，撒在空地上，一位同学吹响白鸽哨，静静地站在一旁等待白鸽们来觅食。一分钟、两分钟……五分钟过去了，只听见白鸽在屋顶的"咕咕"声，却不见白鸽下来吃食。每节课间，孩子们都会满怀期待地看一看，可是，粮食却还没吃。

"同学们，到底怎么回事呢？今天布置一个小调查，晚上回家，和爸爸妈妈一起查找资料，寻找一下白鸽觅食的规律。"于是，同学们带着疑问做了白鸽觅食研究。

周三，早读时同学们见到我，便围上来说："老师，我找到答案了！"

黄子乾同学说："白鸽觅食是在上午 8：00—9：00。"

邓安桐同学说："白鸽喜欢安静，不能受惊吓。"

南云茜同学说："白鸽除了吃食物，还要吃点小石子，有助消化。"

陈君同学说："白鸽不喜欢大吵大闹，它们喜欢吃五谷，它们也有自己的语言。"

……

带着同学们的好建议，吃完早饭，我们又来到白鸽广场上，将鸽粮撒在广场上，吹响哨子。开心的一幕出现了，一只白鸽、两只白鸽……不一会儿，一群白鸽都来觅食了。孩子们的脸上洋溢着微笑，同时，还用手指头做出"嘘"的手势。

一次成功的喂养，带给孩子们更强的探究欲，"同学们，今天回家继续查找资料，看看如何让白鸽跟人们更加亲密"。

周四，查找到信息的同学更多了，他们逐一讲述。赵纾瑶同学递给我一张纸条，上面详细记录着白鸽的生长习性："老师，这是我和爸爸一起查找到的信息。"于是，我们又知道了更多与白鸽相处的秘诀，例如，喂养人尽量选择和白鸽衣服颜色一样的服装，尽量每天的衣服一样；喂白鸽时可以把鸽粮放在手中，保持不动，白鸽熟悉之后就会来到你的身边觅食……

周五，同学们即将离开学校，两天没有人照顾小白鸽成为他们的牵挂，"老师，我们今天多给小白鸽留点粮食吧，这样它们就饿不着了。"带着满满的收获，孩子们出色地完成了本次的喂养任务。

校园因白鸽而沸腾，因爱而美好！喂养白鸽不仅是一次欢腾的活动体验，更是一次学会探究各种鸟类知识的奥秘之旅，一场学生心灵成长的爱意表达。

以爱为线，共织教育网

张 丹

"老师，我感觉孩子长大了，有心事了，我想去了解他，但感觉交流的时候他特别不耐烦，该怎么办？"

"老师，还有一年就小升初了，怎样使孩子的成绩有突破？"

"老师，我想知道咱们这学期的教学思路，需要家长配合做哪些事情？"

……

自步入五年级，我们就不断地收到来自家长的困惑，因而决定把大家聚在一起，开家长会。

家长会当日，我们在教室的黑板上画了一幅图，图中的马车上还写着八个字，大家议论纷纷是何用意，王盛南妈妈说："这三个动物劲儿不往一处使啊！车怎么走？"

这是一则有名的寓言故事《天鹅、梭鱼和虾》。一只大虾、一只天鹅、一条梭鱼共同拉着一辆车，它们拉得很卖力，但大虾使劲往后拖，天鹅拼命往天上飞，梭鱼全力往水里游，结果车子一步也走不动。由此可见：没有合作，努力也是枉然。至于马车上的八个字，曾宪梓妈妈给出了正确答案：心手相牵，春风化雨。即一起携手，带给孩子良好的熏陶和教育。我们借此图拉开了本次家长会的帷幕，也告诉了大家此次家长会的主题——

教育的一致性。

这则寓言故事里的车是我们的目标，三种动物分别代表了家长、老师和学生，只有劲儿往一处使，才能到达想去的远方，这也是"教育共识力"，因为教育力来自共识力。我们希望通过三方的不断配合，达成以下共识：教育理念与教育目标的共识，学科教学与学习力培养的共识，班级体建设与家校共育的共识。

一、教育理念的共识

"爬上这棵树"是一张图片，看到图片，大家都笑了。确实，要求每个动物都爬上树无疑很可笑，就如每个孩子的天赋也不尽相同，为何强求一条鱼跟一只猴子比赛爬树呢？教育绝不是如此。

读懂自然生长教育，尊重儿童的生长发展规律。我们在理解儿童、了解学生特点的基础上，为孩子搭台子、设梯子，让其在活动中得到独特的体验，在经历中收获更多的成长，获得在各个领域更多的成功感，找到自己的价值所在。

木桶理论中的短板理论，说的是最短的一块板决定了盛水量。于是，大多数人终其一生在痛苦地弥补短板，成功补齐的人却寥寥无几。许多家长也将孩子的短板视作致命伤，总是拿他的短处去与别人家孩子的长处比较，打击孩子的自信，再补也是于事无补。

现在，我们提倡长板理论，当你将木桶倾斜，你会发现最长的一根板才是决定盛水量的关键。正如走向未来，各有所长才能百花齐放，行业翘楚皆是把自己的长处发挥到极致的人。让天赋自由，让长处更长，这才是智慧父母、教师同行的方向。

二、学科教学的共识

苏霍姆林斯基说："最完备的教育是学校与家庭的结合，教育的效果取决于学校和家庭教育影响的一致性。"好习惯需要坚持，需要三方合力去完成。

以英语学科为例。本学期的英语课堂我们分成了四个板块：听写、表扬、学习电影台词和新授课。听写：词汇量是基本功，需要不断夯实。表扬：只有先跟孩子达成共情、共识，达成默契之后才能做到教育，每天我都会观察学生点滴的进步，拍成照片，做成 PPT，写好表扬信，在课堂的前几分钟进行表扬、颁奖，大大增强了孩子的责任心和自信心。学习电影台词：为更好地激发学生的学习兴趣，我选择了孩子们喜欢的学习方式——动画电影学英语。本学期为学生们挑选了《寻梦环游记》这部电影，带领学生每节课学习两句台词，不仅可以扩充词汇量，学习地道的口语发音，还能增长见识和眼界，寓教于乐，一举多得。

在学习中，作为教师的我常常思考：做不喜欢的事是一种负担，负担来源于无趣味。那为何不用学生更喜欢、更有趣的方式教学呢？所以，用他们喜欢的方式去教，这是我站在教师角度寻找的方法。

那么，站在学生的角度，又该如何去学呢？我们都知道学习是成长的必需品，是积极接受，还是敷衍应付？把自己定位为一个受害者的角色还是担当者？这是学生需要思考的。引导孩子从点滴小事做起，能把每件小事坚持不懈地做下去，就一定不简单。

作为家长又要如何去做？既然我们共同的目标都是为了让孩子变得更优秀、更幸福，那么，是积极寻找方法帮助孩子、配合老师，还是任其发展？是用自己的好习惯来言传身教，还是只要求孩子做到，自己却做不到呢？没有人能说清哪一种方法才是最好的学习方法，但只要是有益于孩子成长的方法，我们都要积极尝试，不断思考改善。

此外，家校共读也是我们的共识。我曾布置过一项作业，让学生采访自己身边最爱读书的那个人。大多数同学选择的对象都是自己的妈妈，或许妈妈不是最符合要求的采访对象，但在孩子潜意识里，妈妈就是自己的榜样。所以，我们倡导所有的爸爸、妈妈，跟孩子一起读书，做孩子阅读的好榜样，让孩子赋予我们的荣誉实至名归。

三、学生成长的共识

五年级孩子的心理、思想和学习内容都在悄悄发生着巨大的改变，我们需要关注这些变化并及时调整教育教学方法。

在心理方面，他们学会了察言观色，有心事，但不爱分享。所以，在面对错误时需宽严有度，给孩子足够的尊重。在思想意识方面，他们的思想从单纯走向复杂。需在正确的是非观形成之前，给予明确的方向、指示和告诫。在学习方面，他们的形象思维在向抽象思维过渡。这就需要我们重视阅读，培养其抽象思维能力，成就孩子。

针对以上本学期学生心理和学习各方面的变化，我们把教室后的荣誉墙改为了文化墙。通过换个说法、换个思维，让成长从转变语言模式开始。比如，不再说"我就是不懂"，而要说，"我忽略什么了吗？"不再说"我不擅长这个"，而要说"我正在提高"。改变语言体系的背后，意味着好的思维习惯和行为素养的生成。

四、榜样家长的力量

这个环节的主角是对班集体默默支持、贡献的家长们，是这群可爱的人让班级的大家庭更加温馨，他们不仅为孩子树立了爱的榜样，也为家长树立了学习的榜样。

○ 自然生长：这里是一所学校 ●

徐一博爸爸是班级的"财务总监"，他是孩子们最喜欢的爸爸之一。年级足球联赛，他为运动员加油助威；家长课堂，他为同学们带来精彩好课，耐心讲解保护视力的重要性；菊花文化节，他承包了购买菊花的任务，辗转三地为班级带来了各色乒乓菊……有担当，乐于奉献，他是我们最好的榜样！

郭家珉妈妈心有大爱，对班级的孩子视如己出。每次她来到教室，同学们都一拥而上，将她团团围住，亲近的背后是无私的付出。家长课堂上，她带领同学们做饮料实验，了解饮料的危害；连续四年的六一国际周，她帮忙策划、筹备；学校活动，她帮助孩子租赁服饰……她是学校教育最有爱的合伙人，更是同学们心目中的好妈妈。

还有体恤老师、热爱集体的黄昱麒妈妈、张昊哲妈妈等十一位优秀家长代表都是我们的榜样，他们一一走上台前，享受以"爱"加冕的高光时刻。

五、爱的交织，心的交流

家长会的最后一个环节，是互动分享教育困惑和参会感言。我们把一个金色的毛线团，用力地抛了出去，接到的家长拽着线的另一头做分享，然后再把线团抛出。大家你传给我，我抛给你，毛线团这头跑那头，不断跳跃，家长们用他们温暖的故事和爱的鼓励渐渐地交织出了一张金灿灿的网，这是一张美丽的教育网，这张网下包裹着的是我们共同呵护和浇灌的未来，而我们，就是最美的班级教育合伙人。

把学校带向未来的那个人

教育是面向未来的事业，学校是走向未来的驿站，儿童是面向未来的天使，每一个生命都是从学校走向未来。我们的使命就是把学校带向未来，把儿童带向未来，把目光投向远方与未来，一起来尽我们所能重塑学校、重塑教育、重塑自己。

构建有温度有故事的教研共同体

薛静娴

随着科技、经济、政治的快速发展，也推动着教育发生变化。我们培养人的目标、方式都在发生着变化。李建华校长说："以往教育的目标是学习知识，那么如今，学习知识仅仅是教育的一种方式。"

教育的变化，促使着我们的教学、课堂都要随之变化。那么为教学服务的教研形式、样态、目标也要首先"行动"起来。"走自然生长教育之路，办有温度有故事学校"是艾瑞德国际学校的办学理念，同样我们致力于构建有温度、有故事的教研共同体。它表现为构建一个实在的点、借助一个助推的力、营造一个磁性的场。

何为温度？何为故事？在我看来，那是一种"关系"的构建，学习氛围的营造。如果说，一切积极的元素都是课程的一部分，那么，一切教学中的诸多细节，我们做出的反应和决策都是教学研究的对象。例如，一项有吸引力的创意、一桩生动有趣的实例、一个富有启发的比喻、一道设计巧妙的习题、一份周密严谨的教案。教研的本质永远指向解决教育实践中老师面临的真问题。一个实在的点，落脚要小，关键在真。一个实在的点，可能曾是痛点，也许会成为亮点。当教研"在点上"，课堂才能"在线上"。

除了要思考每一件与教学、课堂相关的小事，还需要借力，借专家之力、借学者之力。艾瑞德国际学校每月都会从全国邀请有名的教育专家，给予老师们专业的指导，至今已有 40 位教育专家来校给我们做过讲座，如著名的教育家顾明远先生、成尚荣老师和魏书生老师等。

2019 年 5 月 13 日，学校组织了高规格的"同课异构"教研活动，自上而下有大学教授、博士、江苏省特级教师、郑州市教研主任、高新区教研员和我校的杜静老师同上一节课。这次活动不仅让我们近距离地走进名师、专家的课堂，也为我们的专业成长搭建了桥梁。

一个助推的力，让一直站立在教育实践场的我们，通过教研看到了更多的教育可能性。想法能落地，方法有比较，思考有提升。借力，让我们更好地发力！

最后，是营造一个磁性的场。作为教学的实践者、研究者，我们要研究教学的内容、方式、方法，更要注重教研的形式和氛围。

每周的教研会除了教学问题的讨论，还有两位老师的分享，老师们会分享他们成长的故事、与艾瑞德国际学校结缘的故事，或是除教学外非常擅长的领域，你会看到每一位老师生动、鲜活的样子，也能从各个维度去走近每一个有趣的灵魂。我相信从学科教研走向融合教研中，老师们熟悉的每一个领域都会真正地成为课程的一部分、教学研究的一部分。

当然，我们对教研环境的要求也越来越高。布置板书、准备茶点、小礼品、小惊喜等，似乎都在一点一点地升级。我想，在我们精心地布置着每一场教研会的同时，也在静悄悄地拉近着彼此的距离，因为只有心灵的自由才有可能激发天赋的自由，才有可能达成深层次的链接，才能实现彼此共生、同长。

一个磁性的场，磁性何来？是来自链接、互动、共创、共享、合作……磁力，是动力，是向心力，也是魔力。

我们希望构建这样的教研共同体：碰撞的、自由的、变革的、共创的、共享的、跨学科的、合作的、有成果的。当然，它离不开在教育系统里，真正践行教育理想的每个人的努力。

　　教研如此，课堂也是如此。艾瑞德国际学校"自然生长课堂五要素"的第一要素是基于关系的相遇与对话。我想最重要的，是在课堂中构建一种温暖、和谐的师生关系，在教研中构建一种有温度、有故事的伙伴关系。

在管理中摆渡一种可能

刘浩然

生命是一棵长满可能的树，而管理就是最大限度地激发可能性的落地。摆渡，是管理中彼此看见、彼此互助、彼此裹挟的重要方式。我先走向此岸的你，再与你一起去往我们共同的彼岸，摆渡是你我的走近，可能是共同的发展。

摆渡了怎样的可能？

说到"可能"，一个想法、一个愿景、一瞬转折、一次尝试……都是我们所珍视的可能。这些或许是因为相信而看见的可能，抑或是因为看见而相信的可能。在过去的时间，我们不断地摆渡着这种可能，并且实现了"从无到有、从一到多、从上到下"多维度的可能 。

一、"从无到有"的可能

2017 年李建华校长来到了艾瑞德国际学校，从八月会议转折开始，更多可能的画面铺展开来。三年来，我们共同开启了瑞德少年的评价方式、新生家长课堂、一年级习惯课程、"六个一"主题课程等，让教育的美好愿

○ 自然生长：这里是一所学校 ●

望照进现实，落地有声，花开有果。

"瑞德少年"是学生校园学习生活的最高荣誉。评价标准不以学习成绩论英雄，关注的是学生的过程性进步和行为品质的呈现。一件好人好事，一项长久坚持，一次重要发现，一个标准鞠躬礼，都会成为获得"瑞德少年"的敲门砖。不以同一把尺子衡量所有学生，让个性与特点在校园里生发，落实"每一位学生都是美丽的不同"的学生观。

从 2017 年开始，每到暑假，我们都会迎来一批特殊的学生，他们重回校园、拿起课本，走进课堂，好好听课，认真学习，用自我的示范为即将步入小学生活的孩子树立榜样。这样可爱的爸爸妈妈，你家有吗？为了实现家校教育理念的趋同，学校特开设为期三天的新生家长课堂，让父母先于孩子入学，一方面了解学校教育理念、课堂模式、课程设置与培养目标；另一方面，也希望家长通过学习，能更好地与孩子相处，做好家庭教育。每一位家长都是重要的链接，家长是学校的教育合伙人，我们有责任和担当让每个家庭更加幸福。

在这些"从无到有"的可能中，有半数都是来自一线老师的想法，比如，已经做了三届的"让城市在爱中醒来"主题活动，凌晨 3：00，零下 3℃，三年级的孩子走上街头，去看看城市还未醒来的样子，去发现为城市醒来提早做准备的点灯人，去触摸黑夜里那些鲜为人知的故事。在凛冽的寒风中，一呼一吸间都是从未有过的体验，用自己热乎乎的小手为城市的点灯人送上一份爱心，传递一份善意，成全自己的善举，获得一份价值。这些宝贵的经历对孩子们影响非凡，经过一种爱，送出温暖，知念感恩。后来，我们也将这个项目定为三年级特色活动，列入了"六个一"主题课程。

大家可能没有想到的是，这个活动的策划者是一位普通的班主任老师。她将学生的全面发展放在首位，不仅教授知识，更多的是思考如何育人。为了增强学生社会贡献的意识和感恩之心，发起了亲历成长的活动。为了让樊婧老师的这个想法落地，25 位管理干部参与了研讨与实施，共同摆渡，最终实现可能。

"从无到有"的可能，需要在管理中有松开缆绳的勇气。这些从无到有的可能也诠释着"每一位教师都是珍贵的存在，每一位学生都是美丽的不同，每一位家长都是重要的链接"的教师观、学生观、家长观。

二、"从一到多"的可能

教学中心的赵静主任以数学学科为阵地，实现了"从一到多"的学科可能。在她的带领下，数学样板课堂受到了区市级多位教研员的好评，数学成绩更是在区级领跑。当然，她深知这并非终点！从学科教学到学科素养的提升，还需在学科思维和学科活动上创造更多可能。

她组织老师们辅导低段学生将自己的数学问题画成绘本故事，图文并茂，编辑成册，形成的自创"数学绘本"已成气象。为了嘉奖与鼓励，特为这些优秀的小作者举行新书发布会，当他们坐在台上用稚嫩的小手，在自己的绘本上签名并送给老师和同学们的时候，所获得的自豪感，一定会转化为对学习的热爱。

此外，为了解决生活中的数学问题。赵主任积极筹措建立瑞德银行和购物中心，由学生代表进行管理，面向全体师生开放运营。极大地激发了全校师生的热情，实现多学科的联动学习。由此延展开的"双十一"购物"惠"，将优惠、打折、换算、促销等一些系列数学问题，在真实化场景体验中把学科与生活进行有效融合。

从一个学科到多点联动，带动了学生的学习节奏和生活视野。"从一到多"的可能，需要在管理中有千帆竞发的气势。

三、"从上到下"的可能

为了落实学校"走自然生长教育之路，办有温度有故事学校"的核心

　　　　　　　　　　○ 自然生长：这里是一所学校 ●

办学理念，集团投资建设 300 亩教育农场，为学生打造学习与成长的天然域场，落实立德树人的根本任务。

课程中心杨海威主任带领团队，从顶层设计的角度，深入进行课程开发与建设，在 2015 年完成了"二十四节气田园课程"系列丛书，指导学校田园课程的实施。2018 年初，他回到学校工作，帮助班级建设一亩田，教育农场也更名为田园校区。与之前最大的不同是实现了自下而上的实践创新，以班级和家庭为单位的一亩田成为新的教育场域。班级自发与家庭主动的农作物种植让农场成为无边界的课堂，学生深度参与劳作与观察，充分发挥了五感的体验学习。班级与班级也呈现出了诸多不同，让同一个季节，有了不同的成果。一年级小麦种植节、二年级油菜赏花节、三年级红薯收获节、四年级蒜薹采摘节、五年级萝卜丰获节、六年级青菜比拼节轮番上阵，300 亩的田园校区，不仅有汗水的挥洒，还增添了教育感、生命感、儿童感。

田园课程实现了自上而下顶层设计与自下而上实践创新的完美结合，成为五育并举，实现立德树人根本任务的重要路径。"从上到下"的可能，需要在管理中有运筹帷幄的底气。

在管理中如何摆渡？

在我们的管理中，你去留心观察时，会发现每个人的内心都撑着一艘船。只不过会因人的格局与视野的不同而规格有异。时时刻刻的自我精进，就能使自己的船安全、温暖，有空间、有动力。将想法摆渡为可以落地的做法，是管理中绕不开的话题。中层如何完成摆渡？有三个要素：一艘船、一个渡口和一个彼岸。

一艘船相当于我们的管理工具。用管理工具落实行为的到达，就是摆渡的过程。学校应能够打造出合理的造"船"工具，供中层团队使用，这其中包括了团队愿景、标准体系、授权机制、沟通通道和反馈系统等，形成完整的闭环。

学校实行大部制管理，幼教部、小学部、行政后勤部，各自独立运转。一方面减少部门交叉与任务重叠，另一方面凸显部门特色，落实管理机制。每学期末都会专门进行部门工作讨论会，确定新学期计划，形成工作计划书。新学期期初，三大部会面向全体教师宣讲部门计划，通报航船路线。三个部门目标各有侧重，按照学期既定计划，有效落实各项工作。期末时，又会带着成果进行汇报。看上去的相对独立，也是分工合作的有效结合。"摆渡人"的任务就是合理利用工具，造一艘安全、结实的船。

一个渡口相当于任务驱动。学会布置任务是每个学校中层的必修课。布置什么任务？给谁布置任务？如何布置任务？任务完成后如何反馈？我们不能把"布置任务"简单化，那样你收获的可能只是任务的完成，而真正好的任务布置能够达到"驱动"的效果，驱动着老师通过任务，来到你正在等待他的渡口。

渡口是船的启航地，没有渡口，船只能选择漂泊。在准确的渡口接到人，是摆渡的关键因素。人与人心理的距离，决定着能否占据准确的时间和渡口。大千世界，每一次的相遇与回眸都是缘分使然，没有人会无缘无故地出现，正如我们不会白白浪费生命于无端的事由。善于抓关键，除了与敏感度相关，更重要的是我的眼里有你。与人为善，于事尽心。

在小学部，实现了年级部的扁平化管理。将渡口嫁接在每一个学生和老师的身边，是进行年级部管理的重要意图。六个年级在大方向上连舟出海，在小问题中船小好掉头。每个年级主任就是年级的大家长，在年级管理中着眼细小处，将每一位老师和学生放在心头，切实与高效地解决问题。此外，在人文关怀上也能顾及每一位，捧起他们的欢畅，接住他们的忧伤。比如，给年级老师别出心裁地过生日、送祝福，给一些处于特殊时期的孩子开绿灯，给需要的家长方法指导等。慢慢形成情感账户，加深链接，从而更好地开展工作。

一个彼岸相当于目标愿景。教师与教师的阶段发展目标不同，但愿景可以是相同的。摆渡人必须意识到这一点，看似把不同的人带到了不同的彼岸，但是那绝不是孤岛，我们最终都要站在同一片大洲。儿童自然生长的栖息地，让孩子看得见诗和远方是我们的愿景，这个愿景指引着我们所有的出发。每月的共读书目、集中的专家培训、共赏的精彩电影都是引领我们向目标努力的方向。或许，彼岸可能永远到达不了，而我们却从未停下脚步。

怀着赤诚之意与向美之心的摆渡，总能历经时间的曲折到达彼岸。一路的颠簸起伏像一块试金石，检验着爱与善良，能力与格局。共识的信念更像是一块压舱石，任风浪如何席卷，只要方向不错都能等到太阳与彩虹。

实现了怎样的管理？

当诗和远方看得见的时候，摆渡的使命已尽数完成。那我们到底实现了怎样的管理呢？我想，这些词可以表达目前的学校状态：柔软、坚持、看见、信任、脚踩大地、彼此托举、从趋同到大同……这些词都很抽象，但背后都流淌着艾瑞德国际学校共同的价值观。

下面是从老师们打卡中进行的摘录：

上班就是赴一场盛宴。

——白露露（语文老师、班主任）

我们不会爱上没有滴下过汗水的土地。

——陈琳（德育中心主任、英语教师）

信任，让老师遇见孩子的纯真、让家长遇见老师的初心、让学校遇见教育的理想。

——李娜（二年级部主任、英语教师）

无论孩子眼里老师是什么样子，我们眼里只有孩子的样子。

——刘磊（行政中心副主任、数学教师）

摆渡一个人、摆渡一个班级、摆渡一个学科、摆渡一个学校、摆渡一种可能……摆渡的核心是人，没有任何一次摆渡是单向的，船上的每个人都拿到了自己的礼物，是付出，是成全，是贡献，是爱与被爱。只要人的内心点燃起蜡烛，身外就不再黑夜茫茫；只要人的内心平静，世界上的风暴就不再喧响。

每一位中层都不止一次扮演过这个角色，也见证过身边的学校中层完成一次又一次的"摆渡"。我们所有的摆渡都是为了让坐过这艘船的人，有一天可以自渡，并且渡人。完成摆渡，悄无声息地挥手送别。最好不要回头，不要贪恋，更不要期待回报。纯粹的摆渡，是自我修炼的重要火候。渡人渡己，彼此互渡。言信、示范、从游，在时间的长流里从善如流，见贤思齐。

○ 自然生长：这里是一所学校

赋能，让我们更能

李建华

艾瑞德国际学校中层团队平均年龄不到 30 岁，从事管理工作也就两年左右，年轻虽然有年轻的优势，但也有年轻的不足，所以希望各位同人能够以包容的态度看待这所学校，看待这一群年轻人。

蒲公英教育智库李斌总裁曾提出，"校长的第一使命，是发现并赋能一支优秀的中层队伍"，"学校中层领导力的平均高度，决定了一所学校的发展速度"。我非常认同。"赋能"这个词，最早是阿里巴巴执行副总裁曾鸣在为《重新定义公司》一书撰写的序里提出的，他认为"未来组织最重要的职能是赋能，而不再是管理或激励"。所谓赋能，是指通过言行、态度、环境的改变给予他人正能量。这个定义的关键词是"言行""态度""环境""正能量"，我个人也认为，赋能，赋的是能量而不是能力，是彼此赋能而不是单向赋能。

在学校管理的摸索中，我越来越觉得管理是"我们在一起"。"我们在一起"造场、造势，造可能性的能量场，造发展性的大趋势。要实现管理中的能量聚合，必须是数量要多、质量要大、速度要快。这样，我们才会形成"带着爱，发着光，自备小马达，踩着风火轮"的席卷。作为校长，你一个人本事再大，那都只是独舞。而学校管理，应该是一群人的"华尔兹"。

能量场，是有许多看不见的暗物质的，就好比磁场一样，小磁针在其中被磁化，就有序了、规整了，而同时，众多的小磁针也在聚合着磁场的能量。我们在管理中形成能量场，也产生了看不见的暗物质：看见、信任、影响、托举、共识等。大家通常会看到"明"物质，就是薪资、待遇、福利等，"明"物质只能解决人与当下，而暗物质是面向诗与远方。暗物质，还容易形成学校文化和管理文化，形成一群人价值观的趋同。

有不少校长会有这样的错觉，"一个好校长就是一所好学校"，很多人会把它理解为校长的作用，而我更愿意理解为校长的使命。在学校管理中，我所理解的赋能，并不是我赋予管理团队多大的能耐，而是我们在一起彼此赋能，相互席卷，共同前行。我把"赋能"理解成赋愿、赋爱、赋信和赋行。赋愿，让我们走得更远；赋爱，让我们走得更近；赋信，让我们走得更紧；赋行，让我们走得更高。

赋愿，让我们走得更远

赋愿，愿是愿景、价值观。事业是价值观的长跑，这是单位向前走最重要的依托。在每次大型活动中，我们都要先升国旗，再出校旗，最后诵校志。校志中有"我们当共识而为之，携手而为之，努力而为之"这句话，我们把"共识"放在第一位，团队首先要对愿景达成共识，然后才能为之。我们的管理采取"善者因之"，"善者因之"的前提是必须为善者，好的人＋好的方法＝好的管理。所以，我们首先是把身边的人变对，而不是全世界找对的人。

艾瑞德的核心理念是"走自然生长教育之路，办有温度有故事学校"。"三观"是"教师观——每一位教师都是珍贵的存在，学生观——每一位学生都是美丽的不同，家长观——每一位家长都是重要的链接"。干部观是

"坚守办学价值观的那个人，与师生保持最近的那个人，让学校保持沸腾的那个人，把学校带向未来的那个人"。校长观是"是师生成长的道具，学校温暖的符号"。两个培养目标是"教师发展目标——有温度、有高度、有故事、有本事；学生成长目标——眼中有光、脸上有笑、心中有爱、脚下有力"。教师成长"五件套"是"研、读、写、讲、种"，研，是研究教学，研究课堂，研究儿童；读，是读书；写，是写作；讲，是讲故事；种，是种地。"自然生长课堂五要素"是"基于关系的相遇与对话，基于自主的探索与发现，基于合作的互动与体验，基于理解的分享与表达，基于发展的激励与评价"。学生成长"六个一"是"露过一次营，穿过一条谷，经历一种爱，访过一座城，蹚过一条河，登过一座山"，艾瑞德学生的六年，我们一定要把山川河流、日月星辰、春夏秋冬融入学生的生命。

　　人的绝大部分行为，或多或少都是受价值观支撑的，因为价值观的根深蒂固，才会有行为的习惯成自然。就我的校长观而言，因为本着"道具"与"符号"的初心，所以，在学校中，只要有利于师生，有利于教育，有利于学校，让我站着我就站着，让我躺着我就躺着。我曾经有一张躺着让二年级学生量身高学习测量的照片刷爆了朋友圈，甚至被《中国教育报》时晓玲主任带到贵州讲座的报告中。其实，这本没有什么，或许大家以为稀缺了吧，外国这样的校长比比皆是。教育一定是基于真实生活，千教万教教人求真，千学万学学做真人，育"真"人，需要我们给学生真实的教育场。那张照片就很真实，是抓拍的，是老师用真善美的眼睛去发现的。在艾瑞德国际学校，美好瞬间的抓拍非常多，好多动人照片的背后都有动人的故事。这也是一种源于价值观的共识，发现教育之美，呈现教育之美，表达教育之美。再比如，我们每年冬天的"神秘天使"活动，让冬天不再寒冷，让校园温暖如春。外衣只能解决身体的寒冷，不能解决内心的寒冷，内心的寒冷要靠爱来解决。看起来，这是个活动，却是我们对学校教育价值观的坚守。每年 12 月 13 日的南京大屠杀遇难同胞纪念日，也是国家公祭日，我们都会组织学生参与其中，高年级学生在报告厅看现场直播，低年级学生在半降的国旗前，低头默哀。学校买了一个机器人叫"艾宝"，非常智能，它来学校的第一天，一位一年级学生就脱口而出说："我仿佛看到了未来。"所有的这些，都是我们对办学愿景的一种落地，看得远，才能走得远。

赋爱，让我们走得更近

一次，开行政例会时，王彦月园长分享了一首歌：我和你，心连心，同是瑞德人。为梦想，千里行，相会在这里。来吧！朋友，伸出你的手，我和你，心连心，永远一家人。

王园长说这里的"你"是所有的管理团队伙伴，当时我们一起唱得动容泪目，这种赋能让我很感动。

更让我感动的是这样一件事，2019 年 10 月 23 日，我雷打不动地到校门口送校车，但是令我奇怪的是，今天所有中层干部都在场，不约而同，如约而至。在我跟所有的孩子挥手告别后，王园长手捧鲜花走到我跟前说："李校长，祝你生日快乐！"不到 10 分钟时间，我的电脑桌面就被换成了生日祝福背景，还收到了一张画着我卡通头像的贺卡，上面还写着，"天高云淡，大雁群飞。春生夏长，秋收冬藏。岁月转还，相伴日长。经一波澜，成一方塘。赴一场约，守一份责。早生华发，地久天长。"这个场景被二年级学生看到，他们便纷纷到我办公室送祝福卡片。其实，我深深地知道，没有无缘无故的爱与被爱。学校每一位中层干部的生日都被我牢牢记住，有时候，我害怕忘记，就在手机日历上标注，并设置了提前一天提醒。这样的待遇如我的父母兄弟生日一样。

当时，我感慨万千，我不敢说我是中国最厉害的校长，但我一定是中国最幸福的校长。所以，在当天的打卡中，我这样写道："岁月不居，祝福

○ 自然生长：这里是一所学校 ●

无价。生日不问真假，但快乐一点不假。有爱的日子里天天都是生日，温情的时光里时时都很快乐。"所以，我希望教育被慈善以怀，彼此被温柔以待。管理不是管出来的，而是爱出来的。教育等于关系加联系，教育等于爱与被爱，我们是这么说的，也是这么做的，要让校园中流淌着满满的爱。爱满校园，不仅仅是理念，而是一个接着一个的行动。

赋信，让我们走得更紧

因为相信而看见。管理中"相信"就是一种信任，信任可以产生力量，当然，怀疑也会产生力量，只不过是不同的力量而已。

2017 年，我们制订艾瑞德国际学校三年发展规划，当时提出"三年内要让艾瑞德国际学校郑州有名、中原闻名、全国知名"。这个目标已经基本实现。我总结管理经验时想到"信任"，这是彼此信任的结果。因为信任，让我从"千里走单骑"到"千骑卷平冈"，从一个人到一群人，让我们一起慢慢变好。因为信任，我们才能放心赋权、赋能。

六一文化周时，我给部门授权赋能，他们做得很好。2018 年，搭建了一个 61 米的 T 型台，2019 年搭建了"70"字样的舞台。当时对 61 米的 T 型台我很不理解，龚涛校长助理说，因为"每一位学生都是美丽的不同"，这个舞台可以让每个孩子都走上去。我顿时觉得这是我见过的全中国最美的 T 型台，因为它托举起了每一个孩子。2019 年 9 月 28 日的"艾运会"正逢中华人民共和国成立 70 周年，49 位平均年龄 53 岁的生活老师，手举10 米 ×15 米的巨幅五星红旗参加运动会入场式。有位老师感慨说她今生无憾！更让人兴奋的是，10 月 1 日的中华人民共和国成立 70 年庆典方阵竟然和艾瑞德国际学校的相似，我们感到无比自豪。

2019 年 6 月 10 日，《新校长》杂志的刘泱主任来校采访，走到二楼时，他突然被歌声吸引过去了。原来是李慧婷老师马上要回家生孩子，她所在年级部的主任李丹阳老师为她举办了欢送会，场面很动人。校园中，经常会有这样微小而真实的场景，这是我们实行年级部管理后，充分授权、充分赋能、充分信任的结果。

赋行，让我们走得更高

教育是个动词，做事是过程，成事是关键。比如说"办有温度有故事学校"理念是源于 2013 年我在南京市莲花实验学校，现在中国教育到处在提"温度、故事"，但有的学校只是讲讲而已。一个好的学校的管理文化不是把口号和理念放在嘴上，而是落实在行动当中。

怎么做呢？在爱中出发，在事上磨炼，在做中精进。先像领导者一样做事，再像领导者一样思考。做，就是方案；做，就是答案。干部必须会做、会讲、会写、会说。我们所有的表达都是做出来，我们一定要让雨水、汗水和泪水搅拌在一起，就像稻盛和夫说的那样，"要做也要说才是真正的美德"。

我们中层干部有一张合影的照片，我非常喜欢，可以用这张照片来解答艾瑞德国际学校的赋能。除了重大的活动要求外，其他时候合影我基本都是随便站，不求在中心，只求在心中。管理中的 C 位，一定是在师生心中，而不是在场面上的中心。大家肩搭肩站着，当生命产生联系和关系的时候，能量就开始传递。为了赋能我们要改变一些结构，因为结构决定功能，管理机构尽量扁平化，学校分为三大部：幼儿园、小学部、行政后勤部。扁平化的管理结构带来了功能上的变化，既要守得住营盘，又要打得下江山。

我个人也在"做"的磨刀石上磨炼着。两年来，我在国旗下讲话 82 次、颁发"瑞德少年"奖章 526 枚、与 208 位学生校长助理共进午餐 23 次、查看回复 732 封校长信箱来信、个人公众号打卡 80 多万字、每天送校车 415

○ 自然生长：这里是一所学校 ●

天、打了 1254 个"8：30"表扬电话、给 366 位过生日的学生签名送书、听随堂课 200 节、认识全校 20% 的学生……

赋能带来的是什么？赋能带来了这个学校的变化，师生的变化。在这样一个未来不确定的时代，很容易遇到黑暗，遇到隧道，需要我们彼此为光，相互照耀。不要抱怨，一切靠自己，不要指望外来的一束光照亮我们，我们要成为一束光，照亮自己、照亮他人、星星点灯，照亮我们想要去的地方。只有我们自己面朝大海，才会有春暖花开。

赋能的愿景是彼此共识、共创、共进、共生。每个学校都是美丽的不同，但所有美丽的不同的结果都会走向大同，这中间一定有美丽的不同。当我们每个学校都是美丽的不同、每一位中层管理者都是珍贵的存在的时候，我们就会彼此赋能，彼此赋爱，最后形成我们所期待的学校管理的样子：价值趋同，彼此参与，幸福席卷，温暖裹挟。

教育是爱与被爱的事业，教育是温暖成全的事业。教育是老师在成全学生，其实也是学生在成全老师，教育管理一定也不是校长成就师生，而是师生在成就校长。根，紧扎在地下；叶，相触在云里。

每一阵风过，我们都互相致意，我们以树的形象站在一起。愿我们站成中国教育的样子，站成我们期待的生命的样子。每个人都根连根、心连心，一起走向我们想要抵达的地方。

学生篇

每一位学生都是美丽的不同

眼中有光

　　一双双有光的眼睛，背后是一个个舒展幸福的儿童。眼里的光，是对世界好奇的光，是对美好渴望的光，是对友爱向往的光，更是对自我认同的光。我们用温柔以待，让每一个孩子眼里闪烁着美丽的光；用慈善以怀，呵护着孩子们眼里珍贵的光。

童年剪影

2018 级学生　李尚儒

　　我叫李尚儒，来自三年级二班，我想在这里分享快乐的童年。从我上小学三年级以来，发生过很多快乐的和令我印象深刻的事情，其中有两件事我记忆犹新：一件事是摆地摊，另一件事是去农场烧烤。

　　首先，我来说说摆地摊的故事吧。大家都知道在我们学校每年都有"双十一"和跳蚤市场的活动。每年"双十一"活动的时候，全校的学生都会拿上自己准备的物品在学校的操场上摆摊卖东西，除了可以卖东西，我们也可以去买东西。

　　摆地摊卖东西的活动，让我觉得非常有意思，它不仅使我锻炼了如何与陌生人交流，还让我能练习货币的使用和计算。可是，在学校里摆地摊的活动每年只有一次，我便和我的朋友丁梦雅在我们的小区旁边一起摆地摊。我们摆了好几个晚上，可来买东西的人很少。当时我们觉得非常沮丧。就在这时，我们想起了王老师。因为王老师就住在我们的小区附近，而且王老师平时在学校也总会跟我们说："有问题找王老师！"正好不久前我妈妈看到过王老师发过跑步的朋友圈，那一段时间王老师在跑步减肥。于是，我怀着试试看的心态，让妈妈拨通了王老师电话。但是，王老师没有接，我们失落极了。

正当我们觉得一切都落空了的时候，妈妈的电话响了，是王老师打过来的！王老师了解了我们的情况后说："我马上过来！"果然，王老师就在附近跑步。我们感觉真幸运啊！不一会儿，她就出现在我们的面前。我们在"大客户"的帮助下赚了57元钱，开心得蹦了起来！王老师还现场指导我们怎么去跟客户交流才能更快地卖出去我们的东西。那天晚上，我学习了很多，也磨炼了很多。

其次，再来说说我们全班去农场烧烤的故事。那一天，我们开车去农场，大家按照小组的分配带上烧烤的材料和物品。让我没想到的是，居然还有同学带了火锅！六个小组在自己的区域，摆上烧烤架、烧烤机、各种各样的菜品、烤串。大人们生火、穿肉串、调烧烤料。我和几个同学在一旁玩了一会儿游戏，后来就被烧烤的阵阵香味吸引住了。我也想尝试着去烤上一串，便拿着烤串放在烧烤架上，学着大人们的样子烤了起来。可是，我不太会掌握火候，妈妈提醒我要记得翻面，我却只顾着看肉串放在火上发出"嗞嗞"的声音，直到我闻到一阵阵烧焦的味道，才发现我把肉串烤煳了！虽然我把肉串烤煳了，但是我还是觉得很有意思。因为我们不仅可以吃到美味可口的烤串，还可以在农场的活动平台附近尽情地玩游戏。我记得那天还是李熠菲同学的生日，我们一起给她唱《生日歌》，一起吃香甜的蛋糕，大家在一起非常开心。这次活动增进了我们同学之间的友谊，大家在一起更加亲密无间了。

像这样的活动还有很多，比如六一文化周、露营节、运动会、旗袍文化节……这些活动让我在校园里的学习和生活非常幸福和快乐。我爱我的班级，我爱我的学校，我爱这样多姿多彩的童年！

小曹同学

王 冰

　　小曹同学是我们班一个可爱的小男孩。在我的印象里，他不但热爱劳动，兴趣广泛，而且待人彬彬有礼。最开始注意到他，是在开学第一周的一个下午。课外活动课时，很多孩子在教室里看书、玩耍、嬉戏，我则在教室后面的小黑板上写每日一首古诗的粉笔字。当时写的是王维的《送元二使安西》：

　　　　渭城朝雨浥轻尘，客舍青青柳色新。
　　　　劝君更尽一杯酒，西出阳关无故人。

　　正写着，一个个小脑袋从小黑板旁边冒了出来，他们好奇地看着我写字。有一个孩子专注地看着我写的内容，我每写出来一个字，他就跟着读了出来。除了"渭"字和"浥"字不会，整首诗他都能读出来。当时我就被这个孩子的识字量惊呆了，完全颠覆了我对一年级学生的认识。接下来他指着这首诗的最后一句话问了我一个问题："老师，这个字是故乡的故呢？还是敌人的敌？"我看了后问他："我刚才听你读的是故乡的故吧？你是觉得自己读错了吗？"他说："敌人的敌跟故乡的故很像，我有点记不清楚这两个字了。"听了他的话，我说："那你觉得这个字到底读什么呢？"他没有马上回答我，而是又盯着诗句看了一会儿，然后说："我觉得应该是故乡的故。"我就问他是怎么确定的。他指着上一句中"饮酒"这个词说："因为这里写的是喝酒，喝酒肯定是跟好朋友喝，所以不是敌字，跟敌人没办法喝酒。"听了他的解释，我瞬间被眼前孩子的话震撼到了！我真的没有想到，一个刚上一年级的孩子竟然有这样的智慧！从那个时候我就记住了小曹同学。

在最开始上课的日子里，小曹同学上课的状态很好，思维很灵活，课堂常规也做得很好。唯一美中不足的是，他不太愿意在大家面前展示自己，回答问题不够积极，声音是小的，课堂活动也不参与其中。后来跟孩子妈妈沟通的时候，我了解到他慢热的性格，知道了他有才华、有实力却不善于表现自己。于是，我试着跟他玩耍，带他做游戏，让他和其他孩子建立起联系。我也会时不时地制造一些小的契机让他去主动表达和展示，并且及时地给他鼓励。慢慢地，他开始有了变化，我发现他尝试主动举手回答，回答的声音变大了，和老师同学们交流也越来越自如，身边的朋友也越来越多。

在教室里，小曹同学是我的好帮手。他每天下课都会走过来问："老师，我来帮你擦黑板吧？""老师，我帮你拿东西吧？""老师，地上有点脏，我去把地扫扫吧？"于是，我的身边多了一个小跟班、小助手。尽管班级分的值日生每天会打扫卫生，可是平时也总能看到小曹在帮助值日的同学打扫和整理。他还会指导其他的孩子学习使用扫帚，教他们怎样才能扫得更干净。

小曹的学习习惯很好，每天坚持磨耳朵、练字和阅读，他写得一手好字，英语也特别棒，很多同学把他当作榜样。当然，他也常常毫不吝啬地帮助大家。看到同学在学习上遇到不会读的生字或者单词，他都会主动帮助大家，耐心地给大家做示范。

小曹特别喜欢和我在一起，每次课间见到我，他就像一只小绵羊一样依偎过来。我站着的时候他抱着我的腿，我坐着的时候他就蹭过来坐在我怀里。他会抬头给我一个灿烂的笑，然后噘起小嘴说："么么哒，亲亲你。"有的时候他还会用他肉嘟嘟的小手托着我的脸说："妈妈，你好可爱。"虽然我知道他是口误，叫错了，但我想，这是因为对刚进入一年级的他来说，我给了他足够的安全感，孩子才会这样把我叫成妈妈吧。也许在孩子心中，我就像他的妈妈一样。

　　昨天，小曹同学拿着一个作业本走过来说："王老师，你看，我写的。"我一看，原来是抄写了一个英文故事。孩子的字体写得非常工整，一整篇抄下来没少下功夫，这让我十分佩服。后来，他跟我讲了讲故事的意思，接着他又趴在我耳朵旁边说："我还要抄写英文绘本 *Henny Penny*。"我听了之后问他："你的字怎么写得这么好看？"他说："因为我每天练习啊。"我又问他："那你已经写得这么好了，为什么每天还要抄写？"他说："因为我喜欢英语也喜欢你啊！"因为喜欢，所以执着；因为热爱，所以持之以恒！

　　很开心作为英语老师的我能够给孩子带来对学习的热爱，也很幸运遇到这样善良又可爱的小曹同学。

　　愿你驾梦想之船，乘风破浪，向未来前进！

礼物

李丹阳

　　一天，一个脑袋里都是问号的小男孩儿，站在二楼大厅的地球仪前专注地找着什么。地球仪很大，他略微费力地转动着、搜索着。李校长刚好经过，问他："赵柏翰，你在找什么呢？"孩子头也没抬："我在找百慕大三角，李校长你知道它在哪儿吗？""这个地球仪太小，估计没办法清楚标出百慕大三角在哪儿，你了解百慕大三角吗？""不太了解，就知道很神秘！校长。"孩子不急也不怯地回答道。"校长，这是中国！"地球仪停止了转动，孩子指着地球仪上红色部分的中国版图，抬头说，"再见，校长！"说完就嗒嗒嗒地跑回了二（4）班教室。

　　在孩子回教室的时候，这个小插曲对孩子来说已经结束了，但是后来更多他不知道的事情发生了。回到办公室，对百慕大知识知之不多的李校长立刻打开电脑，恶补了相关的知识，免得这个孩子杀个"回马枪"来找他并冒出更多的问号。紧接着，李校长又联系了读书广场的馆长，询问图书馆里是否有相关的图书，如果没有就开始着手购买。

　　馆长忙不迭地在图书馆的海量藏书里查找，找到了与百慕大相关的书，立刻拍照告诉了李校长图书馆里有相关的书。另一边，李校长当即在网上订购了两本《百慕大神秘现象全记录》，准备送给那个早上偶遇的寻找百慕

○ 自然生长：这里是一所学校 ●

大的孩子。

在等书的这两天里，这个孩子依然和平时一样，吵吵嚷嚷，蹦蹦跳跳地在继续自己的小学生活，他并不知道有一份礼物正在向他走来。

两天后的下午，班里的一个女孩兴奋地跑进我的办公室："老师，李校长来我们班给我们送礼物啦！"我立刻跟孩子来到教室，这时候数学课刚刚结束，张文青老师刚好在教室里，见证了孩子们收到这两本《百慕大神秘现象全记录》的过程，此时李校长已经把礼物交到了孩子们手中，孩子们兴奋地向李校长连声致谢，把收到的书兴冲冲地给我看："李老师，你看，你看，这是我们的礼物！"书的内页分别写着："赠赵柏翰同学：做一个解谜的人。""赠二（4）班：热爱科学，探求真相！"两本书顿时掀起了教室里一片惊喜与欢腾。张老师说，孩子们都很有礼貌，用双手恭敬地接过了李校长的礼物。

我已经记不清楚这是我们班第几次收到"书"的礼物，班里有个爱读书的孩子王宥涵，他的妈妈从一年级时就多次赠书给班级，宥涵的妈妈说："书在我们家是珍贵的东西，书也是最好的礼物。"班里的一个叫赵祥胜的孩子，就是读了宥涵妈妈送来的其中一本书，高兴地对我说："老师，我第一次发现读书那么好玩！"像这样让孩子走进阅读、爱上阅读的礼物，真的无比珍贵。

既然收到了礼物，礼尚往来才是礼貌，我对赵柏翰说："收到了礼物，是不是要回一份礼物给李校长呢？"孩子说："老师，我是个小孩，我不知道送什么啊！""那老师就一起帮你想一想吧。回赠一本书吧？或者送一把太极剑？"因为赵柏翰在学校太极校队，作为一个太极高手，也可以邀请李校长一起来练太极剑。

想来想去，觉得选礼物还真是有点难呢！看着班里的这些孩子，他们从一年级开始，就是和李校长一起来到艾瑞德的，他们也是被李校长温柔地抚摸着头、擦着眼泪长大的。

在李校长眼里，孩子们就算是犯了错也是可爱的，真的是给足了孩子们关爱和温暖。我心里突然一动，不如就送一场温暖的仪式作为礼物吧！这份礼物不只是赵柏翰同学一个人的回礼，也是我们班所有孩子一起对李校长温暖关怀的回应！

于是，我们一起定制了一个精致的奖杯，镌刻着我们四叶草中队的班徽，上书"李建华 中国温暖校长"，准备把它郑重"颁发"给李校长。1月25日，5位学生和家长代表一起来到学校，孩子们带着红红的中国结，郑重地抱着这个沉甸甸的奖杯，来到校长办公室，为敬爱的李校长颁奖！张绍洋同学先送上新年礼物："李校长，您辛苦了，祝您新年快乐！"王宥涵捧着奖杯站在一旁，在李校长办公室，孩子们郑重读出我们一起写的颁奖词："敬爱的李校长，您托起孩子们的梦想，您也关注着老师的成长，感谢您一年多来对我们四叶草中队每一个孩子每一位老师倾注的爱与关怀。我们很小，我们只是一个班级，只能给您颁一个小小的奖杯。我们也很大，因为这座小小的奖杯是来自四叶草中队4位老师、33名孩子以及更多的学生家长心里最炙热最真诚的尊敬与感谢。在这里我们郑重为您颁奖，我们代表艾瑞德国际学校四叶草班全体家人，授予李建华先生'中国温暖校长'奖，有请四叶草中队优秀学生、家长代表为李校长颁奖！"

李校长满脸的笑意，低头看着孩子们的脸，认真地听完我们的颁奖词后，笑着对孩子们说："我十分感谢二（4）班师生与家长的有心与用心，生平也曾被颁过不少奖，但是让学生给我颁奖还是第一次，我非常高兴，也非常珍惜你们给我的荣誉。关心大家，办好学校，是我作为校长应该做的事，我会一直努力的，力争做师生和家长心中的温暖校长。十分感谢大家！"说完李校长向孩子们和家长们鞠躬致谢，并给每个孩子回赠了一本书。一次简单又郑重的颁奖仪式就这样画上了圆满的小句号。

而这件事的小"男主角"赵柏翰因为放假跟妈妈回了老家，只能录制视频向李校长表达心意："李校长您好，我和妈妈有事回老家了，不能当面送去我的谢意了，妈妈给我录视频发给您表达我的谢意，谢谢您送我书，我会牢记您的嘱托，做一个解谜的人，提前祝您新年快乐！"这个可爱的孩子是含着眼泪说完的这段话，因为孩子也想到学校来亲自跟李校长说这些话。

礼物是爱的表达，是善意的传递、温暖的延续。送出礼物的人将自己美好的期望和温暖的祝福，传递给心中重要的人。收到礼物的人珍惜这份用心送出的珍贵心意，小心收藏起这份温暖，我想这就是礼物的最大意义。

这个"给校长颁奖"的故事中的礼物正是如此。一来一往中，送出礼物的人，珍视孩子在不经意的瞬间展露出的儿童天然的好奇心，不惜兴师动众，小心翼翼托起一个孩子的小问号。收到礼物的人，欣喜非常，不仅收到浓浓的爱意，更从"回礼"这样的事情中，学着去感受他人的用心付出，学着以温暖回应温暖，学着珍惜得到的，更把这样珍贵的心意与温暖，表达之，传递之。

李校长说："冰冷的教育只会教出冰冷的学生，温暖的教育定会培养出温暖的孩子，让孩子被温柔以待，让教育被慈悲以怀，用爱滋养孩子饱满而滋润的童年，这事关人的一辈子。"

我们会用有力的双手托起孩子们的童年，也希望在这样的爱的托举中滋养出的儿童，同样带着这样温暖而有力的心，关爱自己与身边每一个值得爱的人，做一个眼中有光、心中有爱的快乐儿童。

黑色药膏

能亚楠

换季时节，小朋友们容易感冒，茗宇流鼻涕好几天了，吃药也不见好转。茗宇的爸爸带茗宇又去看了鼻子。但这次的药有点不同，是一块黑色药膏，由眉头到鼻头，完完全全盖住了鼻子，看起来有点滑稽。在茗宇进入幼儿园之前，老师和茗宇的妈妈都不知道是这样贴在鼻子上的药。茗宇的妈妈说如果早知道是这样的药膏，就不让茗宇来幼儿园了，她担心小朋友们看到会笑话他。茗宇妈妈的担心引起了我的关注，我也很好奇孩子们的反应。

刚和茗宇妈妈通完电话，茗宇和他爸爸就来到了教室门口，茗宇爸爸不好意思地笑了笑，说："这次开的药是药膏。"不知是天冷还是因为黑色药膏，茗宇小朋友走到幼儿园后，没有像往常一样摘下帽子。小朋友透过门口的玻璃看到茗宇来了，开心地挥手打招呼，我对正在往外好奇张望的小朋友说："茗宇今天来得晚了，他是刚从医院看完病来的。老师想起自己小时候生病的情景：我小时候得了一种病，脸很疼，还肿得很高。医生想了个办法，在我的脸上贴了一块黑色的药膏，需要一直贴在脸上。医生说这个药膏是治病的，不能用手摸，也不能擦下来。我的药膏是黑黑的，虽不好看，但我的脸很快不疼了。平时在幼儿园玩，有碰伤或者被蚊子咬了，

○ 自然生长：这里是一所学校 ●

老师会给大家涂一些药膏，你们还记得这些药膏是什么样子吗？"

沐沐说："有一种是透明的。"这个透明的是芦荟胶，我拿出来挤给小朋友看，小朋友说摸起来软软的、凉凉的。

宁宁说："还有一种绿色的，是用小盒子装的。"这是班里的薄荷膏，闻起来凉凉的，能防止蚊虫叮咬。

"看来药膏不只有黑色，还有透明色和绿绿的颜色呢，或许还会有其他的颜色。"

乐乐说："还有白色的呢！我见我妈妈用过。"

茗宇一转身，小朋友们发现了他那"与众不同"的鼻子："老师，茗宇的鼻子上也有黑色药膏，跟你小时候一样。"

我"吃惊"地回答："和我小时候的一样，也是黑色！不过我是因为脸不舒服，贴在脸上；那你们猜一猜茗宇是哪里不舒服？""是鼻子！"这一天，小朋友们都互相提醒着："茗宇的鼻子受伤了，药膏是治病的，不能碰。"午睡时间，为避免擦掉药膏，老师帮茗宇脱衣服，睡在他旁边的其他小朋友问道："茗宇，我喜欢蓝色的，你看的那个医生他有蓝色膏药吗？"茗宇笑笑说："可能有吧，我也不知道。"另一个小朋友也问："我喜欢黄色的膏药，我想要贴黄色的。"

孩子心底的善良与天真是那么的可爱，他们眼里对同伴的爱在闪闪发光。鼻子上一块黑黑的，看起来奇怪又好笑。当我们了解了各种药膏的功能与作用，知道药膏也是五颜六色的，就不觉得这是一件很好笑的事情了。每一个眼里有着光芒的孩子都像小天使一样，不管小伙伴们遇到什么情况，大家都能用善于发现的眼睛去看到别人心底的脆弱与不安，温柔地对待生病的伙伴，承担起保护他人的责任，这种光芒就叫"爱"。

发掘每个人内心的财富

葛小幸

　　每一个儿童都是完整且极具差异的人，是一个个有着独特个性的复杂综合体。我们在对儿童的教育中需要个性化对待。

　　苏霍姆林斯基提出了和谐教育的概念，其核心就是培养和谐的人。面对那些在学习的道路上遇到很多障碍的孩子，苏霍姆林斯基建议：要尽量设法让他在别的劳动创造的领域中突出自己。这样可以让孩子永远都不觉得自己什么都不行，他还可以在别的领域成为一个卓越的人。当他获得了劳动的快乐，看到自己经过努力而取得的劳动成果是那么甜美，当他通过劳动收获了自尊，那么他身上所表现出来的要继续下去的力量与愿望往往是惊人的。和谐教育，正是要发现深藏在每个人内心的财富。

　　记得我在艾瑞德带的第一届学生里，有两个学习困难的孩子，一个叫小呈，一个叫小涛，在学习上经常让老师头疼。到了高年级后，两个孩子发生了很大的变化，小呈因为在游泳课上的优异成绩，成了学校的游泳明星，之后还顺利进入了郑州市游泳队。从此，孩子心中种下了金牌的梦想，在游泳的道路上越走越光明。小涛是个坐不住的孩子，但每次的运动会他都能为班级争得荣誉，这也让孩子变得更加自信与优秀。

　　现在所带的两个班里，也有成绩堪忧的学生。有个小男孩总是很安静，

○ 自然生长：这里是一所学校 ●

课下，我跟他说话，他也不爱吭声，而是怯懦地看着我。课堂上，提问他时，他也总是站在那里沉默不语，眼神闪躲不敢与我目光相遇。看着孩子在我面前这样不舒展，我心里很不是滋味。我跟孩子的妈妈进行了沟通和了解，妈妈告诉我说："孩子接受东西慢，也胆小怕事。在学习上估计是遇到有不会的地方，面对老师他就会胆怯，更不会去主动沟通。"每个孩子的花期都不一样，对这个孩子，妈妈和老师付出了很多，我们给孩子最大的安全感、信任和爱，但这朵花就是迟迟不开放。

孩子的妈妈在教育时又很着急，她常常陪孩子写作业到很晚，看着孩子作业完成不好，写得慢，成绩也一直不理想，实在生气的时候也会动手。这样的状态下，孩子的性格只会慢慢变得孤僻，更不爱说话了，对学习也有了恐惧。了解到这种情况，我又跟妈妈进行了沟通，告诉她："成绩不是衡量一个孩子的全部，除了学习，孩子身上还有很多闪光点，比如，他在关心同学方面就做得非常好，还有体育方面的特长，这些班里其他孩子都比不了。我们要努力去发现孩子身上发亮的地方，孩子才会越来越积极向上！"我这番话给了孩子妈妈很大的信心，也让她在教育孩子的过程中不再急躁不安。后来，这个孩子逐渐有了改观，至少在和他交流时，有了回应。

当我们坚信每个人内心深处都有一笔财富，我们就不会放弃发掘的愿望。他可能是密密的森林，可能是累累的葡萄，可能是金黄的麦浪，可能是含苞的玫瑰……每一笔被发掘出来的财富都会呈现出不一样的美丽。让我们用耐心与智慧，去发掘这笔财富，让每一个孩子都享受和谐的教育。

脸上有笑

艾瑞德的校园，总是被一张张甜美的笑脸填满。孩子们清晨与鸽子相遇时天真的笑、操场上与同伴肆意的笑、课堂上解决一个个小难题时满足的笑、在忧伤被接住时挂着泪花的笑……快乐着你的快乐，忧伤着你的忧伤，每一张笑脸，都是珍贵且美丽的不同。

孩子，你就这样明朗地笑

张文娟

初秋正迈着不紧不慢的步子向我们款款走来，早晨的风徐徐地穿过校园，清凉而舒爽。

早饭后，回到办公室，整理办公桌时，手掠过了桌角的水杯，感受到的一丝温热，吸引了我的注意力。我回过神看了看水杯，满满的，我双手抱起水杯，想确定自己刚才感到的温度是真实的。

确实是温热的，水温正适合喝。于是，我欣喜地对办公室的其他姐妹说，竟然有孩子偷偷给我接了热水。这样的喜悦倒不是因为这是第一次，而是搬了新办公室后，教室在楼下，孩子们不像从前那样，跟着跟着就到办公室了，他们几乎从不到我的新办公室来，就连我自己有时也懒得上楼，选择坐在教室后面办公。因此，这杯温水就有点出乎意料了。

是谁呢？我脑子里闪过几个名字，都是平日里比较贴心的孩子。后来因为忙其他事情，我就把这件事抛到脑后了。

下楼去教室时，迎面碰到了小邱同学，这孩子热爱运动，但他脾气暴躁，遇到问题就会脸红脖子粗地理论，他也比较敏感，凡事都要从外找原因，所以遇到什么事，对他我都是以柔克刚，让他慢慢地冷静下来再谈。平日里的作业他基本上是不写的，他很聪明，但懒得用自己聪明的脑袋瓜，能让他主动爱上学习，敢于承担一点儿责任，我试了不少方法，但均以失败告终。

今天的他有点反常，看见我后，老远就在走廊里对我笑，走廊的玻璃窗很明亮，把他的笑脸也照得一片明亮，这个画面真是好！于是，我走近他，揉了揉他的头发问："是什么事儿让你这么开心啊？"他还是看着我笑，羞赧地说了句："没事啊！"他这不寻常的模样让我突然想到早晨那杯温水。

"是你帮我接的水吧？"我试探性地问他。但他的表情立刻让我自信起来——他眼睛里闪过一丝光，咧着嘴巴笑得更开心了。我猜对了，这真是一个意外的惊喜，我还记得刚接这个班时，他那副叛逆挑衅的样子，还记得他曾经骂过我一次……

"快让我抱抱你。"我兴奋地拥抱他，他拘谨地愣着对我傻笑，嗯，怨不得他要拘谨，这是我第一次拥抱眼前这个总是给我找麻烦的"小倔头"。那一刻，我特别希望自己的拥抱能再长一点。

下午，我乐呵呵地把早晨喝到不冷不热的温水这件事复述给同学们，很认真地表扬小邱。我话音未落，大家就鼓起掌来。班主任职业病立马犯了起来，渴求抓住每个促进孩子心灵成长的机会，随时随处都要啰唆几句，我趁机对他们说："每个人都可以改变，而且都可以变成最美的样子，变与不变呢，自己做主，这机会可是掌握在自己的手里，生命里这样的机会最为公平了……"实际上，我也一样赞赏这帮渐渐主动发自内心给他人鼓掌的孩子。

对小邱这样的孩子，我试过很多方法帮助他，总是希望他能有一点儿进步，可我一次次地愿望落空，我已经尽力了，我以为就这样了。我毫无希望地坚持着耐心对他，尽量避免硬碰硬的局面，尽可能倾听他的表达……五年级的他的确有些不一样了，不只是学会了体贴，懂得了感恩，他也学会了爱自己的班级，做自己的主人。

是相处与相信，让我们守得云开见月明。教育是慢的艺术，恰如培土栽花，需要些时日精心呵护，也许总有些调皮的"花骨朵儿"迟迟不肯开放，他让你操碎了心，磨平了所有念想，但别放弃，他会是你遇到的最好的惊喜。

　　亲爱的小孩，就这样与我、与成长迎面微笑吧，一直如今天这般明朗！

Cherry

李丹阳

Cherry 是我们班一个超可爱的小姑娘的英文名，她叫陈怡月。小姑娘聪明伶俐，正如其名"小樱桃"一样惹人疼爱。

就在我们第三周学习的英文绘本 *Eating the Alphabet* 里，有一页上印的文字里有 Cherry（樱桃），在预习的时候就有孩子好奇地说："老师，你看书上有个陈怡月！"此后大家每每读到这一页就会默契地笑呵呵地看向怡月。

这时我是有点担心的，Cherry 平日里是个有些许独立高冷的孩子，我担心同学们这样对她开玩笑，孩子会害羞会生气。直到这个周一，看到孩子们和怡月之间的互动时，我才确认我的担心是多余的。

周一是孩子们展示周末手工作业的时间，这次的英文作业主题是"Art of Vegetables and Fruits"，孩子们从绘本 *Eating the Alphabet* 中的 75 种水果蔬菜里选择一部分，拼成自己喜欢的图案。孩子们各有新鲜且独特的创意：菠萝门、玉米书桌，还有香蕉和黄瓜组成的椰子树，还有的孩子把果蔬变成了有自己独特个性与角色的小人儿。当我问起大家喜欢哪个创意时，同学们纷纷举手说他们喜欢的作品。

这时怡月也举起了手，我问她："你最喜欢哪个作品呢？"她高高兴兴地大声说："我最喜欢我自己！我喜欢我做的樱桃台灯！"我和其他孩子也跟着笑了起来："说得真好！喜欢自己的孩子好可爱！"

在这一周的时间里，每次全班一起听绘本的时候，在唱到"Cherry"之前，全班孩子都默契地开始暗暗铆劲儿，然后一起大声唱出 Cherry！然后立刻哈哈哈哈笑成一团。孩子们在涂鸦墙上也是画满了小樱桃，他们笑嘻嘻地告诉我："老师，我们在墙上画了 17 个陈怡月！"

一个可爱的名字，带来了一串儿可爱的事情，全班同学因为一个可爱的人，培养起一个快乐的小默契，多么美好的幸福！

内心磊落又阳光的孩子，在面对外界的关注时，会更多看到这种关注的积极面。当全班同学都把自己的名字当作一个小玩笑时，她没有觉得这是嘲笑，而是欣然和同学们一起，畅快地表达着对自己的喜欢和对别人关注的接受，这让本来就带着喜爱而生发出的行为，变得更加有爱。喜欢自己、接纳自己的人，也真的是好美好美。

我想起在心理学上有一个现象叫作"焦点效应"，它是人们高估周围人对自己外表和行为关注度的一种表现。这种心理状态让人过度关注自我，过分在意周围人对自己的关注程度，反而会给自己带来更多的焦虑与压力，从而产生不自信、畏首畏尾的行为。

但实际上，很少有人会长时间关注他人，或者对他人的关注很多是出于无意或善意。比如自己做过的糗事，大概也只有自己记得最久，而别人很快就忘了。还有一次，班上有个男孩剪了短发，自己觉得不好看，睡觉时都不摘掉帽子。实际上，通过其他同学的反应，他发现并没有人特别注意他的发型，大家反而觉得他短发还挺好看的。从那以后，这个孩子再也不一直戴着他的帽子了。这时，他把自己心里想象出来的"帽子"压力也一并去掉了。

即便是成为焦点，也并不是一件坏事，就像可爱的 Cherry 一样，坦然又愉快地接受大家善意的关注。

真的不必太过在意别人的目光，就像这首诗说的这样：

去爱吧，就像没有受过伤一样。

跳舞吧，就像没人欣赏一样。

唱歌吧，就像没人聆听一样。

干活吧，就像不需要钱一样。

生活吧，就像今天就是世界末日一样。

像亲爱的 Cherry 一样，也像个小太阳一样，饱满甜美地拥抱生活吧！

○ 自然生长：这里是一所学校 ●

恰同学少年

徐冠杰

"故今日之责任，不在他人，而全在我少年。少年智则国智，少年富则国富；少年强则国强，少年独立则国独立；少年自由则国自由，少年进步则国进步；少年胜于欧洲则国胜于欧洲……"你听，那抑扬顿挫的声音；你看，那铿锵有力的手势，一个腼腆而又有力量的少年在"诗歌朗诵会"的舞台上带着大家朗诵脍炙人口的名篇《少年中国说》，这就是我们班的王维络，一个不折不扣的绅士，一个博览群书的学霸，一个同学眼里零差评的少年。

记得刚接手六（5）班时，我让每一个学生做一个简短的自我介绍，写一写自己的偶像，写到一张纸上，不限字数。我想尽快了解他们，这或许是一个很好的办法。下课后，我在办公室里细细品味这些孩子的小秘密。翻着看着，"我的偶像是江泽民"赫然映入了我的眼帘，这是哪个孩子能有如此高度，一看名字——王维络。一下子，我记住了这个有"政治头脑"的男孩子。家事国事世界事，他事事关心。在我最初的印象里，他有思想，有内涵，有着同龄人无法企及的高度。

维络就像是大家口中的"别人家的孩子"，他不仅学习上严格要求自己，课堂上的40分钟，他一分钟也不曾游离于课堂，而且坐姿非常端正。

同学们也会开玩笑说"乖巧话不多，五班我络哥"。在生活上，他遵守宿舍纪律，常常帮助生活老师做一些家务劳动。在大家眼里，他简直无可挑剔。

慢慢接触久了，我发现，维络并没有我想象中那么坚强，反而他有些自卑。他走路总是低着头，见到老师不敢去打招呼，学校有什么活动他总是不敢参加，不敢表达自己……我很纳闷，这么优秀的孩子为什么总是不自信呢？我想了解他、改变他，尽我所能。

在与他的班主任贾老师聊天的过程中，我才知道这孩子在很小的时候都不怎么与人交流，他懂得的知识很多，也能讲出很多与科技，网络相关的知识。周末回到家，别的孩子沉溺于"王者荣耀"的时候，你猜他在干什么？他在看新闻，关注国家动态，对科技类的信息也很有兴趣。

每到饭后活动，大家都热闹地打着篮球，或是成群结队地在嬉闹，却能看到他自己沿着跑道一圈一圈地在走，我会忍不住走过去跟他打个招呼，微笑着拍拍他的肩膀。彼此走着，聊着生活中的琐事，聊聊学习中的困惑。

慢慢地，我们越来越熟悉了。这时，让他站上舞台的机会也来了。

学校的"瑞德百家讲坛"正在火热"招兵买马"中，我毫不犹豫地想到了维络，一是他有一肚子的故事和知识，二来这也是难得的机会，可以帮助他锻炼一下在公众面前演讲的能力。我立刻找到维络给他说了这件事，果不其然，他拒绝了。但我也不气馁，给他动之以情，晓之以理，加上最近一直给他"开小灶"，谈心也比较多，终于说动了他。"好，我参加！"这真让我喜出望外。很快，一篇关于《手机像素》的文章跃然纸上了。经过反复练习，功夫不负有心人，他如愿被评上了"瑞德讲师"，我真为他感到骄傲。

我们要开始学习文言文《兄弟争雁》，文章简短，很容易理解。我打算让学生讲一讲。我给维络一说，他欣然答应了。下课后，他来到我的办公室，自己开始制作起课件了。看他熟练地制作演示课件，我不禁感慨，这孩子真的是不一般啊！他觉得系统自带的字体不好看，就自己下载了新的字体。他去搜索插图，搜索作者介绍，查找每一个重点字的释义，精心排版布局。半个小时的工夫，精美的《兄弟争雁》课件出炉了，真是让我打心眼儿里佩服！

下午第三节便是语文课，他自信满满地走向讲台，把课件拷贝到教学一体机上，然后像位真正的老师一样，正式开始了他的讲课。全班孩子都在全神贯注地听着，跟着他的思路，一点一点做着笔记……我坐在班里，看着这一幕幕，像是欣赏一幅精彩绝伦的画卷，不由得感到满心欢喜。孩子们长大了，羽翼渐丰，马上就要凌空飞翔了。

很快，5月的年级表彰大会来了，老师们邀请王维络来做主持，小王同学毫不犹豫地答应了。我想，也许是老师的信任与鼓励已经渐渐影响了他的性格，他越发自信了。

写主持词，修改主持词，定主题，小主持人马不停蹄地忙碌着。定好稿子后又反复练习，不断提高自己的表达。如果说小学阶段有什么难忘的回忆，那么小王同学会记得这一段当主持的经历吗？贾老师为了让他能够呈现更好的舞台效果，忙得连午饭都没有吃。一分辛劳一分收获，站在台上的他，像闪闪发光的金子，坐在台下的老师，看着自己培育的花朵向阳绽放，激动得流出了眼泪。他的付出也收获了全场热烈的掌声！他又一次突破了自己！

这样的事情还有很多，很多……

前几天，他跑到我的办公室，告诉我说："徐老师，我想送你一个毕业礼物。"我一下子心酸了："老师不想要什么礼物，老师只愿你走出校园，仍然记得母校，记得陪伴你童年的老师……愿你们振翅高飞，依然不忘初心；愿你们历尽千帆，归来仍是少年。"

恰同学少年，风华正茂！

恰自然生长，岁月静好！

再试一次

贾 路 平

　　每到游泳课，班里总有两三个孩子面露难色，因为蛙泳需要水中吐气、换气，有些孩子还是有些害怕把自己埋入水中。今天的游泳课和往常没有任何不同，热身练习之后，十多个孩子带着浮棒进行来回游泳练习，还有十几个戴着游泳圈进行练习，剩下的三四个就在池边练习蹬腿和换气。

　　梓豪是在泳池边练习的唯一的男孩，开学至今的每一次游泳课他都很积极，也很勇敢，但每节课都被水呛得眼圈红红的。也许是之前不愉快的体验，再加上自己着急而不得法，这一节课梓豪趴在岸边，显得有些不知所措。看到每位老师都在指导学生，我这个旱鸭子便用我旁听学到的理论对梓豪进行指导。

　　"一定不要用鼻子，吸气呼气都要用嘴巴。"

　　"可是水还是会进鼻子里啊！"

　　"那就先用手把鼻子捏起来。"

　　"来，跟着我一起先在外面呼气和吐气，大嘴吸气，小嘴慢慢吹气。"

　　连续呼吸了几次之后，我试着让梓豪把脸埋进水里。梓豪下意识地摇了一下头，"那就先把嘴巴放进水里吹气好吗？"梓豪点头，我们一起又连续练习了几次。"现在可以把脸埋进水里了吗？试一试好吗？""嗯！""大口吸气，好，慢慢吐气，吐不动了就出水，张嘴，一定不要用鼻子！"梓豪出水的那一刻，脸上笑了，"再来一次好吗？你跟着老师的口令，不要停啊！""嗯！"这次他还使劲地点了点头。又是一遍两遍三四遍地连续练习，"老师，我会了！""好嘞，加上蹬腿，游泳去吧！"接下来的时间，梓豪像一条勇敢的小鱼，在泳池里来回练习。

旁边的滢钰看到梓豪的一次次尝试和一点点进步，内心应该是有所触动了，最为排斥闭气的她，在接下来的时间里，接纳了我的建议，也在一点点地潜进水里。虽然还没有像梓豪一样很快地学会了，但是已经不再哭鼻子，愿意拉着老师的手，一点一点地把嘴巴、鼻子埋进水里。相信滢钰也会慢慢克服心理障碍，成为游泳小健将（游泳老师可是一直说，这个大长腿的小姑娘可是个游泳的好苗子啊）。

试一次，再试一次。当孩子有这一份执着，再得到一点方法，等待他的就是成功。讲再多的大道理，都不如他的这一次克服困难的经历。游泳课之后，每一次和梓豪的对视，我们都会咧嘴大笑，他知道我在笑什么，我也知道他在乐什么。

再试一次，也是我告诉自己的，对那些还没有适应小学学习生活的孩子，我也再试一试，总会有我们相视一笑的那一天！

Sean 从英国来

孟 晓

"老师，咱们班来了一个新同学，他叫 Sean，刚从英国回来。"开学第一天，刚走到教室门口，就有孩子跑上前告诉我这个消息。走进教室，我一眼就看到了 Sean。个子高高，肩膀宽宽，戴一副眼镜，敦厚可爱的 Sean，就坐在最后一排。

第一天上课，我注意到，Sean 始终很安静，除了偶尔去趟洗手间，Sean 几乎没有离开过座位。晚自习时，我看到 Sean 不停地揉眼睛，我走近他，发现他双眼泛着泪花。"怎么？你哭了吗？"听我这么问，Sean 显得很讶异，他说："没有，老师，我只是有点困。"Sean 的普通话并不标准，但他说得很认真。哦，是了，刚从英国回来的 Sean，应该是时差还没倒过来吧。"要不，你伏在课桌上休息一会儿吧！"我对他说。"不用了，我想把语文老师布置的写字作业完成。"见他语气很坚定，我点头支持。Sean 挺直腰，一笔一画地写起来。我回到讲台，一直关注着 Sean，只见他写一会儿，就拿纸巾擦擦眼睛，再挺一挺腰，继续写。他很专注，完全沉浸在自己的书写世界里，丝毫不受周围同学的影响。

第三天，我专门约了 Sean 来办公室。Sean 很准时，一下课就来了。我问："怎么样？你感觉还好吗？""嗯，可以的。"Sean 微微点点头。"你觉得这里跟你在英国的学校有何不同？""不同的是，这里一个班有很多老师。英国一个班里只有一位老师。""嗯，英国老师是全科教学的吧！"Sean似乎听明白了我的话，他点点头。"你喜欢这里吗？"我问。"嗯，喜欢。"Sean说喜欢这里，可眼神中似乎还带着一丝迟疑。

Sean从小在英国生活，他会说中文，口头表达还是可以的，可是认读和书写能力比较弱。据他说，妈妈之所以让他回国，也是为了让他学习中文。我猜测，应该是那舍不断的血脉亲情让Sean的父母做出这样的决定。无论走多远，心依然是中国心。

渐渐地，Sean的中文表达越来越好了，身边的朋友也多起来，脸上的笑容也多起来。

Sean做事认真、专注又能坚持，为人处世颇有绅士风度，有别于其他同学。我给他的英语作业是每天写一篇英文文章，可以是日记形式，也可以是连载故事。Sean每天准时到我办公室送作业，开学两个月，他的作业纸已摞成了厚厚的册子。每一篇文章，他都写得极为认真，内容丰富有趣，看着他的作业册，我笑着说："Sean，我觉得一个伟大的作家要诞生了。"Sean笑笑："老师，您说的是我吗？"他问得很认真，我答得更认真："对啊，就是你。"

Sean的英语学习具有得天独厚的优势。同学们也称他为"英语学神"，他自己却不显山不露水，总是一副谦逊好学的样子。我想，怎样才能更好地发挥他的优势，通过他带动更多的孩子进行英语学习呢？有了，安排他来做小老师吧。我把这个想法告诉了Sean，并给他分配了第一个学生：小李。小李的英语学习成绩亟待提高，可是小李本人并不着急。自接到当小老师的任务后，Sean老师很快上线了，他第一时间找到小李，了解小李的想法，跟小李谈他的教学设想，辅导小李听读，并给小李制定了周末的学习内容。Sean老师真诚、认真又专业，两个孩子在一起学习的画面很美，我在一旁观察，心中一阵窃喜。

在我眼里，Sean 足够优秀。我不知道他所体现出的优秀品质，到底是家风使然，还是教育环境中习得，抑或是孩子自身品质可贵，或许都有吧，不得而知。Sean 不是一个善于用语言表达自己的孩子，他只表露出憨厚可爱的一面，他的智慧和品质都藏在一举一动中，待你去发现。

有一天，我问 Sean："你觉得自己是哪国人，英国人还是中国人？"他沉思了一会儿，眉头紧锁，他说："我从小在英国生活，我的国籍也是英国，可是，我的爸爸妈妈都曾经是中国人，我的姥姥姥爷也在中国，我也喜欢中国，所以，我说不清……"

是啊，也许正是这说不清、道不明的情愫，吸引着这个十多岁的孩子，回到了中国，浸润于亲情中，亲近于母语，唤醒绿叶对根的记忆。

快乐的事情

2018 级学生　赵嘉伟

大家好，我是赵嘉伟，我今天给大家分享一下我在艾瑞德校园里快乐的事情。在过去的两年多时间里，发生了很多有意思的、难忘的和快乐的事情。比如，课间玩游戏、男生扎小辫子、全班一起去爬山、中秋节做月饼等。

同学们，你们还记得二年级的足球比赛吗？那一次，学校足球校队和外校比赛。现在想起来，那场比赛的精彩还令我很难忘。我是个热爱运动的男生，一年级的时候，班里有同学被选入足球校队，我非常羡慕，我也特别想加入足球校队。可是，当时我不太会踢，没有被教练选上。

课间和活动课时间我都会和肖泓铸、郭宸懿、钱炳旭一起踢足球，尽管每次我们都踢得满头大汗，甚至衣服都被汗打湿了，但这是我最快乐的时候。我记得有一次，我们分组踢比赛的时候，我和肖泓铸很快把对方打败了。最后半场我们让了对方一分，还让他们先开球，结果他们开球把球传到了我脚下，我立马把球传给了肖泓铸。他接到球之后就和我一起往前跑，快到球门的时候他又把球传给了我。我铆足了劲儿把球往球门里踢，可是没想到我踢了一个特殊的球。哈哈！其实我踢进去的不是足球，而是我的鞋子。这一幕被王老师用手机记录了下来。有一次开班会，老师把这件事又讲了出来，大家听了捧腹大笑，我也笑得快岔气了。那场比赛我们最终还是赢了。

后来，二年级的时候我报了足球拓展课。在拓展课上，徐老师教了我很多踢球的技巧。因为喜欢，所以我学得也很快。没几节课，我就被老师选上，进了足球校队，我高兴极啦！

三年级的时候，班里有好几个同学也都加入了校队，我们在踢球的时候增加了很大的优势。我和班里的同学们参加了运动会的三对三比赛，每一场比赛我都和同学们拼尽全力地去拼搏，最终我们赢得了比赛，每个人都获得了一枚运动会金牌。王老师还请我们每个人喝了"秋天的第一杯奶茶"。还有这次校长杯足球联赛我也参加了，我们班终于有了自己的足球队，还有统一的球衣。在大家的共同努力下，我们又取得了第一名的好成绩，为我们的班级争得了荣誉！我们都很开心！

除了踢足球，还有在学校过生日也是让我很快乐、很难忘的回忆。我记得我过生日的时候，班里的同学们一起唱《生日歌》，他们会给我做手工贺卡送给我，老师也会送给我小礼物表示祝福。我们一起吹蜡烛，一起拍照留念。拍照的时候，同学们还会做出各种搞笑的表情。老师帮我把蛋糕切好，分成一块一块的，让我和我的好朋友们一起给同学们分发。我最开心的是可以给李校长送蛋糕，因为李校长送给我一本签名的故事书。

学校的生活多姿多彩，不仅有各种各样的活动，还有敬爱的老师和可爱的同学们。我在学校里的生活和学习非常开心、快乐！我很喜欢我们三(2)班这个温暖的大家庭！谢谢大家！

心中有爱

被温柔以待、慈善以怀的儿童，会自然地流淌出柔柔的爱意。爱有时是拿在手里的一颗糖果，有时又是无声的一个眼神。有爱的孩子更会感知爱，有爱的孩子更善于传递爱。艾瑞德校园，就这样流淌着满满的爱意。

"天使和怪兽"的故事

陈月培

艾瑞德幼儿园一年一度的音乐节即将到来，刚在班级群里发了节目报名通知，微信就收到了王丁茜（小名：丁丁）妈妈说丁丁要报名一个街舞节目的消息。收到丁丁的报名，我心中既高兴又忐忑，高兴的是丁丁能主动报名参加节目，忐忑的是以丁丁的性格，她会不会还"临阵脱逃"呢？

说起丁丁，她可是我们的人气王，活泼可爱的性格使她得到了很多小朋友的喜欢，就是有一点——不爱上舞台。从小班到大班，四年时间，她没有单独上过一次舞台。问她原因，说是自己不敢上舞台，害怕表现不好观众会笑她。不管怎么共情、鼓励，几年来还是没有改善。班里的董诗涵小朋友还改编了一首《学猫叫》模仿丁丁："我们一起学丁丁叫，一起说'老师，我不会，我害怕'……"一旁的丁丁倒是听得乐在其中。

10 月 22 日下午，班级报名节目的小朋友依次表演过后，轮到了丁丁，她却像以往表演节目时一样，依然紧紧地拉着老师的手不敢上舞台。看着眼眶泛红马上就要哭出来的丁丁，我觉得此时"推"她一把对她来说一定不是最好的选择。于是，我牵着她的手走出教室，找到椅子坐下，和丁丁的目光平视，问出的答案依然是：害怕一个人上舞台，担心小朋友们会笑她。像平时一样鼓励的话语我并没有说出口，而是给丁丁讲了一个故事：

○ 自然生长：这里是一所学校 ●

"你知道吗？此刻在你的心中，住着一个天使和一只怪兽，天使的名字叫勇敢，怪兽的名字叫害怕，他们两个总是会在你要上舞台的时候进行一场激烈的战斗，怪兽说它一定不让你上台，它想让你害怕舞台；天使就不同意，他想让你打败怪兽，让你能够更勇敢一点。刚才在教室里你不敢上舞台的时候，你觉得他们在战争中谁赢了呢？"

丁丁思考过后，回答道："是怪兽。"

我说："那你想让勇敢的天使胜利还是害怕的怪兽胜利？"

"我想让天使胜利，可是老师你说的怪兽长什么样子呢？它会是什么颜色的呢？"丁丁好奇地问。

"你觉得它是什么颜色那它就是什么颜色，它的模样也可能是你最不喜欢的样子。"我回答。

"我觉得它是黑色的，因为我害怕黑色……"

"那你想不想让你心中勇敢的小天使胜利呢？他现在可是正在向你求助呢！"

丁丁思考了很久说："老师，那我先给你跳一下吧？"听到丁丁这样的回答，我能理解在她思考的这段时间内心做着怎样的斗争，我快速找到了手机中的舞蹈音乐进行播放，丁丁也渐入佳境地跳了起来。音乐结束，丁丁不好意思地说："有的动作忘记了……""没关系，能跳出来已经非常棒了。"我鼓励道。"那……我们什么时候给班里的小朋友跳一下呢？"丁丁主动问。

虽然丁丁这样说，但是我心里还是没有确切把握丁丁能在人多的时候跳舞，直到丁丁站在小朋友们的前面跟随音乐舞动着身体，我才确认丁丁心中的这个小天使真的胜利了。看着丁丁跳舞，我的心也跟着怦怦跳。舞蹈结束后，我紧紧抱住丁丁。四年了，丁丁终于战胜了自己心中的小怪兽。这时，丁丁笑着说："陈老师，我心中的小天使现在有这么高，小怪兽只有这么一点点了。"丁丁伸出拇指和食指，用最长的距离比画着小天使的高度，用最短的距离比画着怪兽的高度。是的，丁丁，看到你心中的小天使获得胜利，老师也替你开心。

记得 2018 年暑假，学校组织了骨干教师研修的学习活动。其间，周红教授说过："爱，是站在我的世界以我的方式来爱你；懂，是站在你的世界以你的方式来爱你。"之前用过很多种方式鼓励丁丁，也尝试说出自己的舞台经历让丁丁产生共鸣，但都不及讲故事这种形式来鼓励她效果好，因为这是孩子们最喜欢、最容易接受的。这件事也印证了懂比爱更重要，我们应站在孩子的立场，思孩子之所思，想孩子之所想。

大白学长

张　丹

　　前段时间和鑫同学的脚不小心扭伤了，到现在走路还不太利索。我们的教室在四楼，和鑫每天都要往返于教室和餐厅之间，上下楼也得扶着栏杆慢慢走。在他行动不方便的这段时间里，班里涌现了不少的小雷锋，大白学长就是其中之一。

　　同学们对和鑫表达关怀的方式或言语安慰，或帮他拿东西以减少他的走动，或搀扶他上下楼梯，大家的关怀虽风格迥异但皆是暖意。大白学长就有点厉害了，他直接上前背和鑫，大步流星地往食堂方向走。

　　从食堂到楼梯口有一段距离，这使得"腾空飞起"的和鑫开心不已，大白学长也同样乐在其中，问其原因，他笑笑说："首先，我想试试能不能背得动他；其次，他脚不舒服，我想让他稍微轻松一点。"

　　有余力，则助人。记不得这是大白学长第几次给我们带来温暖和感动了。一直以来，低调的他总是默默地做好自己的事，静静地散发着独特的光芒。无论是每每表演完节目的90度鞠躬，还是一丝不苟地坚持着垃圾不落地的习惯；不管是在课堂上精彩的发言，还是作文里行云流水般的文笔，无一不体现着这个外表低调、内心丰富的小小少年的迷人风采。

　　为什么叫他"大白学长"呢？这起源于电影《超能陆战队》中，那个治愈系的智能医疗机器人——大白。电影中那个温柔的白胖子会在你犹豫不决时给你勇气与自信，让你微笑向前不后退；也会在你伤心难过时，陪在身边，给你一个坚实的肩膀和温暖的怀抱。

大白学长也正如电影中的大白一样，那么善良暖心，再加上他很喜欢穿白衬衫，也不知是谁无意中说了句："曾宪梓好像大白啊！"大家也纷纷认同，就这样"大白"的称号从此叫开了。

为什么叫他"学长"呢？并非年龄大、年级高就能称为"学长"的，很多时候我们更愿意称那些令人心悦诚服的优秀同学为"学长"。对人有耐心，做事很认真，为人成熟稳重的大白同学，不正是这榜样般的存在吗？

大白学长有着象牙塔里的书生那般静谧内敛的气质，眼神清澈，风度翩翩。他的气质更来自良好的家庭氛围。他的父母经常与他一起阅读，在陪伴孩子阅读别人的故事中，使其慢慢懂得良好的行为和做人的准则，不宠溺，不物质，而是教他养成良好的习惯，走正确的方向。

这让我想到了一段话："父母亲存在的意义不是给予孩子舒适和富裕的生活，而是当你想到你的父母时，你的内心会充满力量，会感受到温暖，从而拥有克服困难和帮助别人的勇气与能力，以此获得人生真正的乐趣和自由。"

很多次想下笔写写大白学长，却总觉得找不到最合适的语言来描述，或许总是优秀的人和事会让人有一种难以言说的感受，以至于对此常怀有一些敬意，而很多时刻，这种敬意更适合放在心中细细揣摩。他所带来的许多美好瞬间，并不是一闪而过的，而是一直被保存在我们每个人的心中，被传递着。

大白创造者的创造初心是"人类需要你"。我们班的大白学长，我们更加需要你！

瑞德印记

2018 级学生　胡雅心

　　大家好，我叫胡雅心，我来自三年级二班。今天我想给大家说说我的精彩学校生活。还记得刚上一年级的时候，我和年级主任李娜老师代表一年级发言。第一次面对这么多人发言，我感到非常荣幸，看着老师、同学鼓励的目光，还有身旁萌萌的艾宝，我一下子就喜欢上了这所学校。

　　很快，八月十五中秋节到了，学校举行了别开生面的庆中秋活动。巨大的月饼出现在操场，我的老师们化身嫦娥仙子，出现在我们面前。而我，也换上了汉服，依偎在嫦娥姐姐身边。同学们自己动手做了月饼，那叫一个甜！原来，中国的传统节日还可以这样过！

　　我还记得我们全班一起去割小麦的场景。那天我们很早就到了农场，到了那里，我们很快把小麦割完了。我爸爸骑着三轮车，上面装满了小麦，像小山一样。妈妈把我抱到车上，压着小麦，不让小麦掉下来。这是我第一次坐三轮车，虽然天气很热，我也很累，但是我的心情又高兴又激动，因为这是我们班第一次丰收！

　　在艾瑞德，我收获了太多第一次的喜悦。瞧，汉服节开始了，男生们换上了帅气的唐装，女生们换上了美丽的旗袍，在校园里走上一遭，那就是一道亮丽的风景。

哦，差点儿忘了，二年级的时候，我在音乐小广场讲了一个好玩的故事，故事的名字叫《猴子的抗议》。王老师帮我画了海报，提前贴了出来。那天大课间，我们年级的同学都过去看了。我讲的时候，下面的同学都被故事内容逗得大笑起来，大家笑得都快岔气了。

还有一次六一文化周，我们班抽到的国家是奥地利，我们回家查了资料，知道了奥地利的特产是水晶。我们穿了很多漂亮的手链，活动当天摆在操场的展位上，很快卖完了。一位同学的妈妈带来了很多好吃的，有蛋糕、水果和炸鸡。我一下吃了好几块，那天过得特别开心。

我印象最深的还是和班上的同学去安阳研学，我们去了殷墟博物馆，听那里的工作人员给我们讲甲骨文的故事。导游阿姨还教我们用身体摆甲骨文，我还学了汉字"女"的摆法，我觉得非常有意思。在红旗渠，我和同学们推起了小车，享受着劳动者的快乐，也体验了劳动者的艰辛与不易。三天的时光一晃而过，真是过得难忘又快乐。

2020 年是极不平凡的一年，由于疫情的影响，同学们在家上了好几个月的网课。好不容易盼到了开学，来到了我们班，见到了一张张熟悉的笑脸。我发现大家的脸蛋就像秋天的苹果，又大又圆，包括我自己。是时候锻炼了，当然也要好好吃饭，拒绝浪费。因为，幸福的生活来之不易，我们要好好珍惜。

不知不觉，我在我们班已经两年多了，班上也发生了太多太多难忘的事。王老师把我们在学校发生的故事用文字记录了下来，写成了一本记载着大家童年美好回忆的书——《我们班》，很高兴我能成为这本书中记录的一员。

希望大家好好珍惜在一起的时光，希望大家一直喜欢我们班！

○ 自然生长：这里是一所学校 ●

追梦少年

2017 级学生　张歆怡

　　著名作家流沙河先生在《理想之歌》中对理想做了非常准确的定义：理想是石，敲出星星之火；理想是火，点燃熄灭的灯；理想是灯，照亮夜行的路；理想是路，引你走到黎明。

　　说到我的梦想，就要从我加入学校小百花戏剧社团的第一天说起了。

　　刚开始选择拓展课的时候，我对小百花社团并不熟悉，只是觉得好玩，但自从我跟着翁老师学习了一个学期戏剧后，我对戏剧的认知变得更加深入。渐渐地，我发现戏剧对我来说已经并不仅仅是爱好的追求，还是梦想的开始。

　　一次上拓展课的时候，翁老师说自己以前是一名演员，后来到了我们学校开始带戏剧拓展课。听了这句话同学们都在疑惑："当演员不好吗？站在舞台上多靓丽啊！为什么要选择做教师呢？"翁老师告诉我们："每个人都有不同的梦想，每个人都在为自己的梦想而奋斗，当一名演员很好，当一名老师也很好，各有各的价值。做演员的时候，实现了我的梦想，做教师，也让我把自己的所长更好地发挥出来，我觉得也非常有意义。"我明白了，老师是因为想让更多的孩子喜欢上戏剧，所以来当老师了。

　　听了老师的话，我深有感触。而且，翁老师上课非常有意思，教我们用肢体语言表达自己的各种感受，还教我们朗读，普普通通的文字，从她口中读出来，总是充满感情，让声音插上了翅膀，我非常崇拜翁老师。爱上戏剧课，让我一发不可收拾。私下里，我想如果我现在利用每一节拓展课的每一分每一秒，去认真学习表演，等我学好了，它就成了我的一项技能！想到这儿，我变得劲头十足。从那以后，我每次上拓展课都格外认真。就这样，上了一节又一节拓展课，我的演技有了明显的提升。

盼望着，盼望着，到了三年级，我收到了人生的第一张演出通知。虽然我的台词并没有多少，但是我还是很开心。为了这一次的表演，大家付出了很多努力。每天早上天还没亮，我们这些"演员"就从床上爬起来了！在寒冷的冬日里，我们张开僵硬的嘴，呼吸早上冰冷而新鲜的空气。晚上，我们聚集在同一个教室里，将一段对话一遍又一遍地练习着。直到最后，别说自己的台词了，整个剧的台词都记得一清二楚。

终于到了表演的这一天，台下坐满了观众，我们胸有成竹地登上了舞台，聚精会神地表演，演得绘声绘色。台下的观众全都目不转睛地盯着我们，此刻我们就是台上万众瞩目的焦点。

表演结束后掌声响起，我心里的石头终于落了地，刚刚我还在害怕自己演得不好呢！通过这次的表演，我有了很大的成就感和继续表演的信心。现在，我演出时的定妆照就挂在学校的墙壁上，每次同学们看到的时候，就会高兴地跟大家介绍："这是我们班的张歆怡，她演的是《红楼梦》里的薛宝钗。"每每听到这话，我的心里就跟吃了蜜一样甜，更坚定了我努力学习戏剧表演的梦想。

在老师的影响下，我痴迷表演，有一段时间我甚至频频做梦，梦到自己在深海中钓到了一条大鱼，鱼的身上写着：演员。没错，这就是我的梦想：成为一名演员。

为了完成我的梦想，我经常阅读名著《红楼梦》，还要认真上好拓展课，打好基础。老师说过，想要成为一名好演员，要有丰厚的文化底蕴。

现在我除了看《红楼梦》原著，还买来了《红楼梦》系列的小人儿书、诗词、插画，有一次被杜老师看到了，她对我赞不绝口，称赞我读的书有思想内涵，有高度，让我受宠若惊，欣喜不已。

从确定人生志向的那一刻，我就为将来能成为一名演员而努力，即便将来不那么有名，但只要能做自己喜欢的事情，我就心满意足。如果不能成为一名演员，那我也同样可以当一名老师，像翁老师一样，让更多同学喜欢表演，爱上读书，点亮人生。

同学们，每个人都有自己的梦想，每个人都在为自己的梦想而奋斗，我相信大家都听过一句话：成功等于百分之九十九的汗水加上百分之一的灵感。只有坚持不懈地努力，才能让自己的才华充分地施展。同学们，让我们一起努力，为梦想增砖添瓦，让梦想有一天照进现实生活，实现我们自己的价值！

一棵长刺的树

李　娜

　　2018 年 10 月，我们和李建华校长一起奔赴张家港市，参加在张家港实验小学举办的江苏省基础教育前瞻性教学改革实验重大项目研讨会。抵达张家港的当天下午，张家港实验小学的负责人带着我们一起参观了这所美丽的学校。在这个精心设计的校园里，每一处都能感受到儿童立场的存在，每一处都是为了儿童生长而定制的空间。一物一境都是儿童的风景，一草一木都是儿童展示的舞台，一角一落都是儿童成长的领域，让我们感受到江南水乡百年名校的教育细节和教育视野。

　　走着走着，我们迈入了一处曲径通幽的小径，尽头是用植物搭建的一座迷宫，而在迷宫最显眼的地方，却有一棵浑身长刺的小树。我们都惊讶于树上能长出这么尖锐的小刺，这些刺互相纠缠在一起，让想要靠近的人心里生发出一种距离感。

　　在处处都有儿童立场的校园里，这样一棵树对孩子的安全来说存在着隐患，大家纷纷谈起应该如何设置屏障把树隔离一下，以免发生不必要的安全问题。

　　就在那一瞬间，我突发奇想，也许这不仅是一棵长刺的树，还是一棵缺乏安全感的树吧。也许是害怕外界的破坏，也许是为了好好地保护自己，

○　自然生长：这里是一所学校　●

所以才长出尖锐的小刺让危险无法靠近。但是，这样的刺也会让想要靠近的人渐渐疏离，也会让想要给予它拥抱的儿童受到伤害。

我不由得思绪万千，想到了我们班的小博同学，自从一年级开学以来，总会听到同学们对他各种各样的评价，有时一走进教室，孩子们就会围着我告状："老师，小博弄坏了我的书！""老师，小博打我！""老师，小博上课在课桌上乱画！""老师，小博又踢别人！""老师，小博中午不睡觉大喊大叫！""老师，小博把我的花盆打碎了！""老师，小博把墨汁染在我身上！""老师，小博用铅笔扎我！"

而我几乎每天都在和小博沟通，帮他解决与同学之间的各种问题，几乎每周都要和小博妈妈沟通如何一起帮他处理与同学相处的种种问题。

这个孩子犹如一棵长了刺的树，尽管他并不想，但总会不经意刺痛想要靠近他的人。他不就像那棵缺乏安全感的树吗？看到这棵树，我竟然更加理解了他的日常行为，因为他长着刺，哪怕是想要与人友好相处，也会在无意中刺痛他人。

难道我要把他的刺都拔掉吗？那样的他还会是他吗？他自身的成长轨迹我无法改变，但我可以参与他成长的过程，告诉他在有利的情况下如何与人相处。

只要保持正常的距离就能避免这些问题，但保持距离的方法还需要有人为他指出。很多时候，"这一个"儿童不同于其他的儿童，"这一棵"树不同于其他树的成长方式。那么，对这样的不同，就需要老师针对性地设置沟通与教育的计划。根据儿童的发展需求，寻求适合他的发展方式。定制发展，定制成长，遇见问题而不逃避问题，遇见不同用心呵护不同。

经过和小博妈妈的多次沟通，我慢慢地找到了和他相处的方式，最近一周向我告状的同学减少了，小博也渐渐找到了归属感。虽然他依然会犯错，但是他在内心爱着我们的班级。他会在我身后偷偷抱住我，表达他对老师的喜欢；他也会在饮水机没有水时悄悄去帮同学们接水，表达他对同学们的关爱。他会在看到班级垃圾桶满的时候主动去倒垃圾，也会在看到校长和老师时主动行鞠躬礼，还会在犯错时悄悄地内疚和不安，他会主动做更多正确的事情。

一棵长刺的树，不是抗拒成长，而是想要拥有自身独特性的成长；一个缺乏安全感的孩子，不是想要制造矛盾，而是不知道如何更好地成长！这就需要家长和老师给予更多柔软的教育，以儿童之心对待问题，用儿童立场助其成长！

作家梅·萨藤说："如果一个人专心致志地瞧一朵花、一块石头、一棵树、草地、白雪、一片浮云，这时启迪性的事物便会发生。"在今后的教育教学中，我们还需要多看一看身边的事物，多观察身边的人。这样，启迪性的思考就会在不经意间出现。

脚下有力

　　儿童的别名叫未来，所有的未来都是从脚下出发。眼中有光、脸上有笑，反映的是孩子的生命状态；心中有爱、脚下有力，是孩子内心的安全与饱满。艾瑞德学子带着光，怀着爱，用自己的双脚踏上梦想的大船，用自己的双手有力地扬起驶向未来的风帆。

校车的故事

岳婉琪

2017 年冬天，那时的我刚入职半年，对任何事情都持有认真学习的态度。校车，在我的印象里神气威风，也是学校的一张名片。每次在路上看到艾瑞德的大黄蜂校车，我就觉得很骄傲。我想，如果能坐在校车上，那感觉一定美极了。

神奇的是，仿佛我内心的声音真的被"听到了"，不久我就开始接送五号校车，成了一位校车"车长"。五号校车线路较长，我和幼儿园的贾东辉老师轮班值岗。初来乍到的我，万事问贾老师和五号校车司机夏雪师傅，他们也总是耐心给我讲解，让我慢慢熟悉了校车的各项工作。

我们成了朋友

校车工作事项细致且重要，我一遍一遍认真地学习着校车上的各种规范制度和接送生准则。渐渐地，遇到日常接送学生或一些突发情况时，我也能应对自如了。慢慢地，我也和车上的每一个孩子熟悉起来，感情越来越深，成了无话不说的朋友。

孩子们一上车就开心地跟我聊每天发生在班级里的趣事，我们一起拍照，一起玩他们自己创编的小游戏、小竞赛。这让每天乘坐校车的时光，也成了孩子们的一种期待。

校车是流动的课堂，我常常会打开车上的音响，给孩子们放一些故事或英语歌曲。我是一名音乐老师，有时也会拿着话筒教孩子们唱一唱歌。一路欢歌笑语的校车课堂就这样陪伴着孩子们从家到学校，再从学校回到家。

我闲暇之余总会问夏师傅："你说看着一个孩子在自己身边慢慢长大是一种什么样的体验呢？"夏师傅说："这校车上，我不知道送走了几届毕业生了，他们长大了，我也快老喽！"

回忆在校车上的这四年，与孩子们之间的故事有很多，与家长们之间也有数不清的故事。丁丁妈妈每次到教师节都会送给老师们亲手折的纸玫瑰花；周博妈妈每次都会在校车因为堵车造成晚点时，在群中说"没事儿，安全第一"；宗浩的妈妈会考虑到五号校车路途比较远，怕孩子们、校车老师和校车师傅饿着，有时早早地烤好蛋挞、卤好鸡蛋，带到校车上，暖着孩子们和我的心；有时，校车行驶到最后一站都已经很晚了，冷风中等待的唯唯妈妈也从来没有半句怨言。雨轩、静轩的爸爸妈妈对待校车的堵车和始料未及的状况都报以极大的理解……

大大的校车，满载的是孩子们的成长和暖暖的爱。

夏师傅与孩子们的故事

夏师傅是个内心细腻柔软的人，对孩子们说话轻声细语，总是耐心地听孩子们给他讲各种各样的事情。有时候，孩子们在校车上相见后会兴奋地闹腾，在我"严肃"提醒后，如果孩子们不听，夏师傅总会慢慢给孩子们讲校车安全的问题，他们反而很听夏师傅娓娓道来的"大理论"。

夏师傅是位从不说困难的师傅，冬天是出行比较难的季节，雾霾、雨雪天气等都会影响校车的正常运行，但夏师傅不管遇到什么情况都不急不躁，平稳驾驶校车，安全地把老师和孩子们送到学校。

每天早晨，夏师傅都会开窗通风并做好记录；下午放学前，他通常提前 20 分钟预热校车，检查校车设备是否正常。跟车老师会第一时间守候在校车旁，迎接孩子们有序上下校车。有一次，送完学生、返回学校的路上，细心的夏师傅发现校车可能存在问题后，立刻上报检修，及时排除了安全隐患。熟练应对的背后，是一遍又一遍的训练。我也领悟到每一个岗位虽然默默无闻，却承载着重要使命，非常伟大。

夏师傅总说："只要能安全把孩子们送到学校，咱们辛苦点儿没啥！"安全大于天，每一个校车上的老师都把每一个操作流程、每一个常规细节铭记于心，才能确保校车工作的严谨与安全。

每天发车的时候天还没有亮，行驶在路上看着朝霞映照着渐渐亮起来的天空，让我想起了小时候乡村的早晨，静谧、安逸，这样的美景，让人嘴角不禁微微上扬。

早晨"睡眼蒙眬"的天空，就像是梦想开始的模样。大黄蜂校车行驶了十年，在这十年里，孩子们一拨又一拨地长大毕业，他们离开了学校，留下的是属于我们的故事。那么温暖，那么绵长……

大黄蜂校车也会带着爱、发着光，驶向梦一般美好的诗和远方。

你可以做到

任相玉

  有一种缘分，叫与你相遇；有一种语言，叫你能做到；有一种幸福，叫与你成长。这种缘分今天就从中（3）班马墨侬小朋友说起，墨侬是一个文静内向的小女孩，性格比较温和，喜欢和班级老师、小朋友一起玩耍，特别喜欢和熟悉的人一起玩游戏。本学期第一次上外教课时，从来没有见过外教老师的她多了一丝丝恐惧和害怕。第一次上课，她的眼睛里充满泪珠，不了解情况的外教老师还以为她不舒服了，结果外教课一下课，她的情绪也就随之稳定。过了一周，第二次上外教课，老师发现她自己搬着凳子坐在了最后面，便开始询问情况，得知宝贝不想上外教课，因为觉得外教老师和我们长得不太一样，心里有点害怕。一节课观察下来，发现她特别想要加入游戏和律动中去，老师便和她展开聊天："墨侬宝贝，刚刚老师有认真观察你，觉得你积极配合外教老师律动，跟着一起说唱，表现很棒。"

  "可是我害怕，我不认识他。"

  "没关系，我们已经上了几次课了，下次你和小朋友们一起坐到前面，老师坐你后面，行吗？"她开心地点了点头。第三次上外教课，她自己搬了两个凳子，一个给自己，一个给老师留着，老师一直陪着她，只要看到她想要参与游戏，老师会用小小的声音鼓励她："你能行""你可以做到""去参加吧！"希望这样的话语给她安全感，给她鼓励，让她有足够信心去参与活动。在一次次的鼓励和赞扬中，她自信了很多，和外教也慢慢熟悉起来。这样陪伴了三次，等到第四次，她自己跑过来说："老师，你不用陪我了，我自己可以了，我不害怕了，我觉得上课很有意思。"看到她眼里的光，脸上的笑，我心里有说不出的欣喜。请给孩子多一些时间，他们需要在接触中慢慢熟悉；请给孩子多一些时间，他们需要在鼓励中慢慢成长。

著名教育学家赫伯特·斯宾塞曾经说过："亲人、朋友或者老师对于孩子的积极暗示与鼓励，会对孩子的心理和智力产生良好的作用。"墨依宝贝就是如此，刚见外教时，因为对他不了解，所以会有点害怕。慢慢熟悉起来，关系也就亲密了。孩子与暗示者的关系越亲密，这种积极的作用就会越明显。"你能行""你可以做到"虽然只是简简单单的几个字，却饱含了老师对孩子全部的信任和积极的鼓励，会让孩子在潜意识中产生"我一定可以"的信念，这饱含信心、鼓励积极的话语，会让孩子的心如同向日葵一样保持饱满、积极向上的状态，即便孩子一开始做得不是很好，但经过一次次的努力和尝试之后，孩子一定会做得越来越好。

作为一名一线教师，会遇到各种各样的学生，对于一些内向、害羞的学生，我们一定要多鼓励，一定要无条件地信任他们，从而使他们树立自信，让他们在鼓励中成长，以安全和友善的眼光看世界。

老师，不能跷腿

张文丹

在闷热的游泳馆，七岁的铭钰安静地坐在我旁边，他今天忘了带泳衣，只能在岸上看别人游。而我作为班主任，需要在游泳课上帮忙照看学生安全。

只要学生在游泳池里不打闹，一般没有什么危险，所以看着看着，我就无意间把一条腿搭在了另一条腿上。突然，铭钰蹲下来，把我跷着的腿放了下来。我没在意，冲他笑笑，心想也许孩子是觉得无聊吧。过了一会儿，我又无意中跷起了腿，铭钰又蹲下来，放下我的腿，然后满脸真诚严肃地对我说："老师，不能跷腿，你的小腿和胯的骨头会变形。"

看着这个满脸真诚地关心我的孩子，我的眼眶就红了，对他说："宝贝，谢谢你告诉我，还帮我改掉坏习惯，我以后一定不跷腿了。"

铭钰并不是一个非常乖、非常听话的孩子。他是一个听觉型的孩子，可以做到边玩边听课，所以常常在课堂上做小动作，有的时候自己觉得学会了，甚至会扰乱课堂秩序，搞恶作剧影响同学上课。因此，他经常因为这些事被老师批评。

他活泼好动，不喜欢守规矩。每次排队吃饭或者吃完饭排队回宿舍的时候，大家都排得整整齐齐，而他却像一只狡猾的小狐狸，左蹿蹿右跑跑。

带队吃饭的老师常常在半路留下他批评教育，可是没有任何效果。

有一次我带队吃饭，他又开始自己的"曲线游戏"，我走到他旁边拉起他的手，跟他说："如果你以后排队的时候能够好好走，奖励你坐在老师的对面吃饭。"他眼睛一亮，抬起头问我："真的？"我说："当然是真的。"没想到这个方法还真奏效，接下来的路程，他乖乖地走在队伍里，到了餐厅吃饭时，坐在我的对面吃得特别开心。

从这件事情，我意识到原来这个活泼好动、不守规矩的小孩，内心是多么渴望被老师关注。

蒙台梭利说"儿童是成人之父"，是的，铭钰扰乱课堂秩序，不守规矩，但他又是多么单纯地爱着自己的老师。也许当他捣乱的时候，他只是在向我们发出信号，希望我们关心他。作为师长的我们要及时捕捉这种信号，用心去体察儿童内心的需求。

雅斯贝尔斯说，教育是人们灵魂的教育，而非理智知识和认识的堆积，教育的本质意味着：一棵树摇动另一棵树，一朵云摇动另一朵云，一个灵魂唤醒另一个灵魂。

没有触碰到灵魂的教育是没有任何效果的。我们需要保持对儿童的敬畏和了解，去探索儿童，发现儿童，去感知儿童的心灵世界，帮助每一个儿童获得成长的力量。

永远热泪盈眶

闫　娟

　　金秋的蓝天，白云飘逸悠扬，和煦的阳光，透过繁茂的树叶洒落下来，成了点点闪烁的光斑。闻着路旁的桂香，我们迎来了心仪已久的"艾运会"。

　　为迎接这场"艾运会"，孩子们做了充分的准备，制作加油海报，课余时间训练，有烈日，有汗水，有伤痛，但"艾运会"令每一个孩子热血沸腾，一心向往。在这场"艾运会"中，我也有一项任务，就是护送小运动员去检录，我能感觉到每一个被我送到检录处孩子的兴奋、紧张与期待，每一位都让我热泪盈眶。

　　第一个被我送去检录处的是李贤麟同学，在上一届校运动会中，他夺得了男子100米的冠军和4×100米接力赛的团体冠军，孩子妈妈一早来电，担心孩子在光环中过度紧张，不能以很好的状态应赛。距开场前一个小时，我有意无意地与他闲聊，试探他的情绪，贤麟带着虔诚的目光，精细地描述着奖杯的模样和比赛的故事，他的坚定与期待，驱除了我的顾虑。

　　为了避免突发情况的出现，我们提前半个小时来到了检录处，他开始来回踱步，目光始终聚焦于检录处的老师，当喇叭中响起"四年级男子200米开始检录……"的声音时，他一个箭步跨到了台上。看着贤麟挺拔的背影，我安心地回到了班级大本营。

大本营里啦啦队的同学们看到贤麟的身影时，瞬间起身，情不自禁地呐喊着："贤麟，加油！贤麟，加油！"本在呐喊的我，一瞬间无法出声了，因为我被这声嘶力竭的呐喊声振奋得热泪盈眶。当我还沉浸于这份热烈中时，啦啦队激动的声音惊醒了我，"赢了！赢了！贤麟第一！"我赶紧掩饰着泪水，阳光下与孩子们热情相拥。

第二个是李佳轩同学，他看起来不紧不慢，颇有宠辱不惊之意。

"为什么报垒球啊？"

"我原来玩过。"

"最近还玩吗？"

"没咋玩。"

"紧张不？"

"有一点儿。"

话虽这样说，佳轩的神情却很淡然，不喝水，不过度交谈，只是安静地玩弄着小手指，检录老师叫到他的名字时，佳轩向我比了一个胜利的姿势悠然一笑。与贤麟不同，这一次我不再跟着一起紧张，更多的是放心，应该是被佳轩的泰然自若所感染了。由于还要带其他孩子检录，没能观看佳轩的比赛，但是听到孩子们说佳轩获得了第三名的时候，我不禁又热泪盈眶，与啦啦队的震撼不同，这是发自肺腑的祝贺。再次见到佳轩，与赛前的镇定不同，他跑过来在我身边叽叽喳喳说个不停，我则竖起大拇指与他分享这份喜悦。

第三个是张恒语同学，他外表硬朗，实则内心柔软。比赛前，他坐立不安。

"咋办啊，老师？我可紧张啦。"

"不用紧张，你是最棒的！恒语，来块巧克力吧！"

"嗯嗯！好的，我也觉得吃块巧克力比较好。"

○ 自然生长：这里是一所学校 ●

我们早早地来到检录处，恒语很安静，喃喃自语道："完了完了，我肯定赢不了了。"我能做的就是肯定他鼓励他，只见恒语深吸一口气，带着闪烁却又坚定的目光望着我："好的！我会努力！"一听到检录处响起张恒语的名字，我便回头叫他，谁知这孩子早已进入了队伍，看来机敏的他是不会被比赛吓倒的。恒语最终没有站上领奖台，不过见到我后，他激动地说："哎呀！第六名啊！今天我的号码也是六！太巧了吧！真是太顺了！"就这样，我被他的乐观感动得热泪盈眶。这就是恒语，有着超强的自我调节能力，即使知道会输，依然一往无前！

最后被我送去检录的是 4×100 米接力赛团队。检录前，我静静地望着他们，队长带领他们一起做赛前训练，研讨比赛策略，嬉戏追赶，放松心情。虽没能如愿得到奖杯，但是他们依然心照不宣地相拥一团，他们赢得的是团队，是合作，是互助，更多的是理解与爱，团队中李若琪刚参加过女子 200 米的比赛，并夺得了个人项目的第二块金牌，她的腿还在隐隐作痛，看着下场后一直喘个不停的若琪，大家都心疼不已，可是若琪没有退缩没有惧怕，还是勇敢向前参加比赛。看到他们拼尽全力冲向终点的那一刻，我不禁再次热泪盈眶，不管何时到达终点，我们都不曾言败。

闭幕式结束后，从操场回教室这一段不长不短的路上，回想起虽然娇柔但是越来越有能量的孩子们，泪水再次充满了我的眼眶。"艾运会"上，有的孩子流下了疼痛的泪水，有的孩子流下了喜悦的泪水，有的孩子流下了伤心的泪水，无论成与败，都是人生的必修课，所幸我可爱的孩子们都带着乐观向上的体育精神在奋斗。

来吧，未来

2015 级学生　杨乐瑶

　　1978 年，全世界诺贝尔奖获得者在法国巴黎聚会，有记者问当年的诺贝尔物理学奖得主卡皮察："您在哪所大学、哪个实验室里学到了您认为是最主要的东西？"出人意料的是，这位白发苍苍的老人回答是在幼儿园。记者愣住了，又问："您在幼儿园学到了些什么呢？"老人如数家珍地说道："把自己的东西分一半给小伙伴们，不是自己的东西，不要拿，要放整齐，吃饭前要洗手，做了错事，要表示歉意，午饭后要休息学习，要多思考，要仔细观察大自然。从根本上说，我学到的全部东西就是这些。"

　　正如这位老人所说，幼儿园教会了我们生活习惯，那么小学则教会了我们学习习惯、思维习惯和做人做事的习惯，帮助我们初步建立了人生观、世界观、价值观。作为艾瑞德国际学校一名即将毕业的六年级学生，此时此刻，回忆过去的五年，我才发现艾瑞德教会了我太多太多，让我真正体会到小学对我的重要性。

　　还记得一年级的时候初入校园，校长微笑的问候，老师蹲下为我系鞋带，让我感受到上学原来是一件这么幸福的事情，也让我感受到原来老师和学生之间是可以这么平等融洽地相处。

　　到了二年级，我开始在学校寄宿，那时常常思念父母。每当晚自习下

○　自然生长：这里是一所学校　●

课的时候，我都会哭得一把鼻涕一把泪的。每当这时，同学和老师都会过来安慰我。那时懵懂的我理解了什么叫互相关怀。四年级，我们十岁，学校为我们组织了一场十岁成长礼。那一天，父母拉着我的手，我们一起走过红毯，来到操场上听校长讲话。我意识到我们现在并不是已经长大了，我们每一天都在成长，直到有一天我们能承担责任的时候，才是真正地长大了。

印象最为深刻的是三年级时，学校组织了"让城市在爱中醒来"的活动。那天是12月的最后一天。凌晨三点的郑州，夜空还是漆黑一片，零下8℃的低气温，冻得路边的小树纹丝不动。我们在寒风中接过李校长手中的大旗，带着李校长的叮嘱，从学校出发，走进这座城市的各行各业、角角落落。我们看到了从未看到过的景象：热气腾腾的炊烟就像这座城市在寒冷中呼出的一丝丝热气，顿时有了家的温暖；闪烁的公交车灯，犹如城市之眼，映照得这座城市路路通明；宽厚皲裂的双手，清扫着一片接着一片落下的枯叶，那沙沙沙声就像妈妈一声一声的呼唤，呼唤着这座城市在爱中醒来。那时我们亲爱的班主任樊老师正怀着孕，依然扛着学校的大旗陪我们步行了几公里，到达郑州大学地铁站。在地铁站，我不但学习了许多关于地铁的知识，而且看到了早晨忙碌的工作人员，风风火火为家人、为未来奔波的乘客。

那天我懂得了什么是爱：老师的陪伴是爱，每天早晨妈妈为我早起做饭是爱，每个人都在为这座城市努力着是爱。我懂得了什么尊重：对卖早餐的叔叔阿姨说声"谢谢"是尊重；对公交司机师傅说声"谢谢"是尊重；对清洁工说声"谢谢"是尊重。从那天起，感恩的种子深深地埋在了我的心底，感恩这座城市，更感恩为这座城市付出爱的人们。

对我影响最大的是五年级。这一年，疫情大暴发，我们每一天都待在家里，恐惧、无聊紧紧伴随。不能见到亲人，不能见到同学，不能见到老师，铺天盖地的只有网上、电视上报道的一天比一天严重的疫情，还有各种陌生的网课。这段时间，全国各地大门紧闭，人人自危，仿佛时间都静止了。未来，此时是那么遥不可及，不敢憧憬，却又从未有过地渴盼。灾难面前，迷茫、焦虑不会放过任何一个人，尤其是承受着生活压力的大人，因为他们对未来更憧憬。所以，这段特殊的时光也见证了我和爸爸妈妈是如何由相亲相爱到多看一眼就想红脸，多说一句就想瞪眼。

就在这迷茫的时候，李校长开始每天录制一条60秒的语音来鼓励我们，陪伴我们。依然记得李校长录制的第一条60秒语音是《同学们，开学啦》。李校长说："开学，就是开始上学，开始学习啦！今年开学，我们只能是线上进行，但是我每天的'校长60秒'也上线啦，我依然在你们身边。"

那一刻，突然就有了学校的即视感，仿佛又看到了李校长走进餐厅，和我们一起聊天一起吃饭。我的心不那么躁动了，正如李校长说的那样，我们只是学习的地点变了，学习的方式变了，但我们学习的心不能变。接下来，李校长陆续为我们录制了名为《给自己定个闹钟》《请记下自己的体重》《10.92%》《逆行》《隔离》《家务》等的60秒语音，每一篇都和我们当时的生活状态和心理状态紧密联系，好像李校长在我家装了摄像头一样。通过《给自己定个闹钟》，我开始改变被打乱的作息时间；通过《请记下自己的体重》，我开始远离手机电视，运动起来；通过《隔离》，我开始不再惧怕出入小区时的各种检测，我学会了坦然面对突如其来的变故；通过《家务》，我开始走近爸爸妈妈，动手和他们一起干活，爸爸妈妈笑了，我也笑了。直到今天，聆听"校长60秒"已经成为我对明天、对未来的一种期待，一种美好的期待。

未来，说远，她遥不可及；说近，她伸手可触。也许，下一秒，世界就会瞬息万变；也许，下一个6年，我依然站在台上讲我的小学故事；也许，下一个世纪，这里早已沧海桑田。未来，虽然未知，但是一定会来。只是，我不再害怕，不再恐惧，不再焦虑。我会在阳光明媚的日子里，与身边的人和睦相处，就像一年级踏入校门时，老师微笑着拉着我的手；我会在风起叶舞时，轻轻捡起落在地上的黄叶，就像三年级那个凌晨一样，用爱守护着这座城市；我会在黑云翻墨时，捧起手中的书，静听雨打芭蕉，就像五年级疫情来临时，李校长风淡云清地和我们聊着要运动减肥。

亲爱的老师们，亲爱的同学们，未来已来，让我们伸出双手触摸未来，让我们张开怀抱，大声地说：来吧，未来！

教师篇

每一位教师都是珍贵的存在

有温度

接住学生的忧伤，捧住儿童的欢畅。

让学生被慈善以怀，让儿童被温柔以待。

接住忧伤，捧起欢畅

闫　娟

　　一次夜读，我被一句话"用孩子的眼睛望出去"深深吸引，我足足读了五遍，内心不断地追问：什么是用孩子的眼睛望出去？为什么要用孩子的眼睛望出去？最终我找到了答案。这是教育赋予我们的使命——"我们必须变成小孩子，才配做小孩子的先生"。

　　回想起班里一张张可爱的小脸，我总会被一些特别的面孔吸引着。也许是一张乖巧的小脸，也许是一句童言无忌的话语，也许是一个小小的举动，总之，这些都会给我留下深刻的印象。

　　这一次也不例外。

　　那是一张可爱的小脸，滴溜溜的大眼睛，樱桃小嘴，高高扎起的马尾，无比精神，一排雪白的牙齿中住着半颗未长齐的门牙，笑起来的时候扬起的小脸露着小豁牙，甚是逗人喜欢！但每次四目相对，她又总是会有一点躲闪，灿烂的笑容中藏着几分羞涩。

　　这个小可爱叫小依。周一的晨诵课，我发现小依未按时到校，准备进入晨诵的我，快速翻开手机，未收到请假信息，便打开小依妈妈的对话框："小依妈妈，您好，小依还未到校，堵车了吗？"

　　一直到晨诵结束后，小依都没有到校，家长也未联系上，我只能揣着担心，带领其他孩子一起走进餐厅用餐。刚刚坐下，电话响起，是德育中心陈主任的电话："闫老师，你们班一位孩子一直在门口哭，你来接一下吧。"挂了电话，我一路小跑奔向校门，心中的答案也清晰了，一定是小依！小依家住得远，一开学就选择了寄宿，刚开学只要到了快放学的时间，都会有情绪的波动，每次用餐，思念的情绪也会侵袭而来，想家成了孩子心理面临的巨大挑战。

奔到门口，场面还是有些"激烈"的。只见小依穿着漂亮整齐的衣服，偎在妈妈的怀里大声哭喊着："我不要上学！不要上学！我要妈妈！我要妈妈！"这个小泪人儿哭得眼睛都睁不开了。第一次见小依如此伤心、执拗，我的眼眶也有些湿润。

想从妈妈手里牵过小依并不那么容易，跟妈妈做了简单的沟通，了解到孩子只是想妈妈，对学校还是很喜欢的，我也放心了。我坚定地给妈妈一个"您先走，我可以"的眼神，妈妈离开了，想追妈妈的小依，被我一把抱住，孩子的抽动、号叫，在此刻全然释放。

我抱起小依，她的头伏在我肩上，痛哭不止。走了几步哭声渐渐变小，十米的距离，号叫变成抽泣，又走几米，我跟小依说："老师的腰痛还没好，现在下来我们一起走，好吗？"小依很懂事，抬起小脑袋，缓缓下滑，我牵着她的小手，在宽阔的操场上，走走停停，看看大树，数数小草，赏赏晴空……不到十分钟，我又见到那个一笑就露出小豁牙的小依，虽然眼里还噙着泪，但完全看不出刚才的伤心样儿了。

开学一个月，小依每次从家返校还会依偎妈妈，不愿离开，但是已经没有波澜的情绪、放声的呜咽，开始慢慢自己走进校门，开始慢慢适应学校生活，爱上这里的白鸽，爱上课堂里的欢笑，爱上身边的小伙伴，爱上这个温暖的大家庭。

想着小依，我又想到"用孩子的眼睛望出去"，望见欢乐我们与之共舞，望见忧伤我们接得起。如果我不能与小依共情，每个小依返校的清晨，我只会觉得无比"忧伤"。然而，她只是个六岁的小女孩，我知道对于一个小女孩来说，独立是需要时间的，想家、想妈妈太正常了，我能做的就是望见她的忧伤，接住她的忧伤，转化她的忧伤。

"用孩子的眼睛望出去"，就是站在孩子的角度思考问题、细细聆听、共情其中、耐心沟通、用爱感化，这样才会让孩子内心的小涟漪很快平息。看见他们多雨转晴的笑脸，大概就是师者最弥足珍贵的礼物了。

写给孩子的 32 封信

李 娜

今天手写了 32 封信，想要送给班里的每个孩子，表达内心的感受。其实，信里所写也不能表达我所有的心意，但是期末放假之时，我的心里总有些话想对孩子们说一说，以至于情不自禁地写下感受送给他们。

一边写，一边想象着他们阅读时的样子：会不会被某一句话触动，会不会因为一句表扬而充满动力，会不会感受到老师的心意而越来越进步，会不会点燃他们心中小小的火焰。也许我做的一件小事，说的一句话都会在无意中对孩子们产生大大的影响。不去做时可能永远也不会知道影响是什么，唯有去做才能挖掘出孩子成长的更多可能性吧。

回想和孩子们相处的每一天，脑海里浮现出很多有意思、开心的事情，还有很多成长和进步的事情，更有很多遗憾的事情。但是无论是什么样的事情，我都希望在这个期末、在这个年末，我和孩子们能够一起回顾彼此在这一年的成长历程。

每一个孩子都是美丽的不同，所以每一封信也都各不相同。有的信里写着我对他们的认同和感受，有的信里写着我对他们未来成长寄予的期望，有的信里写着鼓励他们勇敢做自己，还有的信里写着他们绽放的不同美丽，也有的信里写着成长的不足需再接再厉。

○ 自然生长：这里是一所学校 ●

其实，我希望每个孩子都能够找到自己最想做的事情，用自己喜欢的方式成长。我也希望因为看到他们成长的样子，从而让孩子们更加自信阳光，让他们知道老师是发自内心地喜欢他们，鼓励他们。

记得一年级寒假时，昊轩是唯一一个跟着学校足球队到外地参加比赛的一年级学生。那次是他第一次离开家人参与集体生活，我本以为他会不适应，尤其当时天气寒冷，比赛时还下起了小雪，在我的想象中也许他还会哭鼻子。可是，从带队老师那里，我了解到昊轩跟着团队一起坚持了下来，比赛期间也非常认真，这让我特别感动。因为平时的他并不是一个特别遵守纪律的孩子，有时候也会捣乱课堂，这次的经历让我开始对他刮目相看。于是，我在信上对他写道："亲爱的昊轩，喜欢看你踢足球时认真执着的样子，喜欢看你打篮球时跳跃旋转的样子，当然也喜欢你主动练习英语演讲时的样子。越来越欣赏你努力付出的样子，这学期的你变化成长很多，新的学期继续加油……"

妍熙是住校生，生活中非常独立，洗袜子、叠被子、整理衣物都不是问题，她是个生活能力很强的孩子，但是在学习方面还有些不自信。于是，我常常用她的闪光点鼓励她。她平时特别热爱劳动，经常帮助别人，周末做的手工作业也栩栩如生。如此能干的妍熙，我在信上对她写道："亲爱的妍熙，娇小可爱的你永远都那么善解人意，你热爱手工，喜欢家政，每次手工和家政作业都完成得特别好。每个人都有自己独特的魅力，要相信你身上也有很多闪光点。喜欢帮助他人，主动承担班级事务，用自信乐观的笑容感染他人，新学期里继续坚持，一定会迎来不一样的自己……"

孩子的样子在脑海里一一浮现，不知不觉间写完32封信，想要说的话还有很多很多，因为许久没有动手写信，就连手也有些抽筋，在信息化的时代，平时用手写字的能力好像也有些退化。但是，手写信本身带来的年代感也许会让孩子们感受到信件的魅力。文字中也许有胡言乱语，也许寄予期待，也许有深刻的反省，但更多的是心里充满对每个孩子的关爱。想要把心中所想写给他们看，想要把他们成长的点滴写给他们看，想要把他们在老师心目中那个可爱的模样写给他们看。

当亲手把 32 封信一一递交到每个孩子手里时，我看到他们眼神中的期待和好奇。无论这一年我们经历什么样的成长和蜕变，都将是下一阶段的开始。我很庆幸能够陪伴他们一段时间，见证他们生命成长的时刻，并且为他们留下一点成长的印记。回望这短短相处的时光，好像只有留下些什么才能够证明我也曾参与他们的成长时光。

陪他们在校园里走过的每一条路，陪他们参加的每一项活动，陪他们上过的每一堂课，陪他们吃过的每一顿饭都将成为我们共同的回忆，也是童年最美好的印迹。也许有一天当孩子们回看这些信时，内容或许并不是最重要的，但是写信的仪式感会带来不一样的感受。都说身教重于言传，脚踏实地地做事情，也是为孩子们做榜样。

感谢生命中遇见这群可爱的孩子，每个孩子都让我感受到不一样的童年故事，而我用 32 封信记录他们不一样的成长瞬间。

班里的那个她

杨志慧

有一种行为叫重复

却给人无限的动力

有一个人默默无闻

却给人坚强的后盾

这是我们的郭老师

　　说起郭松利老师，在老师们的眼里，她对志慧老师和丽萍老师犹如对亲女儿一样，惹得幼儿园老师对她们心生羡慕！对待班级里的孩子，更是像对待亲生的一样，吃喝拉撒睡全管，脏活累活自己全包。她的脚步停歇时，总有孩子围坐在她身旁，不住地问她："这个花叫什么名字，怎么照顾它呢？""那个花什么时候开？"郭老师都一一给孩子们解答。郭老师说："我也是一个学生，天天在学校里和你们一起学习，我们一起学本领！"孩子们乐了，"我们都是学生！"

　　郭老师这个"大学生"可是一个好学生，每日小歇片刻，她都会在教室里听班里老师给孩子们上课，孩子们笑，她也笑；孩子们拍手，她也拍手；孩子们玩游戏，她也参与游戏……久而久之，郭老师不单单是孩子们的生活老师，更是孩子们的学伴。上学期因为疫情在家休息时，她是第一个为孩子们录制课程的生活老师，非常认真，录一次不行，再录一次，直到符合幼儿园的标准要求才让我们播给孩子们看。郭老师做的手工特别好看，孩子们跟着郭老师学习手工，很有意思！现在只要班级老师有事情，郭老师就会顶位，为孩子们讲故事，一起玩手指游戏，孩子们听得投入，玩得高兴，郭老师乐了！

在田园校区里，郭老师和孩子们一起拔红薯，当孩子们拔出大红薯，她比孩子们还高兴，高兴是因为孩子们的动手能力更强了，不需要老师帮助就能拔出来。劳动后回到学校，孩子们碰到自己喜欢吃的卤面，她跑到楼下打饭处添了两次饭，班级老师劝她也吃点饭，她总说："没事，我多跑两趟没事，孩子们出力了，拔了那么多红薯，多吃点，补补劲儿！"直到孩子们吃完饭，清理干净教室后，她才端起那碗已凉透的面开始吃，那一刻她吃饭的模样是最美的！

郭老师的美不单单体现在是孩子们的"大同学、手工老师"，在她的专职工作里体现得更是淋漓尽致。在班级里，她负责孩子们的生活和班级常规卫生，一做就是三年。这三年，她一直陪伴着这群孩子，每日重复做着洗洗涮涮的工作，一会儿扫地拖地，一会儿打水倒水，一会儿打饭盛饭……这些重复性的动作，郭老师没有烦躁，反倒越干越有劲头，为的是给这班孩子一个温暖而又安稳的"家"。在这个家里，班级老师不用考虑孩子的水是否倒好，教室的地面、物品是否清理消毒……按照郭老师的话说："你们把孩子的课上好，我尽力把孩子们的生活照顾好，咱们一起努力，让孩子们快快乐乐过完幼儿园这一年！"

孩子们的衣服开线了，她给缝缝；孩子们不小心拉在裤子上，她给清洗干净；孩子们的水没有喝，她拉着孩子喝；孩子们的备用衣服不够，她通知家长……每日操的心特别多，就连老师忙碌没有时间吃饭，她都会把饭端到办公桌上，看着我们吃完，这就是与我们日日相伴的郭老师。

○ 自然生长：这里是一所学校 ●

在一起三年的时间里，已经胜过亲人的陪伴，她重复做着这些事，虽然不是一鸣惊人的大事，但唯有把小事做到极致，才是真正的美！郭老师说这班孩子们健康快乐是她的心愿，在孩子们最后一年的幼儿园生活里，她坚守初心，保持热情，去奔赴每一个期许的星辰大海与热爱，更加乐意把这些日常的琐事做得细致入微，这也成为郭老师的重复美！

我身边的微尘英雄

张秋英

有一个人，他做什么好事，都不想被别人夸赞，也不想让别人知道。却令人经过时如闻满园花香、品琼浆玉液一般，有一种悸动的欣喜涌动心间。

他就是我们新来的校车师傅——丁洪亮师傅。

记得 2019 年底，韩董馨园长在她的一篇美文里提到了"微尘英雄"这个称谓。她这样感慨："艾瑞德有好多这样的微尘英雄，他们懂得在需要的时候缩小自己——路径窄处，留一步与人行；滋味浓时，减三分让人尝。"韩园长还留下了期待与共勉，"在即将到来的 2020 年，面对艾瑞德学校的运行与发展，我们有没有勇气成为当中的一粒微尘？"

我想说：丁师傅做到了，而且做得比我好。

最近因为寒潮来袭，气温骤降，校车运行时发动机总会时不时考验师傅们的驾车技术。每晚返校收车时，丁师傅除了对校车卫生进行清洁、消毒以外，还会时时检查水暖、发动机等零部件，以保证第二天的正常驾驶。家住市里的他每天需要清晨 4 点多驱车（电动车）二十多里地，早早赶到校园，晚上快 7 点还要披一身风霜再返回家里。但是，丁师傅总是乐此不疲，准时准点出现在站点。从来没有听到他说过一句苦累，单凭这一点，我就对他敬仰有加。

今天下午上车时，我注意到车门口的扶手处多了一些装饰。由于马上接手点名、检查安全带的工作，我来不及多问就进入工作模式。

等孩子全部接送完毕时，我挪到了第一排，开始询问："丁师傅，这是学校给咱们校车配备的扶手套吗？这么暖心？"丁师傅"嗯"了一声，继续目视前方，认真驾驶。

我好奇地继续追问："那为什么上面弯弯的扶手杠用黑色厚棉套？下面的斜杠用白色塑料膜呢？"

"啊……是不是这样弄不好看？我是自己随便研究的，感觉上面的弯杠大孩子一般会扶，而下面的斜杠幼儿园小朋友一般会扶。他们手比较小，棉套太厚害怕他们抓不住，所以就这样弄了。要是不好看，我就撤了，等回头学校有更合适材料了我再装。"丁师傅歪过头，笑盈盈地说。

"不不不，我不是这个意思。我就是觉得您太有心了。看来这是您自己的创意吧？"我赶紧送上自己的崇拜之情。

"哎呀，一点小事，不值一提。就是不想让孩子们上车时小手一伸冰凉凉的。"丁师傅解释完，不好意思地笑了。

"不，这不是小事，这是很有温度的故事。孩子们上车时，手热乎，心里也热乎。我得向您学习！"

"咦，我们的工作没你们重要。艾瑞德老师都是精英，我们就是为大家服务的。"

丁师傅的一番话朴实、感人。我心里立马想到了"微尘英雄"这个词语。做自己的微尘，成就的是集体的英雄。这一个瞬间打动了我，让我沉浸在这样的暖意里。

亲爱的孩子，希望你一上校车，就感觉到隆重的"被珍视"。而这份深情来自艾瑞德学校的一名司机师傅。我想他是对教育工作爱得深沉，才会做得如此深情。

由此想起前段时间央视播出的《感动中国 2020 年度人物颁奖盛典》，当主持人再次念起张定宇、陈陆、张桂梅等熟悉的名字时，无数观众落泪。这些英雄在自己平凡的岗位上书写着不平凡的温度故事。艾瑞德也不缺乏这样有温度、有故事的微尘英雄们，他们像星星一样，不夺目耀眼却带给人很多温暖。也正是这无数"小温暖"汇集成生命拔节的力量，鼓舞着大家披荆斩棘，逆流而上，努力躬耕自然生长教育的诗和远方，一起营造"温度"与"故事"的教育磁场。

　　何意百炼钢，化为绕指柔。丁师傅平凡的举动，述说着铁汉柔情的气度和格局。我愿意把这有温度的故事留在这里，以此致敬！

　　以下为来自家长朋友圈真实反馈：

　　"感谢艾瑞德的老师，也感谢校车师傅，能处处为我们的孩子考虑，事无巨细，比我们家长做得都细致。"

　　"师傅真的是太用心了，我也感动了一把。"

有高度

　　桐花万里丹山路，雏凤清于老凤声。课堂上循循善诱，书桌前孜孜不倦，以教室责任担负学生成长，以个人成长带动学生拔节，启蒙学生，博学未来。

捕捉每一次花开

高 岩

摄影师用相机捕捉大自然的鬼斧神工，老师用心捕捉孩子的每一次花开。

《纲要》中指出：孩子一日活动中的各项活动都对幼儿发展有重要价值，应有机地整合各项活动，努力提高各项活动的整体成效。

孩子在园的一日活动，其本身就是一种生活性的活动，包含了多领域的教育内容。作为老师需要用心观察，用心捕捉每一个教育的契机。

每一次教研，出现频率最高的词就是"敏感"。孩子在不同年龄段，具有不同的敏感期，而老师应具有对教育的敏感性。在平日的教育活动中，我也利用敏感性，观察着孩子不同的敏感期。

敏感是指感觉敏锐，对外界事物反应快。在幼儿园中，孩子的想法也瞬息万变。随着年龄的增长，孩子的认知也逐渐完整。在实施教学活动中，往往会因孩子新奇有趣的想法，而生成很多有意思的课程。当老师和孩子走进校园，本就是奔赴一场"教育的盛宴"。

2018 年 11 月 6 日的下午，与往日不同的是，加餐桌上多了一份礼物——雨点带来的马来西亚巧克力。我拿起巧克力正准备和孩子们分享时，郑嘉懿看着我手中的盒子，大声说："马来西亚！"于是，孩子们开始讨论

○ 自然生长：这里是一所学校 ●

起"马来西亚"。"我画手抄报的时候，画双子塔了！""我知道马来西亚的首都是吉隆坡！"

这个印有双子塔的盒子，瞬间引起了孩子们的注意力。孩子们看到有关马来西亚的物品，就会觉得很亲切，因为去年六一文化周我们班抽的"国家"就是马来西亚。

看到孩子们对马来西亚感兴趣，我并没有进行往日的分享。这时，孩子们问我："马来西亚在我们的哪里呢？"而我也顺着孩子们的疑问，开展了不一样的课程——我们开着"瑞德号"飞机，飞往马来西亚。孩子们一听，特别开心。转身我拿起班级内的地球仪，向孩子们播报："瑞德号飞机即将起飞，请小朋友们系好安全带哦。"呜，呜，我们飞过了日本，飞过韩国……飞着飞着，便到达了马来西亚，我接着播报："尊敬的旅客，欢迎您来到马来西亚……"

听到马来西亚，孩子们瞬间把地球仪围了起来。我指着地球上的位置，孩子们也用小手指着马来西亚的位置。

"我要去马来西亚晒太阳。"

"我要上双子塔的上面。"

孩子们纷纷想象自己到马来西亚的场景，那是一场和马来西亚美好的邂逅。

老师对教育的敏感性，有时还会有意外收获。就在前两周，我的家人去泰国旅游。回国时带的波罗蜜干，我拿来与小朋友们分享，分享前给小朋友们普及了有关波罗蜜的小知识。讲故事时，我请小朋友闻闻波罗蜜的味道，有些孩子说臭臭的，有些孩子说香香的。这时，我问他们："小朋友们，你们猜一猜波罗蜜为什么是臭的呢？"这时鹏宇说："因为我们吃掉臭臭的波罗蜜，可以赶走细菌。"

然而，故事并没有结束。当天晚上，我看到多多妈妈发的朋友圈——"多多回来说给我留了好吃的波罗蜜干在上衣口袋，让我自己拿着吃，波罗蜜干确实好吃（悄悄用水冲冲），甜甜的，心里如蜜一般。"虽然只是小小的一块波罗蜜，却将家长和学校紧紧地链接在一起。

每个幼儿好比一颗独特的种子，只是他们花期不同。老师需要有一个敏锐的镜头，捕捉孩子成长的瞬间，记录花开的美好。

成长进行时

王　冰

新学期新气象，新的学习氛围又形成，随之而来的就是新的问题在等待我们一起探索、研究和发现。我们本学期的学科教研在忙碌的节奏中如期进行，大家早早地来到教室。我们英语组一直以来都是一个朝气蓬勃的大家庭，是一个有爱的团队，大家彼此之间支持、认可、欣赏、鼓励，每一次相聚都是最幸福的事情。

本次教研会的主题是"英语的奇迹属于孩子，孩子的奇迹超越英语"。薛主任带着大家一起解读英语教育，解读儿童立场下的英语教学，强调了从老师的教到学生的学的重要性。同时，我们也一起探讨了基于课程标准和校本课程下的英语阅读课程，我的收获颇为丰富。

各年级的新学期工作计划与安排也在顺利地进行。虽然不是第一次做教研分享，但是，对我来说就是一次学习和成长的过程。教育中有细节，细节中亦有教育。制作赏心悦目的 PPT 报告，是我对这份工作的热爱，这是我作为教师的职业态度以及专业要求。

我主要就暑期教研、教研教学周进度安排、教研预估问题和解决对策、教师成长这四个方面进行了交流与分享。

提到教研，我们每年都会有各种形式的研讨，大家在教研过程中总有值得彼此学习的地方。虽然我们每个人都有很多年的教育教学经验，但是在我看来，越是有经验越是等于零。因为人容易走进自我的圈子，一旦看不到外面的风景，只会困在这个圈子里，即便是各种舞刀弄枪，也终究只是那十八样兵器。我们的经验就是这个圈子，有的时候总会在这个舒适的圈子兜兜转转，看起来还不错的样子。可是，当你跳出来就会发现，原来自己只不过是捡了一颗松果而已，而外面全部是长满松果的松树林。所以，突破和创新是我们工作中的方向和目标。

我们每天都面对的是不同的孩子，这么多年来大家见过的、教过的孩子数不过来。在这个信息技术快速发展的时代里，一切都在快速地变化着，技术不断地刷新着我们的认知，整个社会变了，孩子们也变了。我们要对这些变化有一个敏感度，不能仅仅停留在过往的经验上，要与时俱进。只有紧跟这个时代背景，衔接上教育技术的发展，才能更加准确地了解儿童，才能有效地发挥教师在教育中的作用。当我们做到这些，你就会发现，原来：你以为你以为的就是你以为的吗？因此，我们不要被以往的经验蒙住了双眼，无论何时何地，用心去思考。我们要打破经验的固化模式，以思维推动教育和教学。这就要求我们老师有很强的学习力，我们要在经验中分类整理，尝试新的方法和手段，大胆创新，虚心学习，且持续学习。

在分享教师成长这个问题上，我感触最深的还是读书很重要。作为老师，专业化发展是我们必备的，我们在教育教学过程背后需要强大的理论和学术支撑。我们教育、教学的对象是孩子，如何把握儿童心理，看到每个孩子美丽的不同，在教学过程中让学生的学习充分发挥，这些都是有理有据的。作为一个专业的老师，书就如同我们脚下的石板路，有书的陪伴才会在前进的路上大步向前，否则只会如履薄冰，寸步难行。除了"硬核"的书，还要用心去读"流动"的书。大教育家孔子在两千多年前就提到过"教学相长"这个教育问题。其实，很多时候，学生往往能带给我们很多值得学习的地方，我们也应该善于从学生和家长的身上发现那些智慧和美好。

○ 自然生长：这里是一所学校 ●

总之，不管怎么说，读书就对了。

在分享的最后，我也提出了我们二年级英语组本学期的一个工作态度：仰望星空的同时也要脚踏实地。星空固然美丽，梦想和目标也都是美好的，如果没有实际行动，没有踏踏实实地做好每一件事，这种美好也是不存在的。

踏石要有印，雪后要留痕，努力做好每一项工作就是一件做成了的事，有成自然就有长，成长就在每一个微小之处。

自我拔节

牛云云

放下焦虑，保持宁静

我知道我要上一节英语"同课异构"课，但当知道是随机抽教材、随机抽班级的时候，我内心是慌乱的。因为没有尝试过这样的形式，第一次面临这样的情境：一本陌生的教材，一群陌生的孩子。

拿到王彦组长递给我的这本绘本教材 *From Head to Toe*，找二年级的老师要来了绘本音频，我还是一头雾水，不知从何下手。面对绘本，今年是第一次接触，缺乏经验，又抽到了更陌生的教材，有点头大。

我在乎别人的评价，我更在意我自己是否付出全部的努力。"亲爱的，外面没有别人，只有你自己。"改变心态，既然决定做这件事情，那就接纳它，面对它，全心全意去做。从哪里开始做起？从吃透教材开始！

专注投入，用心感受

这首歌我开始尝试学，发现每个动物的音调、音高都不一样，有点难啊！于是，有空的时候我在办公室听，在教室的课间和六班的孩子们一起听，在回家的公交车上听……到家和儿子一起听……一周的时间，我把自己浸泡在这个音频里。

没有想到，晚上我回到家，两岁的儿子用稚嫩、可爱的声音模糊地跟我讲："妈妈，I can do it！"当时我惊呆了。他跟着我听了几天，竟然学会了音频里最重要的一句。我问："你想听这首歌吗？"他说："妈妈，跳舞。"孩子的学习力是强大的，我对学生有了更多的信心。在随机磨耳朵的过程中，我和班级的学生逐渐被这首歌的旋律和律动所吸引。我们开始用心感受每一段旋律，每个动物歌唱时那种不同的声调，音乐让我们感受到快乐！专注让我找到了这个绘本第一课时的目标。目标很简单：整体输入故事，和孩子们一起"玩"起来。尤其让他们感受到自己是可以的，培养说英语的成就感——I can do it！上完第一节课就盼望下一节课。

追求极致，享受其中

我越来越享受这个故事带给师生的快乐。学生在整个旋律中的一颦一笑、一举一动在我的脑海里不停回荡。在六班的一节晚自习上，我们一起练习唱跳这首歌曲，我和孩子们全情投入，享受其中。当我看到孩子们满脸笑容，听到他们大声说"I can do it"时，我感受到了他们满满的成就感。我在心里默默定下目标：周五在一班上课时，我和孩子们只要做到全情投入，享受其中就好了！让孩子们感受到英语学习的快乐，"玩"起来，这不就是"基于关系的相遇和对话"吗？

在备课的过程中，我试图专注于每一个当下，专注于当下的每一个目标，努力追求极致。早上晨习，备课太过投入，全然忘记了时间。没想到4点多起床，早读依然迟到。

相扶相爱，智慧叠加

没有完美的个人，只有完美的团队。团队是一个让人跳出个人思维，突破自己，离开舒适区让自己成长的地方。

这一节课王彦组长给了我很多帮助，我从她那里学习到了如何一段一段截取音频；李冰老师帮我做教具，在我需要的时候，总是第一时间给我支持；美玲姐总是在背后鼓励我："你一定可以代表我们组的！"陈琳主任每天带领班级"磨耳朵"，我们多次沟通，她都给我无限支持，在课堂上给我掌声……

人与人之间最大的吸引力不是你的容颜和才华，也不是你的财富，而是你传递给对方的信赖和踏实、真诚和善良。

相扶相爱，智慧叠加，感谢一年级英语团队！

"魔力"

张　明

　　教师是一个有魔力的职业，艾瑞德是一个有魔力的地方，投入其中的感情就像个旋涡，一旦踏进去就很难再走出来。有时候我也会想，这种魔力到底从何而来？

　　从事教师工作已近十年，从之前的公立学校到现在的私立学校，我跳出原来的舒适圈，就想换一个更有意义、更有价值的活法。因为只有启程，才会到达理想和目的地；只有拼搏，才会获得辉煌的成功；只有播种，才会有收获；只有追求，才会品味丰富多彩的人生。

　　来到艾瑞德，我发现这所学校使用先进的教育理念，学生在学校接受自然生长教育。课堂教学是体验式的，孩子们的脸上永远洋溢着笑容，他们从小就懂得团队合作，动手能力也很强。

　　艾瑞德的老师和学生能说会唱，学校几乎每周都有活动，精彩不断。看着小学生们在拓展课上如此富有创意的作品，我觉得自己虽为大学毕业生，任教近十年却也未必能做得出来。

　　这样的环境让我不断思索一个问题：到底是什么让那么多孩子喜欢这里？到底是什么让更多的老师愿意留在这里？

　　开学至今，很多身边同事说我每天都像打鸡血一样兴奋，从早到晚都是那么激情满满，活力四射。我也纳闷，为什么呢？从开学到现在，我每天早上都会提前半小时起来，对着镜子把自己美美地收拾一下，面带微笑，用阳光的心情去迎接每一天新的开始。从踏进校门的那一刻起，我就感觉脚下有力，这种力量让我总是积极向上，面对任何问题都可以迎刃而解。

前段时间，我的感触特别大，总感觉学校有种魔力，孩子们都会魔法。我从某一个周二开始感冒发烧，可是在学校的时候，我没觉得自己有哪里不舒服，每天都是白天精神饱满地上课，晚上无精打采地回去打点滴。一直绷到周五送走最后一个孩子，我彻底坚持不住了，感谢COCO送我回来。躺在病床上打点滴的时候，我在想到底是什么让我坚持到现在，还让我在这儿一边打点滴一边为下周的感恩节活动写颁奖词。

我认为这一切都源于热爱。

教育工作所带来的满足感，是其他任何工作都无法比拟的。作为一名教师，我们每天的工作琐碎繁杂，但教育无小事，我们的每项工作都是在为学生的发展奠基。大量的额外工作、无限制地自加砝码占用了我很多时间，耗费了我很多精力，可是为了这份"热爱"，我愿意。

光阴荏苒，转瞬间在教育战线上我已度过十个春秋。回首这三千多个日日夜夜，酸甜苦辣各显其间。摸爬滚打中，我渐渐熟悉了教师这个行业，默默耕耘中也渐渐有了一些收获。我为自己的选择而骄傲，漫漫长路，我定将为自己的热爱而执着！

在网络上有这样一句话：一个人被一个社会所淘汰不是因为年龄，而是因为失去了再学习的能力。不错，只有学习再学习才能保持与时俱进！俗话说"活到老，学到老"，这句话对一个教师来说就更具有现实意义了。而这就是艾瑞德的魔力，它总能让我时刻保持"饥饿"，保持学习状态；它总能让我站在巨人的肩膀上，擎起自己的一片天。

在个人职业发展层面，学校非常注重老师的个人成长，为我们提供了很多学习机会，包括专家培训、外出学习、分享交流等学习资源。在我看

○ 自然生长：这里是一所学校 ●

来，这些是非常有用的。学校真的花了很大的成本在老师能力的培养上，让你觉得你一直处在学习的状态当中。当你能不停地吸收新的知识和技能，你会发现每过一段时间，都会发生一次质的改变。所有学习到的知识，不管是教育理念，还是开展工作的方法，都会直接体现在个人身上，就连对孩子的态度以及平时教育孩子的方法，都会在无形中改变。

因为热爱所以选择，因为热爱所以执着。

我的目标是珍惜学校给予的高度，充分发挥自己的温度，希望通过六年的努力，让我们班每个孩子毕业时都能成为自己人生的"小当家"！

有故事

让温度爬上教育的枝头，

让故事别上童年的衣襟；

教师，以花的念想来培土，

教师，以孩子的念想来教书。

师生一场，就是共赴一段明亮而坚定的爱……

"对不起"

王婷玉

　　小朋友们正在区域里玩，双双走过来对我说："老师，桃桃碰到我了。"我问："碰到你哪儿了？"她指了指嘴巴，我一看，舌头尖流血了。我把桃桃叫过来，还没问话，桃桃先说："我已经说过对不起了。"看着她一脸紧张又一副想哭的表情，我说："你说了对不起，但是她的舌头还是在流血啊，怎么办？"桃桃说："您带她去校医那儿看看吧。"我说："好，那你带她去吧。"于是，桃桃牵着双双的手，走了出去。我在她们身后远远地跟着，没被发现。

　　快要走到校医室的大厅时，听到里面传来桃桃的声音："我把她的舌头碰烂了，你给她治治吧。"校医阿姨回道："好的，没事儿。"等我走进大厅时，就看到桃桃一个人坐在门外的等候区，不一会儿，双双也出来了，校医说："没事儿，喷了点药，过两天就好了。"看着一脸愧疚的桃桃，我说："好了，校医阿姨说了没关系的。虽然你不小心把双双的舌头碰破了，但是你很勇敢，也很有担当，自己带着她就来看校医了，下次小心一点，不要挤就好了。"她点了点头，我抱住桃桃说："没事儿了，校医阿姨已经喷过药了，过两天就好了。"这一抱让桃桃再也控制不住，"哇"的一声大哭起来，我拍了拍她的背安抚着，等她稳定些了，又问双双："那你现在原谅桃桃了吗？她不是故意的，还带你来看校医了呢。"双双说："我早就原谅桃桃了。"桃桃这才露出笑脸，松了一口气。

中班的孩子已经会用"对不起""谢谢你"这些交往用语了，但是随之而来的是，好像说完"对不起"就万事大吉了，好像说了"对不起"就该被原谅，就一定会被原谅。桃桃弄伤双双是因为小朋友挤在一起时不小心发生的，所以桃桃在主观上没有伤害小朋友的想法，但造成的结果是不能忽视的，依然要为此负责。老师不必抓住"弄伤小朋友"这一点不放，对方也不用一直责怪这种"不小心"，而是应该引导孩子：事情发生后怎么办？下次如何避免？让桃桃自己带双双去看校医，是让她承担自己的行为造成的后果，让她知道何为"负责"。这样的"自己处理"会让孩子更加印象深刻，从而铭记"要小心"，比单纯的重复说教有意义多了。

幸运的是，双双小朋友也很大度，一句"原谅"、一个拥抱就卸下了桃桃的心理重担，让两人收获了珍贵的交往经验：友爱、宽容、互助。

这一天，小朋友们准备户外活动时在教室外的走廊上站队，开心站在队尾和好朋友打闹，突然，他一脚踢向旁边的安全指示灯，哗啦一声，灯碎了，碎片落了一地。为了防止路过的其他人踩到碎片受伤，程玲老师赶快把碎片清理干净，我则把开心叫回了教室。

其实这时我是非常生气的，因为他不是不小心，而是就冲着指示灯踢了过去。但是我最生气的时候，反而没了力气严厉训斥他。我深吸了一口气，问他："为什么要踢安全指示灯？"他说："我不是故意的。"果然，在面对自己的错误造成的后果时，他第一反应还是逃避。于是，我说："我看到你是对着那个灯踢过去的，你不是不小心。"他又想了一会儿，说："对不起。"我想他说的"不是故意"可能是因为没想到会踢碎，但是依然要承担自己造成的后果。"那现在怎么办呢？指示灯破了，可能它还会继续掉碎片，可能它会坏掉，我们看不到安全指示，现在怎么办呢？"他说："找维修师傅来修一下吧。"

因为我们最近在进行"职业小达人"的主题，前一段时间刚结束了对校园里的职业的探索。维修师傅也曾经走进幼儿园，向小朋友介绍各种维修工具的名称和作用。看他还挺会学以致用的，我便决定交给他自己解决自己带来的问题："那你去请维修师傅来修吧。"他听了，一秒都没有犹豫，扭头就走出教室。我依然是远远地跟在他后面，看他会怎样解决这件事情，因为我猜他大概是找不到的，毕竟之前我们没有去过维修师傅的办公室，只是请师傅来幼儿园做介绍。

走出幼儿园，他刚好碰到巡逻的校警师傅，他跟在校警旁边往前走，大概是在询问"维修师傅在哪里"。一直走到学校门口，校警师傅回校警室了，他站在原地看了一圈，又往回走，我以为他是要回教室，结果他又走进了读书广场。

上周我们也刚来过读书广场，带小朋友们体验图书管理员的工作，帮图书管理员把新到的图书撕掉书膜，盖上印章。他还挺会想办法的。这次我跟得近了些，听到他问图书管理员："我把我们幼儿园的灯踢坏了，你知道维修师傅在哪儿吗？"邢鹏老师对他说："你为什么要把它踢坏呢？那是为大家指示安全路线的，踢坏了我们在危险的时候就看不到指示了啊，可不能再破坏了啊。我也不知道维修师傅现在在哪儿，你去后面找找吧。"

从读书广场出来，他问我："后面是哪儿啊？"我决定放手到底，就说："我不知道，你自己去找吧。"我想，"后面"这个概念这么模糊，他应该找不到的吧。经过幼儿园时，我以为他会放弃任务回到教室，结果他路过幼儿园径直往最后一排楼走去。我还是远远地跟在后面，看着他走向校医室。

大概在他的经验中，"校医室"是他去过的最"后面"的地方了。他也真的快接近正确地点了。校医阿姨也是先给他讲了一通道理，然后告诉他维修师傅的办公室在哪儿。他走进昏暗的维修室，把事情的经过告诉了维修师傅，维修师傅也很温柔："没事儿，你先回去吧，以后可不能这样了啊，一会儿我去看看。"他回头看到了我，我没有说话，他对维修师傅说："对不起，再见。"

再回到教室时，开心妈妈也过来了，大概是他转这一大圈儿的事传到了在小学办公室上班的妈妈那里，妈妈严厉地和他说明了这件事情的严重性，又达成了一致意见：如果这件事需要花钱买一个新的指示灯，需要用开心自己的存款来支付。

班里有几个男生，平时喜欢看《奥特曼》、关于恐龙的纪录片，或者是其他对抗性的影片。在这样的情况下，他们不自觉地会有一些模仿行为，认为暴力的就是强大的，从而在生活中也展示出这种不必要和有危险的模仿动作，对此，我们在一次班级团讨中告诉小朋友：

1. 影片中的角色有些是破坏我们生活的，有些是保护我们身边人的，我们的强大要用来保护大家而不是做出伤害。

2. 游戏时间可以进行能模仿的游戏，但在站队、集体探索活动和区域活动中要遵守相对应的规则。

3. "对不起"不是解决问题的办法，我们要尽量小心，不做给他人添麻烦的事。一旦发生，要为自己的行为负责。

不是所有的"对不起"都"没关系"。结合老师自编的故事和班级中发生的一系列事件，孩子们逐渐理解了这些规则，老师也在引导男生和女生之间的互动，让女生的细心感染男生，让男生的勇敢感染女生。

陪孩子一同去道歉

牛云云

这学期，班级的李同学给年级的老师和同学带去了不少的困扰。很多时候他的情绪上来了，就控制不了自己的坏脾气，去说一些伤害别人的话，甚至会动手。我在班级、在办公室，经常听到各个班级的同学给我这些反馈。

在学期末的最后一天，我想跟李同学在这样一个时间节点，以一种有仪式感的方式结束这一学期的校园生活。给大家一个交代，更重要的是给自己一个交代。

提前一天和妈妈商讨这件事情，并得到了妈妈的支持，我决定跟孩子一起做这件事情。老师带着孩子去年级的各个班级表达抱歉，并说明自己改变的决心。

第二天，我特意去咨询求助了我们年级的心理老师——姣姣老师和李琳老师。她们给了我很中肯的建议，让我更加确定要让这件事情给李同学带来更多的正面反馈，而不是指责和难过。

接下来，重点是跟李同学沟通，为什么去做这件事，如何去做。《正面管教》中有一项重要的工具——从错误中学习。在班级也有这样的约定：我们不害怕出现错误，重要的是要从错误中学习。从错误中学习的 3 个步骤：

　　1. 承认和接纳自己的错误；

　　2. 和好道歉；

　　3. 一起解决问题。

　　而今天我们所要做的就是从错误中学习的第一步和第二步：承认、和好并道歉。当我们一遍遍地向别人道歉，并说出自己改变的决心时，其实是在向自己一遍遍承诺："我可以，我能行，我会改正，我会越来越好！"同时，也能够让别人重新认识李同学，并督促他向好的方向发展。

　　为了达成这个目标，我跟李同学提前约定，每走到一个班级前，老师先进入班级和同学们达成共识之后，李同学再进入。老师进入班级，表达三层意思：抱歉，感谢，寻求帮助。

　　首先，向大家表达抱歉。"很抱歉，在这一学期里，我们班级的李同学给大家带来了不同的困扰，在这里真诚地向大家表达歉意。"

　　其次，向班级的同学表达感谢。"感谢这一学期大家对李同学的支持和包容。"

　　最后，寻求帮助。"希望今天李同学鼓足勇气来到班级向大家表达歉意的时候，大家给他更多的支持和鼓励，让他有更多的力量走下去。"

　　李同学需要做的是，无论这个班级出现什么样的声音，我们只需要做到鞠躬道歉，一次次地表达自己的决心。"对不起，同学们，下学期我会努力的。若我再伤害到你，请你帮我指正出来，我一定会改正的！"

　　就这样，一个班一个班地走过。正如我们预期的那样，每个班级的孩子都给予了李同学最大的支持和鼓励。最让我出乎意料和感动的是，二班的一位同学对李同学说："李同学，我相信你一定能够改变的。其实在我们班，我跟你一样也算是一个调皮的同学，下学期让我们一起努力！"

　　从班级出来，我问李同学："现在有什么感受？"他略带羞涩地说："还是挺感动的！"他感受到了大家对他有那么多的包容和支持。

上午我看到了他的些许改变，在走廊里，他看到来回过往的老师，竟主动鞠躬问好。走到我的办公室，看到赵静主任在打电话，也鞠躬问好。对李同学来说，这是以前很少发生的。

下午再次约见了李同学的妈妈，跟妈妈、李同学一起讨论，制订了假期计划。晚上回到家就收到了李同学发来的假期计划。我确定李同学会进步的，可能过程比较缓慢，但是值得去等。

"每位学生都是美丽的不同。"当孩子做错事，伤害到别人时，如果我们父母收起指责和批评的手，而是跟孩子站在一起，坚定地告诉孩子："没关系，爸爸妈妈和你一起去面对！"那么，我想这个孩子在以后的人生道路上更容易承认并接纳自己的错误，勇于面对。因为他感受到的是亲人的支持、理解和包容。

我也知道，李同学不可能因为一次的道歉就彻底改变。孩子的成长过程本就不是一帆风顺，一步到位的。

教育需要做到重复地教和耐心地等。共勉！

一碗粥

孟　晓

午餐快结束时，小张找到我："老师，您给评评理吧！"她手里端着一碗粥，表情很急切。

我请她在对面坐下来，听她一五一十地讲事情的原委。

原来，这碗粥的主人并非小张，而是小王。午餐时，小王对着这碗粥犯了难，她不爱喝粥。于是，她求助于身旁的小吕。小吕是个热心肠，她一口答应。然而，当小吕吃饱饭之后，她也犯难，她发现那碗粥压根喝不下了，于是"悔棋"。收餐员小张看见那碗孤零零的粥，就找到两个当事人。可是，两人各执一词，一个说粥已经给出去，不算她的；另一个说实在喝不下，也没辙儿。倒了吗？浪费，不可以。

"老师，您说怎么办呢？"

"她俩人呢？"

"刚走。"

这碗粥就静静地摆在我们面前。这是一碗小米绿豆稀饭，熬得糯糯的，香香的。可惜，没有被小主人喝掉。

小张静静地看着我，她在等我的答案。

其实，单是评评理，这件事很简单。小王不喝汤，挑食，只顾嘴巴需要，不顾身体健康需要，显然是不对的。再说小吕，热心助人没有错，但要注意施助的前提是否正确；再者，言出必行，既有承诺，就该兑现。

那这碗粥呢？如果仅是做到不浪费，把它喝掉就行了。谁来喝呢？我可以喝，你可以喝，在场的任何一个人都可以喝，不过，把当事人追回来喝掉，似乎更有教育意义。

我把这些想法说给小张听，她先是迟疑了几秒钟，然后迅速端起那碗粥起身离开，嘴里喊着："我去找小王！"

我因为其他事情，没有来得及跟踪这件事。孩子们午休时，我心里一直想着那碗粥的命运，忍不住跟办公室里的同事们讲起这个故事。

"如果是你，会怎么办？"我求教于他们。

"我啊，有可能会把两个当事人叫回去，一人喝掉半碗，并进行教育。还会在班级里讨论这件事，杜绝此类事情再发生。"一个说。

"如果是我，会把两个当事人喊回来，再盛一碗粥，两人各喝一碗，以此为戒，及时教育。有些事情，是不能妥协的，比如浪费食物，比如挑食。"另一个说。

大家的想法不尽相同，但都认为这件事是一个教育契机，不能一带而过，教育没有标准答案，却有统一的是非标准。

思虑了一个中午，等孩子们午休回来，我赶紧去教室。我放不下那碗粥。我找到那三个孩子，却得到一个最不愿听到的答案：那碗粥被倒掉了。

没有多说什么，上课铃声响了。

我回到办公室，思绪开始起伏。

粥被倒掉谁之过？是不是我的态度不够明朗，行动不够果断，如果把两个同学请回来，"强令"喝下，这碗粥也不至于被浪费。又想，若采取强制的方式，恐不能真正达到教育效果，孩子们迫于压力乖乖喝粥，心里却是反感与厌恶的，粥虽然没浪费，却失了师生情谊。或者，我应该果断喝下，先保住这碗粥，再论其他？

我心里有些乱，接了一杯水，稳了稳神儿，我决定让这碗粥做一回牺牲，倒掉也就倒掉了，但要"倒得其所"。

课外活动时间，我给孩子们讲了这个故事的来龙去脉，并请同学们发表看法。不过，前提是征得当事人的同意。

有的说："这碗粥倒掉实在可惜。'一饭一粥，当思来之不易'，我们不能浪费粮食。"

还有的说："浪费可耻。我们学过《悯农》这首诗，应该知道'粒粒皆辛苦'的道理。"

也有人指责小王挑食，小吕言而无信。

大家议论纷纷，唯独两个当事人低头不语。我不动声色地观察她俩的变化，小王的耳根开始发红，小吕的脸蛋已经像熟透的苹果。

时机成熟。我请当事人说两句。起初，她俩都摆手拒绝，同学们说："说吧，说吧，知错就改，老师不会怪罪的。"

这样的劝解很有效，小王先站起来："我觉得吧，小吕还是有点错的，她要是不答应替我喝粥，我可能也就坚持把粥喝了。不过，我的错误更大。我保证以后好好喝粥，不挑食。"

听小王这么说，小吕也站起来说："唉，我以后可不能这么轻易许诺别人，不是什么忙都可以帮的，自己做不到的事，可不敢轻易答应，一旦答应就要讲诚信。"

同学们自发为她俩鼓起掌来。

唉，我的心也放松了些。今天是一碗粥，明天就有可能是一顿饭，后天呢？这些看似小事的事，仔细想来也并非小事。教育的故事，常常就在这些小事里发生。处理不当或是忽视，就会错过最佳的教育契机。

我为校长量身高

葛小幸

　　午饭后，我把孩子们的假期作业——乐高作品布展完毕，刚坐到办公室，赵静主任推门进来了。手里拿着一个大手提袋，说是班里一个叫杜明泽的孩子的假期作业。办公室几个人看着满满一大袋子作品，都被吸引过去了，一张一张翻看作品，不禁啧啧称赞，"这个孩子真优秀啊！""他的作品不展出来，太可惜了！""那我们给他办个个人作品展吧！"

　　想法好，还要有行动，赵静主任和我叫上班里几个同学，开始在班级墙外面布展。一会儿工夫，满满的一墙都成了杜明泽同学的作品。我一边粘，一边感叹着，这么优秀的孩子，家长在假期中肯定也付出很多，家庭教育功不可没。丹阳主任路过时，得知是一个孩子的作品后也惊讶万分，还专门请教美术的姚老师写了"杜明泽个人作品展"几个字，贴在作品的最下方。

　　下课后，作品旁吸引来好多人，李建华校长也被吸引了过来。李校长看着一幅幅作品，对杜明泽同学竖起了大拇指。走到班级门口，班里的孩子都出来跟李校长打招呼。李校长看到孩子们手中都拿着尺子，不知道在量什么，正准备离开时，有个孩子突然说了一句："我们来为李校长量一量身高吧！"其他孩子一听，都蜂拥地围着李校长。

李校长看着孩子们这么热情，也甘愿做孩子们学习的道具，他笑着问孩子们："你们准备怎么量啊？""用尺子量。""用软尺量。"孩子们七嘴八舌地喊起来。只见孩子们拿着手中的软尺，从脚开始量，几个孩子负责固定，一个孩子负责往上拉着软尺，大约到李校长耳朵部位的时候，软尺拉不动了，孩子们一看，150厘米，李校长笑着问："你们觉得我比150厘米高还是矮呢？怎么量出来我的身高呢？"有同学说比150厘米高，有同学说再拿一把尺子往上接就能量出来。这时，我看到一个孩子已经从班里拿出了另外一把尺子，踮起脚尖往上接着量。

　　量到20厘米的时候，有孩子大声说："李校长我知道你的身高了，170厘米。"原来是孩子往上接了20厘米，和原来的150厘米合起来是170厘米。李校长笑着说："哈哈，差不多，有点误差。"赵静主任问孩子们："为什么有误差呢？"有孩子说："尺子不够长，还得接。"有孩子说："李校长太高了，我们够不到。"李校长笑着问孩子们："那怎么办呢？怎么才能让误差减小呢？""让李校长躺下来，量李校长的长就可以了。"一个孩子灵机一动的一句话，让其他孩子都跟着起哄。

　　"李校长躺到我们班地垫上吧，躺下来我们用个长的尺子就能量了。"亲爱的李校长被孩子们拉着请到教室的地垫上，真的是直直地躺下来了。孩子们这次拿来一个卷尺，还是几个孩子合作，一个人负责固定，一个人负责拉，一下子就测出了准确的身高。几个孩子围在卷尺的刻度旁，告诉大家他们量出来的李校长的身高是173厘米。

　　李校长被孩子们折腾得也够呛，量完身高坐在地垫上还询问着孩子们："你们自己的身高量了吗？我比你们高多少呢？可以算一算。"一个男孩脱口而出："李校长，你比我高43厘米，我130厘米。"反应速度之快，李校长都为他竖起了大拇指。

　　我作为一个旁观者，目睹了整个过程，真实地感受到了孩子们对学习的热情。二年级数学课程的第一单元学习的是长度单位，对孩子们来说比

○ 自然生长：这里是一所学校 ●

较抽象，课堂上孩子们也会在老师的指导下去测量一些物品的长度。但今天，孩子们利用自己所学的知识量出了李校长的身高。在真实情境中，经历学习的真正发生，让数学知识真正应用于生活，解决生活中的问题。这样的数学课，孩子们喜欢上，并对测量方法记忆深刻。

赵静主任也会时常给我们分享她上课的片段，她经常是不按常理出牌，孩子们已经掌握的，她绝不拖泥带水，浪费时间，也要求我们每个人树立节约课堂成本的意识。她经常会冒出很多新想法，领着我们创意课堂样态，让孩子们在各种活动和实践中，提升数学思维度和兴趣度，让数学对于孩子们来说越来越有趣，越来越好玩。

老师的幸福时刻

张文丹

情感链接的密码是爱和信任。还记得刚接触到这些孩子时，我们彼此之间的拘束和礼貌。随着时间的推移，我们之间发生了很多故事，这些故事成为我们在对方生命里种下的爱和信任的种子。

孩子们常常把我们之间发生的故事，把我对他们鼓励的话写在日记里，而我也经常在笔记里记下他们给我带来的感动，记下我们的幸福时刻。

一、老师，你写的字是最棒的

身教胜于言传。作为语文老师，我非常注重自身言行对学生的影响，尤其在意自己的板书，因为我希望每个孩子都能写一手漂亮的汉字。我认为：老师的每一个字都很漂亮时，孩子们自然会模仿。

上周五学校开展了教师硬笔书法比赛，书法老师给我们写了模板，我在教室参考模板写。中午孩子们午休过后回到教室，都围在我身边静静地看我写。写完后，我自知跟书法老师相比还差得远。

和孩子们一起端详着两幅字看了半天，我不无遗憾地说："我还需要继续努力，跟书法老师的字差得很远呢。"话音未落，博衍就维护我："老师，我觉得你写得最棒！"小卉鼓励我："老师，您再练练，肯定比她写得好！"淼淼无条件地支持我："老师，你在我心里是最棒的！"听着孩子们的表白，我忍不住红了眼眶：孩子们，我一定会继续努力的，争取成为你们口中最棒的！

周一早上，我进教室跟孩子们交代升国旗的注意事项。一进教室，他们就激动地喊："老师，您得奖了！"我逗他们："确定有我吗？没听错吧？"博衍"噌"地站起来："老师，我确定，百分之百确定，我听得清清楚楚，有您的名字！"哈哈，听到我获奖，孩子们竟然比我还激动。晚上批改日记，琪琪在日记中写道："今天真是开心的一天，因为张老师书法比赛获奖了。"

孩子们，虽然我还有很大的进步空间，但我会力争做到你们心中完美的老师，不负你们的信任！

二、老师，我们不能连累您

下午，艺术老师对我说，班里孩子的艺术作业交得不好，只有两位同学按时交了。

从线上课程到现在，这已经是艺术老师第三次跟我说这件事了，我觉得我有必要主动干预，提高孩子们对艺术作业的重视程度。

我到教室说："同学们，我今天心情不太好，因为我被艺术老师批评了。"孩子们都一脸惊讶、好奇。我接着说，"瑶瑶老师说，我们班的艺术作业只交了两本，别的班至少交了六本。"

"老师，我交了！"

"老师，我快做完了！"

"老师，我忘在家里了。"

......

我示意他们安静，接着说："可是，艺术老师说她布置得很清楚，周一要交。"

教室里一片沉默。

"你们听到我被批评的时候有什么感受？"

博衍说："不高兴。"

淇淇说："下次要及时交作业，不能连累老师。"

看来孩子们还没有意识到艺术作业的重要性，我不希望他们只是为了我不挨批评才交作业，而是从艺术作业中找到乐趣和价值。于是，我接着说："同学们，听到艺术老师说大家没交艺术作业的时候，我很自责。因为你们不重视艺术作业，肯定是因为我没有跟你们强调过这件事，那我今天就跟大家讲讲艺术作业的重要性吧……"

讲完之后，我感受到孩子们对艺术作业态度的转变，就趁热打铁地说："艺术在我们生活的方方面面都很重要，及时交作业让老师给我们指导一下，可以提升大家的审美能力。另外，大家及时交作业，我也能在办公室扬眉吐气，让其他老师知道我的学生都很棒啊！"

第二天，看到孩子们制作的精美作品，我不失时机地感谢了他们，还给所有交作品的同学每人加了 10 分，孩子们都很开心。

孩子们，看到你们把优秀的自己展现出来，我真替你们开心。希望这次交作业的美好回忆，能成为你们下次交作业的动力。

三、老师，我喜欢帮您干活儿

这学期我的工作量比较大，为了节约时间，我很少回办公室，每天坐在教室后面的办公桌做计划、备课、批改作业。虽然我什么也没说，但孩子们意识到了我的忙碌。每天不是帮我接水，就是帮我整理书桌。

那天下午，我快吃完饭的时候，博博问臻儿："你帮老师送盘子吗？"

臻儿说："我吃得慢，你来吧。"

我问："博博，你到底是想帮我送呢，还是不想帮我呢？"博博说："老师，当然想啊！"我一脸感动："博博你怎么这么爱我呢？你一直都这么爱干活儿吗？"博博严肃地说："老师，其实我不爱干活儿，但我喜欢帮您干活儿。因为您每天给我们上课、改作业，还要帮我们处理问题，太辛苦了。"

这是多么善良贴心的孩子啊，一声不响地观察着我、爱着我，只要我需要，他就立刻挺身而出，甚至愿意做一些自己以前不愿意做的事。

以后每次吃饭的时候，坐在我旁边的博博和臻儿看我吃完饭都会主动帮我送盘子。每天的疲惫都会被孩子们的体贴和关心带走，只留下他们甜甜的话语……

这学期，孩子们几乎每天都会给我感动的瞬间。孩子们，一天又一天，一年又一年，我们创造着美好的生活，也创造着美好的未来。我们的故事还在继续，和你们在一起的每一天我都格外珍惜！

有本事

倾听学生故事，分享儿童成长，在研究学生、研究教育中增本领，长本事，成为学生的"大朋友"，成为儿童的"大先生"。

舞台

王顺平

人生，往往会经历一个又一个舞台。舞台上光鲜亮丽的背后，有着让人难以忘却的记忆，有着自己默默承受的辛酸和汗水，也有着团队中所有伙伴志同道合的付出与努力。所以，感恩每一个舞台，因为舞台是我们成长的契机。

一、舞台是一面镜子，照见自己的不足

教师，是一种使人类和自身都变得更加美好的职业，是一种使每个从事并愿意尽力做好这份工作的人，不断去学习、充实和发展自身的职业，是一种不仅具有越来越重要的社会价值，而且具有内在尊严与欢乐的职业。——叶澜

作为一名一线教师，三尺讲台就是自己的舞台，为了把这堂精心设计的课上好，我们需要在课下付出时间与精力，全身心地研读教材，从细微处入手，打磨自己的每一句话，提出的每一个问题，设计的每一道练习题。

回忆起初登讲台的那段"艰苦"岁月，真的可以用难忘来形容，查阅资料，观看特级教师视频，和教研组内的老师一遍又一遍地磨课。经过了无数次的自我否定，可以说，一堂观摩课，让自己磨掉了一层皮，但是自己的"修为"得以提升。舞台是一面镜子，让自己看得见自己，擦擦脸，整整装，让自己越来越好。

二、舞台是一把火，点燃自信的火种

有的时候，你可能会登上你并不擅长的舞台，这对你来说面临着巨大的挑战，给你准备的时间并不充足。对我来说，本学期最大的挑战，就是组织中层领导力分会场的德育课程化工作坊。作为工作坊的牵头人，我对工作坊并不熟悉，德育课程化主题并不是我擅长的领域。起初可以说我是异常焦虑的，这个时候，我们团队中的伙伴们站了出来，有着多年德育工作经验的龚校助给了我巨大的帮助，让我心里的石头得以落地。我们一起捋思路，设计流程，把控细节，经过一遍又一遍推敲，一次又一次修改演示课件，最终，德育课程化工作坊顺利开展。当我站在台前进行分享的时候，我发现，先前的那些困难都不算困难，只是自己给自己设定的障碍，所以要勇敢地迈过去，坚定地朝前走。它让我明白，有的时候你可能需要走一段崎岖漫长的山路，这条山路指引你来到一个陌生的舞台，它可能和你想象的不太一样，但是，这段经历可以帮助你找到自信，让你发现你有着巨大的潜力。

三、舞台是一粒种子，生发无限可能

一年前，李校长在一次行政会上说要为我开个人演唱会，我把这句话当作一句玩笑话。没想到，2020 年的团拜会上，这样的一句玩笑话真的成

○ 自然生长：这里是一所学校 ●

为了现实。我从来没有想过，一位数学老师，能够将"不务正业"演绎成"名正言顺"。起初我的内心是拒绝的，因为我知道自己属于"浴室歌手"的级别，在艾瑞德的舞台上搞个人演唱会，这是我睡觉才敢做一做的梦。可是，就是这样一位有趣的校长，铁了心要帮助我圆梦。于是，文千负责牵头组织，丁怡、丫丫为我拍照并制作海报，新闻中心铺天盖地地做着文案宣传。艾瑞德"梦工厂"让不可能成为可能，让大家看到了平时不一样的我，让我儿时的梦想照进了现实。舞台，就像是一粒小小的种子，不知道从何时起，悄然破土，长成绚烂的花。

　　无论是顺境还是逆境，每一次机遇都是锻炼的舞台，成长的契机。最美好的结局不在于结尾，而在于过程。不要因为没有掌声而放弃你的梦想，抓住每次登上舞台的机会，努力，坚持，不为其他，只为感动自己。

跨界

马　竞

　　在艾瑞德国际学校，作为一线老师，我有过两次"不务正业"的跨界体验，并且都和一个人有关，那就是我们的龚涛校助，他也是艾瑞德的全民"老龚"。这个"老龚"有个特点，每次派的活儿，基本都跟我们的专业无关，而且时间紧，任务重，让人很着急。

　　学校每月都会有读书分享会，龚校助很有创意，想把分享会做成类似《艺术人生》访谈式的——老师和主持人面对面交流、互动感极强的一种新型读书分享会。不知为何，龚校助会把橄榄枝抛向我，想让我做这次读书分享会的主持人。

　　没有悬念，当然得拒绝，咱没有金刚钻，绝不揽瓷器活儿。

　　我第一时间拒绝了龚校助，拒绝得振振有词。奈何龚校助是个不达目的决不罢休的人。没有半点贬义，这也是我欣赏他的地方，目标性强，方向清晰，能坚持，有韧劲儿。他在接受了我的所有情绪后，仍和颜悦色地告诉我："马竞，我看好你，你没问题的！"对他发了一通脾气，人家还能笑脸相迎，这胸怀让我佩服得五体投地。于是，主持这活儿我就接了。

　　和刘磊老师一起主持了那次读书分享会，据说效果还不错，主持人包袱不断，台下一片欢声笑语，和嘉宾互动也是真情流露，老师们的教育故

○　自然生长：这里是一所学校　●

事感人肺腑。我和刘磊老师总算是不辱使命地完成了任务。

这不，停课不停学期间又找到我了。"马竞啊，想邀请你去给后勤师傅们做个培训，讲讲美食，你觉得是开学前合适呢，还是开学后合适？"什么？给大师们培训做饭？我分析了一下龚校助的话，虽然是个选择疑问句，但是选择的不是做或者不做，只是让我选择做的时间而已，以我对"老龚"的了解，我没有再做"垂死挣扎"，欣然接受了。

"老龚"派活儿通常时间紧，任务重。周日确定，周三分享，挑灯夜战是跑不了了，虽然接了这活儿，可我内心一点底气都没有，毕竟不是自己的专业领域，毕竟没有硬核的东西，凭着一腔热情去给大师们分享，显得有点不够专业和重视。于是，我找来大家一起帮我想法子。分享搭框架，我得让"老龚"帮我把关，思维导图出来了，我第一时间和他分享，让他帮我拿拿意见；需要数据了，一个电话打给赵宗新主任，来来来，给我提供一个月菜谱，我要分析。就这样，大家围着我忙得团团转。

PPT做完了，稿子也写完了，万事俱备，就等时间一到临场发挥了。六千多字的文字稿在手，内心还颇有底气，几十页的图片都是我在厨房的过往。直播当天一切顺利，据说师傅们还都挺有兴趣的，会后的分享，他们还总结出了艾瑞德的饮食文化：食物是有灵魂的，做饭是有立场的。也非常感谢陈小红主任和赵宗新主任为我做主持和总结。直播结束，酣畅淋漓。

跨界其实也挺有意思的，不是自己的专业，大家包容性更强，也恰恰不是自己的专业，就需要更深入的准备。虽然过程有点艰难，但挑战完毕，那种成就感怎一个爽字了得！

一盏心灯

张文娟

题记：有时是为了吸引孩子们的注意力，有时是为了某个知识需要，有时是为了拓宽孩子们的知识面，有时也只是希望孩子们搬去心中的"巨石"，在轻松简单的语言环境中获得心理成长！成为一名语文老师后，我便也成了讲故事的人。

那是流淌在生命里的一条河，悠长而温暖……而今天我和孩子们一起挽起裤脚，到故事的小河里蹚水逐浪，"请你跟我走进故事里来"，这是我的开学第一课。

我是喜欢故事的，无论是儿时姨妈给我读的《安徒生童话》，还是外婆讲的民间传说；无论是老师讲的名人故事，还是好朋友讲的鬼怪精灵，我都喜欢。

在我这里，故事包罗了万象，有的幽默，有的讽刺，有的温馨，也有的凄惨；故事还承载了许多超越现实的美好，把写故事的人内心的期盼和祝祷一一揉进去。故事，让这世间的一切都生动起来，字里行间可以都是喜怒哀乐，情节之间可以跳跃起百态人生。

我曾经在故事里欢笑，也曾经在故事里哭泣。不知不觉，竟然领悟出

○ 自然生长：这里是一所学校 ●

"人生如戏"的种种意味，我看这出戏，我讲这出戏，我也参演着这出戏。

成为一名语文老师后，我也开始成了讲故事的人。我讲故事，有时是为了吸引孩子们的注意力，有时是为了某个知识需要，有时是为了拓宽孩子们的知识面，也有时只是希望孩子们搬去心中的"巨石"，在轻松简单的语言环境中获得心理成长！

新学期开始，有着种种不易，小学生年龄尚小，他们渴盼无忧无虑的日子，疫情之下，他们更加渴望脱下口罩后的自由交流，戴着口罩的孩子有时会说："老师，我好想摘下口罩喘口气！"有时也像我们成人一样感叹："什么时候疫情可以结束呢？好想快些结束，恢复从前一样的生活！"是啊，每个人都是这样期待自由呼吸的日子。我们在办公室里聊起这些时，感叹戴着口罩讲课的难受，更加体会到疫情严重时期，那些全副武装的医务人员的辛苦和不易。

我决定讲故事、聊故事、说故事，《心中的"巨石"》《驴的智慧》《网课里有个能小孩》……我把孩子们"抛"到故事里，让他们帮助主人公想办法，让他们一步一步走出故事，回到生活里。我发现小家伙们越发理解故事的味道了，他们聊故事时各抒己见，他们说要学会尝试，学会思考，学会勇敢面对，学会跨越困难，遇到问题想办法……尽管都是一些老生常谈的话题，但话从孩子们自己嘴里说出来，完全不同于平日说教。

悦晨跟我分享，她开始坚持写日记了，每天都写。"张老师，以前我觉得挺难的，每天没什么可写的。听您讲那么多故事，我发现每天有很多小事，那就是我自己的故事，我记下来，特别有成就感。"宸蕴曾经是个固执倔强的孩子，最初他还会默不作声跟我对抗，最近他见到我总是很有礼貌地打招呼，他对我说："张老师，我喜欢《驴的智慧》，我会想办法解决遇到的难题，有时听听别人的意见还是挺好的。"季然每天自己带来故事书，她对我说："张老师，您说了，学习语文不要有负担，像听故事一样，理解了，想明白了就会啦！今天你讲这个故事吧，我看过了，故事可有趣了，你讲了大家肯定会喜欢。"

　　因为故事，许多孩子在悄悄变化着，他们表现出了对语文学习的兴趣和自信，也在一点一滴的小事中获取思考和成长。我骄傲地夸奖孩子们：你们获得了学习语文的法宝——语文本来就是走进各种各样的故事世界。我告诉他们，新学期，我特别希望你们把此刻的思考和发现变为现实，就做那个勇敢的孩子。我想我是本色出演的，哪怕有时演得千篇一律，索然无味，我仍然希望把它演成童话故事里的简单纯洁，演成讽刺故事里的轻松诙谐，演成想象故事里的天马行空。

　　讲的故事，是会有结局的；而生活和学习里的故事却不断上演。愿故事让我们的孩子们慢慢理解并懂得生命；愿他们翻开生活这本大书，发现学习其实无处不在，看尽故事，品各样滋味，得一份简单绚烂。

教师变形记

石　鹤

　　做老师的，有没有在备课时脑海里幻想你的学生在你讲到别出心裁的教学设计点时给出的兴奋回应，或者因意外惊喜而目瞪口呆的场景？你没想过，我不信！

　　我们做老师的何其幸运，每一节课自己就跟明星似的千呼万唤，那么多人来听你的"演唱会"或者作为"演员"参与到你执导的"影片"中。

　　有幸，我的职业给予我很多"身份"可以去尝试。比如，有这样一节课，我把自己变身为一名编剧、导演。于是，我的称呼也从石老师瞬间变成了石导。

变形一　化身编剧

　　我以绘本 *We're going on a bear hunt* 为原脚本，就像一名导演在拍电影之前拿到了原著小说一样，要先请编剧进行表演性台词的改编，那么第一步，我就从老师变成了编剧，把原绘本的故事文本改编成演员可表演的台词剧本。首先，敲定 32 名同学都是演员。然后，定角色，明确领衔主演和主演分别有哪些，把人、景、物全部纳入表演范畴。

变形二　化身场工和美工

把表演过程中需要用到的角色海报（人物介绍图片、卡片等）、表演时角色需要的道具、板书设计、场景布局等备齐。

变形三　化身导演

首先，每个学生随机抽取角色卡片，卡片上写的单词就是这个学生要扮演的角色。如：family members, grass, mud, river, forest, cave, bear, house, dog…

哎哟，这个步骤可把演员们兴奋坏了，大家看看自己的卡片，更好奇"左邻右舍"的卡片。这样一来，所有 key words 瞬间被看到。

接下来，根据抽到的角色重新分组，一切都是未知，带着这种未知的兴奋和新鲜感，演员们按照角色需要来到新的小组，即将开始新的合作模式。

剧本人手一份，根据自己的角色，把台词先画出来，接下来要练台词，一起围读剧本。你以为老师该上场教单词和句子了吗？当然不是。

每组各发一部手机，所有有关自己角色台词的音频和视频上面都有，这种拿来就能用的线上资源简直不能再方便了。演员们自行操控，自助提取，自行学习。

十分钟围读剧本之后，所有演员再一起研读剧本，根据角色的出场顺序，声情并茂地读出剧本台词。演员们揣摩角色十分到位，演绎明朗的 family members 时，他们就打着节拍说台词；轮到 snowstorm，演员们就变声成为狂野厉声的暴风雪……好的剧，台词是关键。所有的演员台词练习到位，这个剧就成功了一大半。

要开拍了，导演要求所有的演员不管是扮演 family members 还是

grass，都要去揣摩，设计角色的神态、动作、表情、肢体语言等。

接下来，那就彻底解放天性吧。

排练花絮：

1. 角色里有个 baby brother，一个壮壮的男生抽到这个角色，结果，这个演员全程把自己挂在另一个演员的后背上，一副萌萌的模样。

2. 抽到 dog 的同学，全程跪趴在地上，边说台词边"爬行"，还汪汪地叫出声音，其间还被同组演员不小心踩到一下，有种莫名的滑稽辛酸感。

3. 扮演 house 的两位演员，手脚并用，不仅显示出来大房子的概念，还体现了门的自动开关的现代设计感。

4. 扮演 forest 的四位演员更绝，生动地演出了狂风大作时森林的模样。

最后，一切顺利进行，我做了一回不喊 CUT 的导演，因为所有演员的表演都很棒！

演出完毕，所有的演员席地而坐，我问："如果可以交换角色，你最想演哪一个？"有人说 bear，因为它在里面是个强者；有人说 baby，因为想要重回过去体验一把可爱的感觉；有人说 big brother，因为这样可以保护他人……在交换角色讨论的同时，演员们又更深一层地把握了整个剧本。

最后，我说："今天排的剧我是导演，那么如果让你来做导演，这个剧本你会怎么改编，怎么安排角色？"一时间，大家又热烈地讨论起来。

就这样，我把"我要当导演"的种子埋进了围在我身边的孩子们心中，让他们看到并且亲身参与到导演的整个工作过程中。"来我的怀里，或者让我住进你的心里"，把完整真实的课堂体验还给儿童，让每个孩子成为美丽的不同，我想这就是这节课的价值所在！

黄昏的琴声

符 君

芳菲沁暖的 5 月天，渐渐地拉长了白天的战线，青葱而带着暖阳的瑞德校园，夕阳西下，有流行音乐的节奏，大声跟唱的儿童，体育运动的少年，清脆速度的乒乓球切磋声，哨声激烈的篮球球赛……从办公室一眼望去，窗外沸腾的校园让躁动的心瞬间安静下来，感受着运动生命的绽放、美好生活的慢速翻页、青春校园的生机勃勃。

待黄昏将尽，待人声鼎沸的校园渐渐安静，待目光从窗外移向窗内，待童声由清晰变模糊……定坐一会儿，耳朵有了新的体验，一段不那么连贯的琴声传进了办公室，若隐若现的琴声，让我很是好奇，听着琴声，可以判断，是幼儿园的同人在练习钢琴，她在练习左手娴熟运用，她在找到和钢琴的协调感。我想，可能是哪个老师随意地想和钢琴近距离接触一下。于是，这份好奇心被搁置了。第二天，校园重复着每天应有的生机和活力，依旧到了黄昏将尽的时候，依旧是在安静的办公室，那不太协调的琴声又传来了，我听着并感受着练琴人的心路历程。

第三天，第四天，依然那时那刻，琴声准时相伴。我始终没有去打扰那个弹钢琴的人，始终按捺着自己的好奇心。这个时候，吸引我的是悠扬琴声背后的那份笃定和坚守，这份坚持感动着我，牵引着我，让我想要去

○ 自然生长：这里是一所学校 ●

了解。

此时此地，此情此景，琴声再一次陪伴，我实在很好奇，想要离开板凳，去看一看门外的弹琴人。根据琴声，一直猜想可能是幼儿园三楼的哪个班级，因为声音清晰而明亮，推测距离应该相距不远。

带着对坚持的崇敬和对琴声的好奇，我推开了办公室的门，再也没有比这扇门更轻盈的了，因为我知道推开，便会遇见一份美好的坚持。顺着琴声，我确定找到了她，离办公室很近、离美好很近、离琴声很近、离努力更近的那位老师。我推开教室门，看到钢琴旁坐着一个纤细的身影，正在努力地调试琴音，边看琴谱边不断尝试着左右手配合，音乐是李健的《贝加尔湖畔》，我听着，微微一笑，是她，是幼儿园的杨高燕老师，是那个总以为自己"笨"，但是总会"先飞"的燕子，是温柔而善良的"李健迷妹"。

我自始至终都没有打扰她，只是在背后看懂了她的坚持，看懂了她的勤奋，看懂了她的热爱，看懂了她的努力。我深深地懂得，在艾瑞德，成为有本事的教师是使得我们全力以赴的文化精神，身为教师，我们有很长的本事之路要行，因为和孩童在一起的每一天，都需要教师本事的浸润和成长的相对肯定。杨高燕老师的努力，正是在造就本领，增加本事。

身为学前教育工作者，我们扎实的基本功就是成为有本事的教师的可靠抓手。对杨高燕老师而言，因为热爱，她在坚持；因为专业，她在突破；因为负责，她在尽心；因为幼儿，她在学习。

依然记得和她聊天时，她对我说："我可以更好！"我想，正是这个"更好"，让她成长为更好的自己，更有本事的自己！

踮着脚尖走回办公室，听着已经稍微连贯的《贝加尔湖畔》的琴音，不禁小声轻和着，再也没有比此时更美妙的琴音，再也没有比此时更美好的黄昏，再也没有比此时更好的 18：30。

家长篇

每一位家长都是重要的链接

有共识

　　一切的合作都源于共识，共识是价值观的趋同，是一致性的聚焦。走自然生长教育之路，办有温度有故事学校，艾瑞德就是一所与众不同的学校。给学生一张宁静而温暖的书桌，给孩子一个滋润而饱满的童年。因为相信而看见，你相信，我相信，我们一起相信。

和孩子一起做学生

张小旺

艾瑞德的新生家长都要在孩子入学前经历3天的家长课堂。3天下来，收获良多，感触良多。很久没有舞动键盘码这类文章，但这两天总有写的冲动，就好像一个孩子第一次去了游乐场，看见了梦想中的美好事物，回来后总想给大家分享些什么，说些什么。

一、三个惊讶

生命的意义是什么？生活的目的是什么？没想到一个小学的入学准备中会涉及这么"哲学"的问题。艾瑞德对教育的认知深度，给了我第一个惊讶。

平易近人、儒雅渊博、德高望重的校长；多才多能、一身正气、团结协作的中层团队；兢兢业业、美丽和善、爱生如子的教师队伍；干净整洁、秩序井然、设施完备的学校环境。艾瑞德对教育的执着，给了我第二个惊讶。

还未正式开学，就已为新生规划两周的礼仪行为课程；还未正式报到，就已规划未来一年乃至六年的培养计划；还未正式入班，就已努力把家长和学生的状态调整到最佳。艾瑞德对教育的热情温度，给了我第三个惊讶。

二、三个惊喜

专业。把专业的事情交给专业的人。在孩子 6 岁之前，我一直坚信凭着我们两人的理工科研究生学历，高中之前应该都不会焦虑孩子的教育问题。但没想到幼儿园还没毕业，我们就被现实打败了。且不说钢琴、舞蹈等以前没学过的东西，就是一个拼音整体认读音节就让我们蒙圈了。后来我们认识到，相声界不能父子相传看来还是有道理的，学历再高，在小学、中学教育上你也是个门外汉。为了孩子能有一个好的小学教育经历，那就必须给她找一个专业的老师。这 3 天接触下来，感觉到艾瑞德无论是校长，还是班主任老师、专业课老师都是非常专业的小学教育工作者。他们在智育、美育、德育、体育等方面都有专业的素养和能力，把孩子交给他们，我们很放心。艾瑞德老师们的专业是给我的第一个惊喜。

热情。每个去过海底捞的人都会被那里的热情所感染。热情会传染，会给人正能量，会带动你去做积极的事情。来到艾瑞德，我也被这种氛围所感染着。老师能够前一天送走毕业班，第二天就面对更加挑剔、陌生的新生家长；校长可以用 3 天时间陪同家长一同学习；就连食堂都能在假期正常开放，并特意给家长准备更适合成人口味的餐食。做这些事并能做好，足以说明这个学校有着热情的文化氛围。我们不用担心保安会不热情不积极，不做好校园的安保工作；我们不用担心司机会不热情不细心，不做好安全驾驶或发生把孩子遗忘在校车的事件；我们也不用担心生活老师不热情不主动，不能很好地照顾孩子。艾瑞德从上到下的热情是给我的第二个惊喜。

品质。无论人还是商品，品质都是衡量其价值高低的标准之一。学校也有它的品质，无论是从艾瑞德干净整洁的校园、方言矩行的礼仪，乃至处处可见的图书角、文化墙，都反映出这个学校外在的品质。而学校先进、

○ 自然生长：这里是一所学校 ●

系统、科学的办学理念，老师专业、热情、敬业的教学能力，则反映出这所学校内在的品质。艾瑞德从外到里的优秀品质是给我的第三个惊喜。

三、与孩子一起旅行

课程快结束的时候，和蔼可亲的李建华校长再次登台，除了祝福和感谢的话，说得最多的还是希望我们这些"大"学生能够坚持不断学习，坚持终身学习，做孩子一生的榜样。是的，人生就是一场旅行，而孩子可能是一生中陪伴我们时间最长、关系最近的人之一。怎么让这个曾经在我们眼里是"猪队友"的孩子尽快成为自己的"心腹大将""左膀右臂"，教育专家和校长讲了很多思路、方法和案例，都非常好也非常实用。而我想再引申发散一下，就是和孩子一起学习，一起成长，一起"旅行"。

在我们有了稳定工作和生活后，人性固有的惰性逐渐显现：用"忙"去逃避学习与思考，用"累"去掩盖堕落与消沉，用"烦"去修饰浮躁与自满。如果把一个家比作一个团队，现在的状态就好像团队负责人每天消极怠工，却要求刚来的实习生认真刻苦，这样的团队工作状态也一定不会好。

而这几天的学习，才让我又回忆起曾经的孜孜不倦、曾经的废寝忘食。因此，作为孩子的父亲，作为孩子眼里最伟大、最值得信任的人，应当也必须做一个好"老师"、好"领导"、好父亲，与孩子一起学习，一起好奇，一起努力，一起成长，一起旅行。也许我也应该像艾瑞德的老师那样给自己制订一个学习与成长规划，让我在未来六年里从德智体美劳各个方面有所进步和突破。

最后，希望自己能像李校长最后叮嘱的"坚持可贵"那样，坚持按照自然生长的理念，持之以恒地在艾瑞德大家庭里书写出有温度有内涵的故事。

（张小旺系艾瑞德国际学校2019级2班张庭榕的家长）

第一声"你好"

王婷玉

送走了从教以来的第一届学生，新的一届也要马上见面了。从配班老师到班主任，新的身份、新的责任在一天天的工作中越发强烈地体现出来。全园的工作会议、年级组的集体教研、一遍又一遍修改的家长会 PPT、设计和制作家长会邀请函，这一切都在有条不紊地进行着，同时也提醒着我，肩上的担子越来越重了。

2019 年 8 月 20 日，所有的准备工作基本完成，要开始联系、通知家长了。本来就有电话恐惧症的我，在每一次通话前都设想好了所有的对话，从"你好"到"再见"，每一句话我都打了草稿。二十多通电话后，我们从素未谋面的陌生人变成了以班级为单位的"一家人"。打完电话后再确认通讯录，添加微信，发送提醒消息，沟通家访时间……虽然有些烦琐，但也还算顺利。

结合老师和家长双方的时间，我们制定好了家访时间表。第一家是蜜蜜小公主，蜜蜜人如其名，是一个甜甜的、爱漂亮的小女生。一声轻轻的"老师好"让我们也放下了初次见面的紧张。老师和妈妈聊天时，她会拿一些自己喜欢的小玩意儿放在茶几上和老师们分享。妈妈说她喜欢皇冠和裙子，蜜蜜就迫不及待地跟我们分享了她最喜欢的公主裙。9 月 6 号过生日

○ 自然生长：这里是一所学校 ●

的她将成为我们班第一个过生日的小朋友，听到这个消息，她的眼睛都亮了，期待着和新朋友一起度过生日会。说到新学期的关注点，妈妈说蜜蜜最近对颜色敏感，红色绿色以前还认识，但最近有时会混淆。我就想到了暑假重读《学前心理学》时看到的：幼儿颜色视觉的发展是有从简到繁的规律的，单纯的认知颜色和物体上的颜色也是两个层次的发展水平。并且描述颜色与孩子的喜好也有一定关系，有时候孩子希望某个东西是什么颜色就会把它说成什么颜色。于是，我向蜜蜜妈妈解释了一番，她终于放心了下来。

中午老师们一起分享了第一次家访的感受，觉得孩子和家长都很亲切，对老师的工作也积极配合，便信心满满地开启了第二家的家访。这次我们来到了小宝的家，小宝妈妈的"你好"伴随着微笑，让人如沐春风，小宝姐姐是艾瑞德一年级的新生，妹妹入学后，两人可以一起上下学，这让初入园的妹妹也更加期待幼儿园了。虽然家访时小宝正在睡觉，但从和妈妈还有姐姐的聊天中，我们也知道小宝是个爱动、活泼的孩子，很依恋姐姐，自理能力很强。相信有姐姐的陪伴，她会比较快地适应学校生活。对妈妈关注的幼儿园课程方面，我们简单介绍了主题课程、家政课程、习惯课程，也表示会在家长会上进行更详细的说明。

之后我们还到了桃桃家，桃桃和妈妈在楼下看到老师就说"老师好，欢迎老师们到我家"，进家后还主动请老师吃水果，落落大方的样子给了老师们很大的惊喜。桃桃还拿着相册介绍了自己的小时候和好朋友，特别有礼貌，语言表达能力超强。我们和妈妈聊天的时候，了解到桃桃接受过一段时间的早教，对集体生活很有兴趣。听大人聊天的桃桃乖乖地坐在小椅子上，偶尔搭上两句话，逗得我们哈哈大笑，相信开朗的她一定会在幼儿园收获更多新朋友。

总结家访时，我们更深刻地体会到了"每一位学生都是美丽的不同，每一位家长都是重要的链接"，认识幼儿发展的普遍规律和了解每一个孩子的不同之处，缺一不可。随着学前教育的发展，家长们也越来越懂孩子、懂教育，那么老师们就更要学无止境，从书本中获取，在经验中总结，才能和家长共同进步，一起助力孩子的成长。教育不是老师在前家长在后，也不是家长在前老师在后，只有两者并肩而立，达成共识，才能更好地面向孩子，面对孩子，才能以家校的共识促进孩子的内在有序。

家访，是家校达成共识的重要途径之一，也是家校走向共识的开始，它是一把打开学生心灵大门的钥匙，也是班主任工作的重要环节。家访，进到家里，访到心里，访出共识。家访时的"你好"没有了电话中的陌生，多了一份亲近；家访中的"你好"少了一份礼貌的客气，多了一份心连心的温暖。

你好，新朋友！

你好，新学期！

家访是走向共识的桥梁

王彦月

按照惯例，每年新生入校前，老师们会走进每一位学生家里，见面聊天并建立起牵手的友谊，好让即将到来的校园生活走上快车道。而每个学期结束之时，老师们也会再次出发，奔走于大街小巷，将爱与成长装进行囊，一并送至学生与家长的身旁。这样的行为，我们称之为"家访"。而这样的家访，也早已成为艾瑞德教育的传统项目之一。

我们认为，教育孩子不仅仅是学校的事，也不仅仅是家长的事，而是家校合力的事。基于此，学校与家长之间如何形成教育共识的命题引发了大量的思考。

面对沟通渠道多样、沟通途径多种的现状，除却用好微信、钉钉、电话等现代通信工具之外，传统的面对面交流也成为无可取代的保留项。通常，在家访前，老师会做一系列的准备工作：

1. 熟悉学生家庭地址，并提前规划路线

2. 家访重点话题 2 ~ 3 个

3. 对学生一学期学习的回望以及对未来的展望

4. 与家长聊一聊教育孩子的那些事

当然，除却带上已准备好的一切，还要带上一份好心情。当一扇扇家庭之门被打开，一并被打开的，还有孩子内心的敞亮，家长内心的彷徨。家访路上，会有烈日，会有严寒，但终究抵不过携手共走教育之路的甘甜。每一次家访，各种温暖的故事总会扑面而来，令老师们感慨万千。李慧婷老师曾说："走进家里的情感链接是不一样的。"更有不少老师用一段段文字记录下了那些温暖的画面，付晓老师曾如此记录：

8：30我们开始了第一组家访，定的首要目标是班里的校车生和住校生。去的是一个上课表现活跃、可爱聪颖的小姑娘家一到那里，就发现她的爸爸妈妈甚至妹妹都在等我们。其中有个小插曲，为了见一见姐姐的老师，妹妹课都没上，就等着和我们问好。最后我们离开时，妹妹还伤心地哭了一场，因为老师没有跟她说"再见"。

家长们体谅我们的一颗心溢于言表，怕我们口渴，早早准备好凉爽的茶水。我们有幸品尝了来自家长老家陕西的茶叶，这味道，带着陕西的淳朴与厚实，又带着家长沉甸甸的心意与情谊。分块切好、扎上牙签的水果，孩子们自制的欢迎小卡片，提前开着的空调，只为老师能在自己的家里多待一会儿，凉爽一些……

我能记住的有限，我能记住的很多。

在下午的家访中，有个叫田忻言的小姑娘和她的爸爸早早地等在楼下，由于出租车跑错了路，两人冒着酷暑等了我们好久。一颗心，小小的，因为爱着我们，装满了老师；一张嘴，小小的，因为见到我们，却未曾合拢，一直笑着。

最让人难忘的是，进门时我们问家长需不需要换鞋，家长说需要，并道出背后的原因。听完，我的眼泪当时差点奔涌而出。"我们想着三位老师跑了一天了，穿着高跟鞋，脚肯定很累，所以想让你们换换鞋，歇歇脚。"家访总是有魔力，有温暖的家长，有

○ 自然生长：这里是一所学校 ●

懂事的孩子，以这样那样的理由，引得我的眼眶热乎乎的。

咫尺之内，温馨之中，一起与家长拉一拉教育的家常，也拉出了教育的共识。

一次次家访，如一架架桥梁，将原本没什么交集的家长与老师组成了教育共同体。他们不仅拥有教育共识，还助力彼此在教育的路上更好地成长。

家访，让家校更近，让教育共识闪烁光芒！

我来竞选家委会委员

白　静

"我爱你——艾瑞德！"这是我内心的告白，非常感谢学校给我们提供了一个交流的机会，也很荣幸能成为家长委员会的一员。孩子是家庭的希望，是祖国的未来，为了孩子美好的明天，家委会的成员聚在了一起。

提起艾瑞德，不夸张地说，我真的是两眼放光！最初是孩子还在上幼儿园时，一个朋友微信圈的几张照片吸引了我，后来上网查看，来校参观，更加坚定了送孩子来艾瑞德的决心。"走自然生长教育之路，办有温度有故事学校"的理念深深地打动了我。

我最崇拜的是学校的明星人物——李建华校长。他那平易近人、真诚有力的爱无时无刻不在影响着我们，是一位德高望重、与众不同的好校长。每当来学校接孩子时，总会看到他亲切的身影，有时在操场上陪孩子们一起踢球，有时在班级走廊里被孩子们围起来撒娇，有时在学校大门口挥手微笑着送孩子们放学。最令我感动的是一次下着大雨，他亲自撑起雨伞和其他老师一个个地把孩子们送上校车，自己淋湿了也顾不得……在艾瑞德校园里，有太多太多这种不经意的温暖瞬间，我看在眼里、暖在心里，每每跟亲朋好友说起孩子学校时，大家都羡慕得不得了，说也要让孩子来上艾瑞德！

○ 自然生长：这里是一所学校 ●

"笑"是这里每个老师的招牌，无论什么时候，艾瑞德的老师们都是精神饱满、充满力量地带领孩子们学习。

教育是一份责任，教育也是一门艺术，孩子成长的每一个阶段都离不开老师的教导，也不能缺少家长的关爱；学校的教育离不开社会和家长的支持、关心和理解，学校为家长搭建了一个与老师、与学校相互交流、相互沟通的平台，让我们有机会和学校一起共同担负起孩子健康成长的重任，这是学校对我们的信任，同时也是我们应该承担的一份责任。作为家委会的候选人，我清楚地认识到自己即将承担的职责，如果我有幸被评选为家委会成员，我将尽我所能认真做好我的工作，发挥好桥梁和纽带的作用。我有做好家委会工作的信心和决心！自从孩子入学以来，我一直积极参加学校及班级组织的各项活动，全心全意履行家委会的各项职责。

其实，参加家委会的竞选，我是不自信的，甚至很紧张，是班主任黄俊老师的一通电话鼓励了我，她说："佳迅妈妈，不要紧张，这也是一次学习的机会，而且你也很优秀啊，你身上也有好多别人没有的闪光面，你性格开朗、热情有活力、亲和力强、办事认真细心又有人缘，班里的家长和孩子都很喜欢你。"听完黄老师的鼓励，我开始重拾自信。作为一名普通的家长，每次我来学校接孩子，班级里的孩子们都开心地嚷着："哇！佳迅妈妈来了！"然后一拥而上抢着过来抱我，然后我抚摸着他们的小脑袋，点点他们的小鼻子，听他们热情澎湃地给我讲一些有趣的事情，还有对我的想念……甚至还有孩子大声叫我干妈，大家一听都笑了，说每次看到我就会很开心。

在这里，我很感谢老师和孩子们对我的喜爱，也希望能一直跟随学校的脚步，把爱表达出来，成为家委会的成员，让我能把这份热情和爱传递给艾瑞德更多的人，能元气满满地为艾瑞德贡献自己的绵薄之力！不忘初心，不辱使命，共识而为之，携手而为之，努力而为之，坚持而为之。

波澜壮阔的新时代已经到来，生机勃发的艾瑞德正在路上，希望在学校和家长们的共同呵护下，每一个孩子都像小树一样自由、阳光、舒展地生长！

每一位老师都是珍贵的存在，他们有温度，有高度，有故事，也有本事。

每一位学生都是美丽的不同，他们真实、可爱，情感自然流露。

每一位家长都是重要的链接，我们理应全力以赴！

教育，既要看到人与当下，也要看到诗和远方。让我们跟孩子们一起，做眼中有光、脸上有笑、心中有爱、脚下有力的人。

（白静系艾瑞德国际学校2018级7班李佳迅的家长）

家长沙龙

李建华

　　家长沙龙，是继家长课堂、家委会、家长志愿者、微型家长会之后的又一重要的家校链接的桥梁。

　　每一位家长都是重要的链接，这是我们的家长观。我们要链接什么？因为孩子，我们要和家长一起链接教育孩子共同的价值追求，我们要寻找一种共识，学校作为一只手，家长作为另一只手，我们一起带着孩子向前走。这是我们做家长沙龙的初心。

　　自 2020 年 11 月 27 日起，每周五下午 1：30，幼儿园音体教室如约开启特别的课堂：家长沙龙。这是一门专门为家长开设的课堂，至 2020 年底共开设了 7 期。起初，为了能给提前接孩子的家长们一个休息、等待的空间，我们进行了缜密的思考和研讨，孕育出了家长沙龙。

　　每期的演讲嘉宾，均来自骨干教师团队；每期主持人，来自家委会成员。针对家长关注的孩子学习问题，不同阶段的年龄特点，亲子相处模式等话题而展开。在沙龙中，他们褪去教师外衣，回归父母角色，以家长角色回眸孩子成长的点点滴滴，在共情、共商、共识中探讨家庭教育的小秘籍。

　　陈晓红主任作为沙龙开讲的第一人，不是因为她有多牛，而是她有过硬质量的"产品"：她的女儿没有上过一天校外辅导班，自然生长，一路名校标签，并顺利升入 985 大学。她提到正是因为辅导班的"缺失"，从而让孩子有大量的时间阅读书籍、亲近自然，保留了对学习的兴趣和好奇，才形成了孩子乐观向上的性格和学习优势。牛云云老师，除了精心钻研"正面管教"，在班级中形成良性氛围，还利用工作之余，了解儿童时间管理的番茄学习法，帮助孩子掌握简单易行的时间管理策略。董晓主任，用一个个陪伴的动人故事，陪孩子一起做终身学习者。王顺平主任，与六年级的孩子做朋友，真正看见孩子，改变相处模式，告别青春期焦虑。赵静主任，数学来源于生活，也将运用于生活，比起枯燥的数学学习，来源于生活中的数学，才能使学生真切体会到数学就在自己身边，更加透彻地理解和掌握数学知识。马竞主任，通过 7 个不同时期孩子的成长故事，生动地诠释了如何和孩子站在一起，打败问题。这些草根嘉宾用切身经历与过往所得，为家长朋友奉上了一套可参照、可借鉴、可实施的有效方案。

2021 年智慧父母大讲堂的第一讲，我们有幸邀请到了江苏省作家协会副主席祁智先生。他以"家庭的力量"为主题，展开了一场家庭教育智慧盛宴。在聊到家长与孩子的关系时，祁智老师将两者比喻为股份制合作。孩子的成长不是跳高赛事，而是一场跳远；不是短跑，而是长跑，所以也就没有"起跑线"一说。一字一句、逐字逐句，直击家长心灵，叩击家庭教育的真谛。

家长沙龙，从第一期的 60 人再到后来一位难求，甚至需要增加座椅。受益匪浅、收获颇丰，是众多家长在倾听之后的感受，也有不少家长因为错过了现场讲座而倍感可惜。我们站在家长的立场上话教育，解决家教难题，厘清教育目标。

学校为每一位参与的家长颁发了带有专属编号的徽章，作为纪念和鼓励，至 2020 年底已颁发了 750 枚。这是一种仪式感的表达，是一种特定时空的生命注册。五年以后，十年以后，五十年以后，这枚奖章或许就有意

○ 自然生长：这里是一所学校 ●

义和价值了，它记录着某年某月的某一天，那个温暖午后的温度与故事。

　　家长沙龙，是我们的长期主义，也是我们时间朋友的抓手和见证。虽然不知道未来会做得怎样，未来会是什么样，但是我们必须从现在的样子出发，用现在的样子长成未来的样子。这一点信心我们是有的，因为这来源于我们的教师、我们的家长和我们的努力。我们期待，未来的周六，艾瑞德的家长沙龙成为郑州家长的打卡地。"周六家长哪里去？瑞德沙龙聊教育！"我们努力而为之。

有格局

　　每一位家长都希望自己的孩子能成为一个有格局、有气象的人。而"幼吾幼以及人之幼"，也正是家长们的格局。每一件事都是孩子成长的阶梯，与学校一起达共识、成合力。做心中有定力、眼里有远方的有格局的家长。

一起缔造校园故事

王彦月

在艾瑞德，每一位家长都是重要的链接，以友好处之。这句话是艾瑞德国际学校三观（教师观、学生观、家长观）中的家长观，说家长是重要的链接，源于教育不是学校单方面的，也不是家长单方面的，而应是家校彼此的。回首我们的过往，这份链接的存在，也让校园变得更多彩。

链接一：家长课堂

家长，有丰富的教育资源。

在艾瑞德，我们定期开展家长课堂。每一位家长，结合自己的职业特点、专业认知、人脉线索等，为孩子们带来别样的课堂。不仅丰富了孩子们的在园生活，也让家长体验了一把做老师的乐趣。

据杨志慧老师分享，班级有一位在地质博物馆工作的爸爸，在孩子对恐龙感兴趣时，走进教室，为孩子们普及了有关恐龙的知识，还带领孩子们走进了恐龙博物馆，参观恐龙化石。爸爸有幸做起了老师，孩子们享受到了专业的解读。

也曾有一位在机场上班的爸爸，在班里孩子对各种各样的交通工具痴迷时，带上了飞机模型，走进了教室。

一位在大学当教师的妈妈，来到幼儿园，挑战最小年龄段的学生，并在不够完美的第一次讲课之后，再次精心准备，开展了第二次的课堂。

一位男孩子的妈妈，因为孩子不自信而走进了班级，挑战做一名老师，为孩子树立榜样，并鼓励孩子勇敢战胜自己。

一位年迈的奶奶，来到教室，教孩子们唱河南豫剧。

……

丰富的教育资源，丰富着孩子们的课堂，也丰富着孩子们的童年时光。

链接二：家长舞台

每一位家长，都渴望聚光灯。

在艾瑞德，我们不仅为孩子的成长搭建平台，也为家长的绽放搭建舞台。

每年 4 月的最后一个周五，是幼儿园固定的音乐节。

2016 年，我们创办音乐节的初衷，是为家长搭建一个舞台。所以，家长节目、家长才艺、家长服装秀等等，统统被搬上了舞台。

走过五年，音乐节，也成了家长最期待的节日。

有家长在音乐节之后感言："那年的婚纱已是十多年前，回忆满满，感动满满，因为有你们，生活的每一天都精彩绽放。"也有家长说："弥补了结婚时没穿美美的婚纱的遗憾。"还有的说："美美的音乐节，惊艳了我们这些辣妈！往后余生，全是蜜！""照片里的人是我吗？我有点不敢相信自己的眼睛！"

每一句，都道出了家长的欢喜。

链接三：同频共振

家校，在一个频道上。

在艾瑞德，我们用校风带动班风，用班风影响家风。干净、有序、读书，是艾瑞德简短而有力量的校风。这样的校风，不仅是每一位艾瑞德教师的坚守，更成为每一个班级共同的"约定"。

在校园里，随处可见孩子们打扫卫生的身影，整齐而有序的队伍，更有形影不离的读书好习惯。随着孩子们将校风带至家庭，每一位家长也加入了校风的践行队伍。幼儿园漂流的小黄书包，漂的，是一本书与一本阅读记录册，搭建起的，却是家校的同频共振。渐渐地，家长开始加入了读书的行列，不仅读书，还自发坚持阅读打卡。读书的校风，延续成了一个又一个家庭的家风。

因为同频，所以同行；因为同频，所以共鸣。

家长走进校园，触摸校园生活的美好，参与校园故事的缔造，见证孩子成长的奇妙。如此，甚好！

班级合伙人

李 瑞

　　偶尔发呆时，无意间问了自己一个问题：什么是做人最重要的品质？有人说，是有担当；有人说，是靠得住；也有人说，是够厚道。但我认为，做事的务实、待人的真诚是最重要的品质。

　　家庭是孩子成长的摇篮，家长是孩子的第一任老师，也是孩子一生的老师，可见家长对孩子的成长至关重要。在我们的班级，就有这么一群大家长，她们做事务实、真诚厚道，每天为班级的事情忙前忙后，只要是班级的事情，任何时候到她们那儿都不是事儿，她们就是我们班级的家委会成员——六位妈妈。虽然都是妈妈，但做起事来也是雷厉风行，有条不紊，巾帼一点也不输给须眉。有一次班级需要买几块小黑板，在与家委会商量后，负责采购的纳川妈妈直接告诉我们说："这件事交给我吧，我先来进行大致挑选，然后把符合我们要求的给大家发链接，我们再商量买哪家。"经过纳川妈妈的筛选，大家又货比三家，最终在最短的时间内以最快的速度买到了我们要求的小黑板。买回的虽是几块小黑板，但发挥了家委会的重要作用，班级的事她们当作自己的事，从未有过一丁点马虎。说起她们身上的品质，归根到底，不过就是两个字：靠谱。但靠谱，说起来简单，做起来复杂；听起来像感觉，做起来是原则。

○ 自然生长：这里是一所学校 ●

举行"艾运会"期间，家委会部分成员和我们的家长志愿者为了激励孩子们奋勇向前，给孩子们带来不少奖品，有酸奶、点心等各种孩子们爱吃的食品。两天的运动会，家委会成员们一直陪伴着，哪里有需要，哪里就有她们的影子。正是她们的不辞辛苦，用真心鼓励、帮助每一个孩子，让每一个孩子同家长都有更进一步的交往，增进了班级的凝聚力。其实，在每一次的班级活动中，也能真真切切地看到家委会成员们忙碌的身影，每次都有她们无私的默默付出。家长，对每个班级来说是一个特殊而且庞大的群体，他们的付出足以影响一个班级前进的方向。家委会更为重要，因为她们是其他家长前进的指明灯。家委会是一座桥梁，是学校、老师、家长和学生四方共同受益的一个榜样组织，她们没有特殊的权力，没有特定的官职，却有着共同的目标，就是让班级的这群孩子脚踏实地一起奔向前方。正是这群人的力量，让我们四者中的每一方都可以从中得到自己的快乐和收获，尤其是我们的孩子。班级家委会是班级的坚强后盾，孩子们良好的学习环境、积极的家校氛围，都离不开家委会成员的默默奉献。家委会对班级的支持，我们铭记于心，家委会带领大家与班级的配合，与学校的配合，令我们为之动容，我们班级工作组将会一如既往地做好各项工作，与家委会成员携手并肩，为孩子明天的成长共同努力。

2020 年 1 月的期末家长会，我们特意为班级的家委会成员进行隆重的表彰，感谢她们一直默默支持班级的活动，默默为班级服务。感谢她们，是她们让我们的工作取得事半功倍的效果。

江怀元"火"了

江　净

我是怀元妈妈，怀着一颗百感交集的心提笔致谢。

2020 年 11 月 26 日是感恩节，但这天和往常并无更多不同，依然紧张而忙碌。下午三点半左右，我收到了孩子班主任张明老师的一条微信，结果看到了一个捂脸的表情小图。我第一反应就是小江同学又在学校搞事情了，不过这也正常，不搞事情就不是正常的小江了。还没等我回复，张老师又发过来一段语音："江怀元同学火了！在艾瑞德彻底火了！今天不仅跟李校长有了一次深度沟通，李校长还表扬了他！"言语间是抑制不住的激动与兴奋。虽然还没完全明白是怎么回事，但是小江同学确实是又搞事情了，并且是搞了一件大事。

当天，李建华校长专门以"江怀元"之名，在自己公众号写了一篇关于一位校长与一名普通小学三年级学生共进早餐的故事。孩子的每一句话、每一个表情都被他详细地记录了下来，尤其是对孩子内心世界的发掘与捕捉，更是细腻入微。一篇文章看完，我数次落泪。一个普普通通的小学生能让一位在校师生数千名的校长关注到，并且还写了专门的文章，这是该有多幸运才能遇见的事情啊！

文中说"教育的美丽，是因为我们遇见的每一个孩子都是美丽的不同"。

是的，江怀元就是那个"最美丽的不同"，从一年级入学以来就各种不同：不是课堂捣乱，就是影响同学，学科老师、同学以及同学家长，我几乎被动地得罪光了……尤其进入三年级以来，"三年级现象"在他身上体现得淋漓尽致：听课不专心、作业拖沓、学习成绩一落千丈。除此之外，他还与老师对着干，与同学也不能很好地相处。

每次在他捅娄子后，班主任张老师总是默默在后面替他擦屁股，但无论如何还坚信他仍是一个单纯善良的孩子，想尽一切办法来改变他，其他学科老师也是以"珍贵的存在"之心来耐心地教育着、包容着孩子，让孩子成为"美丽的不同"。这不正是以身作则、言传身教的最真实呈现吗？

文中还说，"江怀元同学只是一个三年级的学生，他又何尝不是我们的小老师？给我们上了生动的一课"。

不不不，我想说一说这一顿简单的早餐给江怀元带来了多大的影响和改变。因为鼓励，加之张老师在班里推波助澜，他内心变得明朗，课堂上坐得端正，发言积极，一改从往老师同学对他的印象，作业虽然写得慢但坚持要写好。

周五晚上下班到家，孩子抱着我哭了起来。或许在他心目中，与校长共进早餐，获得校长的表扬与感谢，甚至专门为他撰文是一种遥远的愿望，如今愿望达成，幸福来得太突然，导致喜极而泣。我想，他的喜悦更是因为这一切变成赋予他的力量，让他自己也感受到前所未有的不同。

可想而知，这一篇"江怀元"的故事带给作为家长的我有多大的触动与影响。那篇文章我看了又看，每看一次感动一次，每一次体会都更深，孩子那么多的闪光点，居然是校长发掘的。我是不是更应该多个角度去看待孩子，接纳孩子的不完美，把期望简单化？

江怀元"火"了，由火生光，燃出希望。就像艾瑞德的老师们，温暖的付出、永恒的亮光指引着孩子们向着爱与光的方向坚定前行，肆意奔跑。李校长在打卡中说："我们每一个班级都会有'江怀元'，当我们每一位老师都能以'珍贵的存在'之心对待他们，他们就会呈现出'美丽的不同'。"我想，把家长眼里"珍贵的存在"当成老师眼里"最珍贵的存在"，也是我们之间最重要的共识吧！

（江净系艾瑞德国际学校 2018 级 6 班江怀元的家长）

拿什么感谢你

王雪亚

临近新年，总想说些什么来表达我对艾瑞德的感谢。我家娃今年八岁半，在艾瑞德已是第六年。

2018年12月20日早上8：38，正在忙，电话响，按免提，听到一个年轻的南方口音："您好，请问是赵柏翰的家长吗？"起初我还以为是骗子，"我是艾瑞德李建华校长。"我赶紧拿起电话按接听键，凑近耳边走到窗前静默几秒深呼吸，才平静下来能正常交流。

李校长在电话里跟我聊了孩子最近的变化及对孩子的肯定，并指出了孩子身上存在的问题及解决的方法，我静静地听着，思绪也随着李校长亲切的话语飘到了艾瑞德校园。还记得2017年8月23日与艾瑞德小学部的初识，我怀着忐忑不安的心，把这个大家眼里各方面都很优秀但也十分调皮的小娃娃从艾瑞德幼儿园送入了小学。同一所学校，不同的学习氛围和不同的老师和小朋友，也开启了他动荡不安的小学时光。

第一周我牵着孩子的小手把他交给了李丹阳老师，再回到学校是三天后，看到的场景就是老师们忙碌的身影，应对着刚入小学的孩子各种无理取闹，还有李校长满校园带着工人指指点点整改的画面。印象最深的是有一个防火箱在不明显的位置，他叮嘱工人要用软的胶条封起来。我告诉孩子："你们太有福气了，遇到了一个比妈妈照顾你们还细心的校长。"我希望我的孩子能看到学校对孩子的照顾，看到老师们对他的用心，我希望我的孩子成为一个懂得感恩的人！

李校长常把所有的心思扑在孩子身上，病了很长时间还坚持在学校忙碌，并为孩子们设立了"瑞德少年"奖章，开设了各种各样的拓展课。每次去学校，老师们乐呵呵地分享孩子在学校的各种趣事，我看着孩子们洋溢在脸上的自信和快乐，感觉到幸福在蔓延，同时也深深地感谢李校长领导下的艾瑞德人。

去年春节前，有家长提议请辛苦了一整年的李校长和班里的老师吃顿饭，因为我常去学校，所以一直在寻找合适的机会，可校长和老师们都太忙了，不是和孩子们在一起，就是在学习进修的路上，偶尔还得抽空安抚家长的焦虑情绪，就只有仅有的一点时间给家人，我又怎么忍心去搞破坏？

褪去工作的身份，他们也有家人需要陪伴，但他们大部分时间都给了艾瑞德这帮孩子，回到家还有放不下的人和事，偶尔还会有住宿的孩子生病和突发状况，一个电话就又从家里奔赴学校这个战场。多少次，亲眼看着严寒的冬天扛着小娃步履匆匆的老师，有熟悉名字的，有熟悉面孔却叫不上名字的，那一幅幅画面，深深地刻在我脑海里。是什么让他们为了艾瑞德的这些孩子而牺牲自己陪伴年幼孩子入眠的时间？难道仅仅是为了每个月的工资吗？是对教育、对孩子真诚的爱啊！

我想到了自己从事教育事业 39 年的爷爷和一生为教育事业付出却清贫的婆婆，他们离开已经很多年了。我想，婆婆葬礼上她的学生那深深的鞠躬，也正诠释了所谓教育情怀吧！没有这样深深的情怀，谁又能在面对一个个困难前坚持住？一所学校，将近 2000 个孩子，校长冲锋在前，背后是一群有魄力的老师，一个个老师手下是一群灵动的孩子，孩子背后还有各种各样的家长，目的只有一个：带着孩子看到诗和远方。

想让孩子看到诗和远方，仅仅靠学校还不够，家也是孩子最好的教育现场。校长高瞻远瞩，老师授业解惑，家长全力配合，三者全力以赴，才能托起一个有梦的孩子。作为父母，我们只是陪伴孩子走一程的那个朋友，所以要学会适当适时地放手，让孩子体会拼搏后获胜的开心一笑。有梦想才会去拼搏，有拼搏才会有收获。在艾瑞德，每一个孩子的梦都会被小心地托起。在爱的呵护下，相信孩子们的梦想都会闪闪发光。

（王雪亚系艾瑞德国际学校 2017 级 4 班赵柏翰的家长）

一亩"心田"

李　瑞

一亩田的杂草春风吹又生，用茂盛都不足以形容它的长势，不过今日的又见，是为了灭灭一亩田杂草的"威风"。

早上和副班邓桂芳老师到一亩田时，张宸恺和爸爸、妈妈、妹妹已经在一亩田动手开始拔草了。站在一亩田前，地头已无从下脚，目之所及都是野草，有种"夏风草木熏，野草自欣欣"的感觉。近日天气雨水多，因为雨天无法下地除草，没几天工夫，野草就像是疯了似的长起来，仿佛一亩田的地里披了件绿皮大衣，满目葱茏，看不出哪些是草，哪些是红薯苗了！

我们商量着先用镰刀开辟出"小路"，再慢慢往里走着拔着。不一会儿，其他家庭也陆陆续续地到了，爸爸们用锄头负责"开路"，我们和妈妈们蹲下来拔红薯苗里面的草，孩子们负责把杂草运到地头。就这样，锄头、镰刀、铁锹、酷爸、美妈、萌娃齐上阵，开启了我们今天的劳动拔草课程。

只见悦然爸爸、管桐爸爸、宸恺爸爸，他们拿着镰刀直接跳进杂草丛里，看到那些草几乎和孩子们一样高，虽说无奈，但说时迟，那时快，那些疯长的"长头草"就不见了，看来草再厉害，也厉害不过爸爸们手中的镰刀。瑞祺爸爸、奕文爸爸，一晴爸爸用的是锄头，虽然威力没有全部发挥出来，但对付那些大草还是绰绰有余的。

大家在地头一字形铺排开，一人一垄向"草地"进发，孩子们则在田间地头蹿来跑去，像小蚂蚁搬家一样，不断地把大人们拔掉的草运到地头去。突然听到一个女生说："这草长得也太大了吧，仿佛小树长在了一亩田里，到时候我们的红薯苗就可以乘凉了！"听了她的话，大家不约而同笑了起来。

天公也作美，早上下了些小雨，此刻雨停，轻风拂来阵阵凉意，一亩田的杂草家族在我们大家的齐心协力下渐渐被"击败"，红薯苗终于得以现身。爸爸们干得就是快，顷刻间他们包揽的那几垄已全部锄完草，爸爸们丝毫不顾自己的上衣已全部湿透，水也顾不上喝一口，拐过来又在其他几垄草丛中埋头苦干，历经 3 个小时，生命力顽强的杂草终于被我们这一群人给消灭掉了。

有位爸爸擦了把汗，开玩笑说："我们终于把草地变成了红薯地，好有成就感啊！"看着这一棵棵露出来的红薯苗，感觉真好！它们就像班级的一个个孩子一样，在父母的帮助下舒展着自己的枝叶，极力吸取阳光雨露，克服一切困难向上而生。

是的，我们虽拔掉的是一亩田的草，心里长出的却是给予孩子们无形的力量，因为劳动是一切快乐和美好事情的源泉。

一亩田里，俯下的是身子，传承的是祖辈的勤劳。家长与孩子们走进田间，拔掉的是疯长的野草，满脸洋溢的是满足和欣喜。这一刻，突然感觉整个世界都是甜的，孩子们的嘴角是甜的，孩子们的笑脸是甜的，孩子们挺直的腰板儿是甜的，孩子们手拿野草、怀抱野草的样子是甜的，就连周围的空气都是甜的。

我想，最好的教育就是让孩子们在实践中感受到发自内心的甜甜的笑。

一亩田，是班级每一位家人和孩子惦念的乐园，是大家心心念念、每周都会用行动守护的心田。

一亩田的劳动体验，指引着孩子们走出校门，走向自然，走进社会，它是孩子们的另一个课堂，是孩子们学习成长的另一片广阔天地。

耕好一亩田，也耕好每个人的心田。

有奉献

奉献是利他，奉献是积善。奉献是一种精神，也是一种行动。奉献是对孩子的一种教育，给孩子成长的一个模样。当每一位家长都乐意为一群孩子去奉献时，那就成为一群孩子，而不是一个孩子的家长。只讲奉献，不比贡献，守住边界，量力而行。带着我们的"食材"，同熬一锅美味的"石头汤"。

特殊的快递

龚　涛

2020 年 2 月 25 日上午，艾瑞德国际学校校警室收到一份快递，当保安师傅递到我的手中，我有少许疑惑，因为疫情期间我并没有网购。好奇之下，我便拆开包裹，里面竟然是 2 套医用防护服、5 个医用护目镜。后经过查询，得知原来是一年级七班王悠然的爸爸为学校捐赠的疫情防控物资。手中捧着这些物资，我心中涌起的是满满的感动，敬佩学生家长这份心系学校的大爱。

我打开手机，第一时间联系家长表达感谢。悠然爸爸说："作为孩子的家长，能参与到学校的疫情防控工作当中，是对孩子的一次教育，也是举手之劳。得知教育厅要求每个学校要备用 2 套，想着学校采购有困难，就买了一箱给艾瑞德和其他单位各 2 套……"悠然爸爸目前在一家教育科技公司工作，主要做教育信息化服务，在"停课不停学"期间，曾提出利用网络平台免费为一年级师生直播学习课程，多么有心的家长，总是想在学校困难之时，行动在学校需求之际。

悠然爸爸是我在学校第五届家委会竞选时认识的，演讲中多次听到他用实际行动为学校为班级贡献自己的力量，话语朴实而真实有力，如今他已成为家委会正式成员了。在艾瑞德，每位家长都是重要的链接！我们的

○ 自然生长：这里是一所学校 ●

家长总是和老师、学校站在最近的位置，这是一种温暖的存在，特别是在班级、学校有需要的时候。

有一种力量叫"众志成城"，有一种善举叫"尽我所能"。近期，学校疫情防控工作牵动着全体师生和家长的心。在疫情防控的关键时期，很多家长纷纷捐赠疫情防控的物资。一（2）班李智辰家长捐赠10箱84消毒液，一（4）班徐伊睿家长捐赠4箱手喷式酒精，二（5）班宋前一、六（1）班宋庚垚家长送来了10桶20kg装消毒液，二（5）班家长刘天贺和大（1）班张铭辰家长捐赠一批防护衣，二（6）班刘骁威家长捐赠2000个口罩、2箱消毒液、2箱医用酒精、2个额温枪……都是家长开车直接送到学校，匆匆离开时还不忘说声："老师，这些物资学校先用着，后期有需要我再送，一定尽全力支持学校……"家长的爱心汇聚成了"硬核艾瑞德"，家校携手共同筑起疫情时期的最强防线。

校园就是家园，家长就是家人。每一句话都在表达同声相应的立场，每一个行动都在诠释同气相求的担当，这就是艾瑞德的家长，这就是艾瑞德有奉献的家长。在祖国面临疫情的时候，每个人都不再只是代表个人，每个人都与祖国荣辱与共，每个家长也都与孩子、学校成了生命共同体。这样无私奉献的家长不止一位，他们用自己的行动践行奉献精神。班级的事、学校的事，都能当作分内的事，绿色心态，无私奉献。一呼百应，积极参与。奉献就是利他心，奉献就是积善行。奉献也是对孩子的一种教育，奉献是给学校付出的一分力量，也是给孩子成长的一个模样，当每一位家长都乐意为一群孩子去奉献时，也就成为一群孩子，而不是一个孩子的家长。只要人人都献出一点爱，学校就会成为美好的人间。多做志愿者，少做旁观者；只讲奉献，不比贡献；只求福报，不求回报；守住边界，量力而行。带着我们的"食材"，同熬一锅"石头汤"。都说好的教育是森林的样子，那就需要我们每一位家长成为一棵树，站在集体中间，这样，我们的家校工作才会郁郁葱葱，我们的孩子才能茁壮成长。

每一个你都是重要的你

葛小幸

在艾瑞德，每一位老师都是珍贵的存在，以慈善怀之；每一位学生都是美丽的不同，以温柔待之；每一位家长都是重要的链接，以友好处之。

2018年10月的第二周，二年级每个班级都进行了新学期的家长会，二（2）班更是借此机会进行了第一次班级集体活动。在田园校区，孩子们体验着挖红薯的乐趣，家长也拿出自己的绝活，变身烧烤摊的老板。几位老师分工合作，有陪孩子去挖红薯的，有在各个组协助家长的。虽说不在学校，但老师和家长之间的话题永远离不开教育，离不开孩子。

梓洋是校车生，爸爸不常来学校，跟爸爸的沟通，多是微信聊天。这次的班级活动，有幸跟梓洋爸爸坐在一起，聊起孩子时，爸爸更多的是抱歉，因为平时工作忙，孩子的学习都是爷爷奶奶负责。梓洋是个优秀的孩子，但这学期小马虎不认真频频出现，跟爸爸沟通，爸爸说从孩子写作业的情况也能感觉到。因为梓洋知道爸爸回来晚，写完作业爷爷奶奶也不检查，慢慢地对学习的态度有了松懈。梓洋爸爸也是对孩子学习和习惯特别重视的家长，我们沟通过之后，他觉得自己再忙也要抽出时间关心孩子的学习。

家长会后，梓洋在课堂上的表现变得积极了，还开始给大家讲课前的数学故事。不要小看数学故事，谁想要来讲故事，必须符合以下要求：1. 不拿绘本，自己把故事讲下来；2. 讲完要能说出故事中讲到了哪些数学知识；3. 准备好的同学必须提前向老师报名。梓洋在课前故事方面给大家做出了榜样，好多孩子都跃跃欲试。

一次周五的数学文化节忙完之后已经3点多了，在家长接孩子时，我没在教室，正想着会不会有家长找我沟通孩子的学习情况，恰在此时，手机微信响了起来，原来是家佑的妈妈。回到班级，家佑妈妈已经在门口等了，我们两个人坐下来，面对面谈孩子的学习和习惯。

跟家佑妈妈的交谈，算起来是第一次。家佑妈妈是做生意的，平时比较忙，也不经常来学校，平日里是爷爷奶奶或者叔叔把孩子接走。家佑是个聪明的孩子，但也是个坐不住的孩子，上数学晚自习，经常还没坐下来两分钟就跑过来问老师，这个题怎么写那个题怎么写。其实问的题目都很简单，只是他没有认真读题，总有一种依赖性，想着不会了，可以问老师，老师能帮忙解决任何问题。从跟妈妈的交谈中，我了解到，孩子一周都住校，周末回家，有时候爸爸妈妈都还出差，根本顾不上孩子，都是丢给爷爷奶奶，孩子一皮，老人根本管不住。

家佑妈妈也知道孩子的性格，希望我们能对孩子严格要求。我一方面答应着，一方面也给家佑妈妈提出建议：亲子关系的好坏会直接影响孩子的学习和生活，应该把亲子关系看得比事业更重要才对。家佑妈妈也意识到了对孩子的忽视，听取建议，在每周三的时候来学校看一看家佑，一方面跟老师了解孩子的学习情况，另一方面也跟家佑聊聊天，散散心，增进亲子关系。周末出差，爸爸妈妈尽量一个人去，留一个人在家陪着孩子学习。跟家佑妈妈的聊天非常愉快，临走时，家佑妈妈对老师充满了感激，仿佛从老师这里获得了宝藏一样。我也真心地希望家长的改变能够影响到孩子。

这学期家校沟通更密切了，也让我深深体会到了"每一个家长都是重要的链接"这句话。我们深入地去了解每一个家庭的时候，也会为孩子的一些行为找到合理的解答。当家校合力，孩子的改变才是看得见的。每个孩子都是美丽的不同，我们愿意呵护孩子的不同，更愿意和家长一起携手，让孩子变得更加优秀！

解密胡辣汤

陈月培

　　家长课堂中我们迎来了小雨妈妈，当王老师教大家制作可爱的小兔子造型馒头，令人期待的第二站又来到了哪里？会学到哪些新本领呢？一起有请本次的主人公出场吧，他就是我们大（2）班王丁茜小朋友的爸爸，也是将要交给我们小朋友新本领的王老师，今天由王老师带领我们走进河南传统美食的世界，探寻胡辣汤的秘密。

　　在前往目的地之前，小朋友们开启了"十万个为什么"提问模式，天马行空的脑袋里都有哪些有趣的问题呢？请王婷玉老师来记录一下吧。

　　"为什么胡辣汤只有在胡辣汤店里有，其他店里没有呢？""胡辣汤有个胡，所以它很糊涂吗？""胡辣汤为什么会有芝麻酱的味儿？""这么多人喝胡辣汤，你们一天要做多少啊？""胡辣汤里有几种材料啊？都是从哪儿买来的？""为什么胡辣汤都是在早上喝，中午和晚上不喝吗？""胡辣汤是什么做的？为什么是灰色的？""为什么胡辣汤蘸着油条时最好吃？""胡辣汤店一天能挣多少钱啊？""为什么我们河南的胡辣汤最好喝呢？""李元桢胡辣汤店的老板是不是姓李啊？"……带着小朋友们对胡辣汤的各种疑问，我们一起出发前往胡辣汤店进行解密之旅吧。

　　乘坐着大鼻子校车，我们很快到达了目的地，看到丁丁爸爸已经在门口等待着小朋友们的到来。小朋友们向丁丁爸爸问好后，找位置就座，等待化身为王老师的丁丁爸爸来进行解密。

首先，王老师准备了制作胡辣汤会用到的原材料，依次出示请小朋友们猜一猜它的名字，第一个是枸杞，吴浚霖最先回答："我知道，是枸杞，因为我听过一句'保温杯里泡枸杞'……"哈哈，第二个是大家都比较熟悉的花生，第三个是黄花菜，接下来我们又认识了鸡腿菇、木耳、面筋和牛肉。为了让小朋友们深入了解，王老师每讲解一种材料都会给小朋友们发放样品来装进盒子。

等王老师讲解完，小朋友们已经搜集到7种制作胡辣汤的原材料了，看看手中的小盒子，可谓收获满满啊。

认识了制作胡辣汤的原材料，接下来王老师就对小朋友们提出的问题开始进行解答。面对小朋友们各种各样的问题，王老师也是有备而来，其实在刚才讲解的过程中，小朋友们的一些疑问已经得到了解答，剩下的就听王老师来为小朋友们一一揭开答案。等来时的疑问得到了解答，就到了小朋友们最期待的环节——品尝胡辣汤。看，桌面上摆着造型小巧的水煎包，切成小段的油条，半份的胡辣汤，一杯用来解辣的豆浆，细节处无一不体现着丁丁爸爸和妈妈对孩子们的贴心。小朋友们有序调整位置后，就迫不及待地开启了今天的品味之旅，看，一个个的表情专心极了，更有轩轩边用纸巾擦眼泪边喝胡辣汤，可爱极了。在喝的过程中也不断听到小朋友们的声音："你看，我找到了木耳！""我找到了黄花菜！""我找到了牛肉！"我问："胡辣汤好喝吗？""好喝。"哈哈，得到了小朋友们异口同声的"官方认证"。

美好的品味之旅即将结束，小朋友们纷纷向王老师表示："谢谢王老师。""谢谢丁丁爸爸，再见！"一声声道谢和再见是对今天的解密之旅最好的肯定。另外，本次家长课程也结合了班级本学期主题课程"美丽的家乡——食在河南篇"，了解胡辣汤的制作材料，感受河南传统美食文化，感谢丁丁爸爸担任的王老师为小朋友们带来了精彩的体验之旅，也感谢每一位为家长课堂增光添彩的朋友。

蛋挞公主进课堂

程 玲

萌娃们随着主题活动的开展，已经认识了诸多职业：校警、校医、厨师、警察、医生、飞行员、司机等。为了让孩子们真实地感受某一职业与我们的生活有着密不可分的联系，特开展了家长课堂——小小面包师，在体验职业的同时也满足一下孩子们的味蕾。

美丽善良、温柔大方而又手艺绝佳的面包师是我们班田珞依小朋友的妈妈，只见她一进门就热情地打起了招呼："小朋友们好，今天我们一起做蛋挞，你们吃过蛋挞吗？能描述一下它的味道吗？"

桐桐说："蛋挞甜甜的。"

墨依说："蛋挞香香的。"

元宝说："我喜欢吃蛋挞。"

芊诺说："我们今天是要一起做蛋挞吃。"

听着宝贝们的描述都想吃一口呢！

珞依妈妈说："那我们一起来看看做蛋挞都需要什么呢？"珞依妈妈边说边展示。宝贝们认真地倾听，仔细地观察着，时刻准备着一展身手。同时，请小朋友们一齐动手操作参与其中，先用打蛋器打蛋，再加入绵白糖进行搅拌。"咦，白糖去哪儿了？"

墨依说："藏起来了。"大逗逗说："融化了。"小朋友们纷纷举手上台，把奶油、纯牛奶、白砂糖，按照一定比例进行调和，搅拌的过程是为了让蛋挞液充分融合起来，动起手来才能感受当小小面包师的快乐。你来倒奶，我来添奶油，她来加糖，我来搅拌，还需要人来帮忙分离蛋液，所有的过程孩子纷纷参与。小朋友们小心翼翼地一手扶着手里的蛋挞皮，一手端起杯子轻轻地将蛋液倒入皮儿中。想要让蛋挞变得更加美味，还可以往蛋挞里放上蔓越莓干等水果干，使其有更多的口味。

把蛋挞放进烤箱，好期待啊……需要等待二十分钟，一番互动话题也展开了："请问用什么烤蛋挞？"

小朋友们大声说："用烤箱。"蛋挞公主接着问："烤蛋挞可以用什么食材？"威廉说："用鸡蛋。"安吉说："用牛奶。"昭辰说："用白糖。"长峰说："可以用自己喜欢吃的坚果。"跳跳说："还有葡萄干也可以。"

激动的同时别忘了安全，蛋挞公主又问："爸爸妈妈不在家，可以自己烤蛋挞吗？"墨依说："不能，因为会烧到手。"小朋友的安全防范意识还挺高的！

佑佑和汤圆还互相提醒："别离太近，小心烫。"不一会儿，香味便从烤箱里飘了出来。

在自己动手实践的过程中，孩子们对食物有了更大的兴趣，了解了制作蛋挞的方法，体验了自己动手的快乐，又品尝了美味，学会了分享！希望孩子们平时也能多多参与食物的制作、帮厨等，学会生活，热爱生活！

参与的过程，让我们更加珍惜身边的食物；分享的过程，让生活中隐形的种子生根发芽；成长的过程，因你我同在艾瑞德而变得更加精彩。通过这次烘焙课，唤醒了孩子的好奇心。在制作的过程中，孩子们充满着未知和好奇，经过自己的探寻，直到最后，给自己带来无以言表的幸福感，让自己当了一次真正的"面包师"。

放学回家后，我们也收到了许多家长朋友的反馈，有的小朋友再次尝试做了蛋挞，有的小朋友舍不得吃带回了家，和家人一起分享自己的劳动果实。一节食育课不仅满足了孩子的味蕾，也甜蜜了彼此的家人。美好事物的美好之处正是源自自己动手和乐于分享，相信孩子们也会通过这次尝试开启更多可能。

走出校门找答案

苗晓洁

冬日晴朗，家长课堂如约而至。车轮转动，打破常态，上课的地点不在教室。结合交通工具的主题课程，安琪的爸爸妈妈为孩子们设计了一节"工厂里的交通工具"家长课堂，所以，早饭后我们便出发了。

一、基于自主的探索与发现

走出校门，天地就是我们的课堂。坐上校车，窗外就是我们的黑板。出校园五分钟，我们要上高速了。孩子们一声"我们飞起来了"让校车变成了我们的"教室"。"这是一条什么路？"孩子们叽叽喳喳地问。校车爷爷听到后笑着说："这是高速。知道什么是高速路吗？"孩子们对这个问题展开了大胆的猜测。宋承峻说："高速就是有一座桥，车走在上面。"朱钰睿说："高速是马路。"徐艺嘉说："高速就是让汽车走很快的桥。"就让我们一边走在高速上，一边认识高速吧！

在高速的 15 分钟里，孩子们没有嬉戏打闹，而是利用所学知识一起观察窗外，发现和总结：1.高速上没有非机动车的标志，更没有行人、自行车、电动车；2.高速上有各种各样的汽车，它们开得都非常快，没有车停

○ 自然生长：这里是一所学校 ●

下；3. 高速是条很宽阔的路；4. 高速上面没有红绿灯；5. 高速转弯的时候会有桥；6. 进出高速要路过一个停下的地方——收费站；7. 高速是需要交钱的……这一段高速体验收获可真不小。谢谢这个移动的教室带给我们的神奇课堂。

二、基于关系的相遇与对话

我们的目的地是一个生产各式货架的制作工厂，在安琪爸爸的带领下，孩子们参观了工厂。

我们先是见到了"作业流水线"，一个个小钩子，一条长长的生产线，把需要加工的材料挂上去放进"烤箱"。"烤箱"会把铁板烤上颜色，喜欢什么颜色就能制作什么颜色。孩子们在倾听的过程中极为安静，这模样真美。

大大小小的"快递盒"让孩子们感叹：这么多快递啊！哈哈，孩子们的世界真是有趣。接着大家就开始寻找交通工具了。丁西米看到门口停的车时，有些意外地说："老师，这工厂里怎么还有电动车？"安琪妈妈笑着说："这是工人们上班时的交通工具。"在正式认识工厂里的交通工具之前，大家就已经对这个问题有了许多猜测。刘嘉源说："工厂里有大巴。"朱钰睿说："工厂里还有公交车。"侯铄熙说："有大货车。"姚舒航更是异想天开地说："有高铁。"徐艺嘉猜："有拖拉机。"白子晟说："有吉普车。"那么就让我们等待答案吧！安琪爸爸带领孩子们走到工厂里最常见的交通工具前，小朋友们说："大货车。"接着，安琪爸爸用他独具特色的亲和力向孩子们讲解了这辆车。

"这辆车有一个非常大的肚子，小朋友们刚刚看到工厂里有非常多的快递，我们平时见到的小汽车是坐人的，而这个车是专门用来拉货的。里面很大，但是没有座椅，也没有扶手等。你们看它的形状像不像一个大箱子呢？"大家纷纷细看："像！""没错，这辆车就叫厢式货车。像一个大箱子，能装非常多的货物。"孩子们情不自禁地重复道："厢式货车！"在基本认识完毕后，大家一个个变成了身手矫捷的特种兵，对厢式货车里里外外进行了仔细的"勘察"。

接着我们看到了一辆像巴士一样的货车，这又是什么呢？安琪爸爸又开讲了："这个车叫作中巴货车，原本它的大肚子都是座椅，后来人们发现它的空间很大，还可以用来装货，就把它的座椅拆掉，改成中巴货车。这样就可以拉更多的货物了。"

"中巴货车的肚子也好大啊！"认识完这两种货车，孩子们的体验也即将接近尾声。安琪爸爸和安琪妈妈贴心地为孩子们准备了水果加餐，孩子们非常喜欢，并自发地一次次向两位"老师"致谢。家长课堂，让链接更加重要和紧密；互换角色，让体验更为奇妙非凡。

三、基于理解的分享与表达

回到学校的孩子们久久不能平静，他们从未有过如此近距离的观察和体验。在这个过程中，每个孩子的感受各不相同，每个观察点也各有特色：有的孩子观察到货架的摆放规律，有的孩子观察到这里的货车各不相同，还有的孩子则是对厢式货车一见如故。

流动的课堂时光，让孩子们近距离接触到了货车，并且在现场触摸和现场提问中，好奇心得到了满足。在这个活灵活现的教育场中，孩子的本能冲动被激发，主动参与到参观和体验中，这些经验是鲜活的，记忆是深刻的。

迈出教室，让每一步都坚定有力；行在脚下，让所见成为你我之师。

有智慧

有智慧的家长，可以积极应对孩子成长过程中遇到的问题，且深知自我成长的重要，不断学习、思考、践行，成为匹配孩子成长的智慧父母。和善而坚定、足智而多谋、开放而通达、谦逊而包容，这些都是智慧的画像，也是有智慧家长的模样。

如果陪伴有段位

刘美玲

幸运的人，用童年治愈一生；不幸的人，用一生治愈童年。陪伴对于童年的重要性不言而喻。

周国平说："一个小生命的到来，是启示我们回到生命本身的良机。"是啊，小小的生命像一面镜子，让我们仿佛看到了自己小时候的模样。因着小小的孩子，意念可以轻松地引领着成年的我回到童年，在童年的故事里看到自己真切的模样，感受小时候许许多多被遗忘或被忽视的感觉。

世上唯有父母这个职业不需要考取上岗证书，然而养育孩子却是天下最难的事情。如果不学习，不知道做父母的会在孩子成长的过程中做出多少错误的事情。孩子是上天赐予父母的礼物，也是上天给父母的重大考验，在这个过程中，父母看到了孩子的成长，也见证了自己的第二次人生。教育孩子本来就是一件困难的事情，在这个过程中父母必须不断学习。教养孩子需要父母深度陪伴，深度陪伴更多的要求是来自内心的陪伴，花费时间不过是为了让你的陪伴更有意义，但最重要的以及能够打开孩子心门的是你花费了多少心思。

现在大家都很忙，除了全职妈妈，谁又敢说自己有 24 小时的时间陪娃呢？我和我爱人，除了全职工作，还要留出学习的时间，有时候还有临时工作要处理，正常上班时，每天只有晚上六点至八点半睡前这短短两个半小时的有效陪伴时间，而这些时间里，还包括吃晚饭、睡前洗漱等日常项目，能够陪孩子看绘本、做游戏的时间更是有限。

如果陪伴有段位：

"青铜"：身体跟孩子待在一起，你玩着手机陪着孩子写作业。用一句老话讲，叫"出工不出力"，手里干着别的，偶尔跟孩子说一句话，也不管孩子在干什么。

"黄金"：每天抽出一段完整的时间，专门陪孩子玩游戏、做运动，哪怕是单纯地聊聊天也好。这个过程中你是完全属于孩子的，心无杂念，不被其他事情占据精力。

"王者"：陪伴无处不在，在生活的每一个角落，接送孩子上学的路上，一起出门等车的时间，只要你有心，零星的时间都可以利用起来陪伴孩子。和孩子心灵相契，亲子关系融洽，每时每刻充当着孩子坚强的后盾；任何事情本着尊重儿童的原则，不横加干涉，关键时刻也能力挺孩子一把；即使工作很忙，也能高效地陪伴孩子，一样能给孩子幸福的感受。

陪伴＝陪同＋伙伴。真正有效、高质量的陪伴，是需要投入大量的精力去学习和实践的，是需要家长时时带着爱与鼓励去观察孩子的，是需要认真倾听、理性分析孩子在成长中遇到的问题的。我们一直坚持：陪伴≠成功的教育。坐在孩子旁边玩手机不是陪伴，没有交流没有沟通不是陪伴，只知道打击孩子、不分析原因解决问题不是陪伴。对于孩子，家长不光要有身的陪伴，更要有心的交流。当然，这个过程有些家庭会很顺利，有些可能会需要一个过程。最好的陪伴就像阳光照耀着孩子的成长。

在我们家，孩子的一切事项都是我和爸爸负责，照顾她吃饭、跳绳、洗漱、户外活动，也会抓住一切机会承担起养育者的责任，虽然累，但这是孩子与爸爸妈妈进行交流、增加亲密感的好机会。除了每天的必需项目，剩下的娱乐时间，都由孩子自己安排。趁孩子还小，没有硬性的学习任务，不管她想做什么，我们都全力配合，她不愿结束我们就不结束。有时候要求亲子游戏，捉迷藏、木头人我们都乐意奉陪，她还自己发明了一个游戏："睡前大作战"。每天睡觉前一定和爸爸闹个翻天覆地，把家里的被子全部拿出来，起劲地上下蹦跳。这让我回想起我小的时候，每天火炕烧得很烫，晚上睡觉前最期待把被垛"轰"的一声搞塌，然后肆意在被子上玩乐，和爸爸打架、掰手腕，真是一段难忘和快乐的时光。我的童年和她的童年此刻有了重合，仿佛是闭合的圆圈。陪伴的时间不需多，但质量要高，根本不是"只要在身边"那么简单。高效的陪伴能够让孩子心中安全感更强，对于培养专注力也非常有帮助。

　　陪伴孩子成长的道路是漫长的，但也是短暂的。因为父母能够陪着孩子成长的时间是有限的，孩子会长大，他们会见识到更为广阔的世界，他们要独立成人，他们会读书、工作、成家、立业……抓住孩子成长的关键期，给孩子最合适的教育，是所有父母的必修课。

游戏里藏着孩子的童年

龚　涛

　　有一段时间工作比较忙，下班回家的时间自然是比较晚了，有时候累得回到家连话都不想开口讲，但每天儿子和女儿都会等我回家之后才愿意去睡觉。有一次，儿子和女儿听到我刚进走廊的脚步声，便兴奋地跑过来喊道："老爸，今天回来这么晚，'惩罚'你陪我们玩游戏。"说完，便拉着我往家里走。

　　"今天爸爸太累了，改天再玩好不好？"瘫在沙发上的我本以为这样可以把他们打发了，没想到女儿"哇"的一声哭了起来，嘟着小嘴："你每天都回来这么晚，都好几天没有陪我们玩了，臭老爸！"儿子也是一脸的不开心，一言不发背对我而坐，也不搭理我。看到两个孩子这个样子，迫不得已只好向他们"认输"，说道："好吧，老爸'投降'了，不过今天每人只玩一局神龙摆尾。"见此情景，我也是心有惭愧，此刻虽然感觉浑身散架，但看到两个孩子破涕为笑，便强打起精神和他们一起开始玩游戏。

　　说到在家里陪孩子玩游戏的事，真是一件特别有趣、有料的事情。只要陪孩子玩上几局，即便是身体疲惫或者心情糟糕，也会顿时身心舒畅起来。儿童生命的本然状态有一种感染力，那种纯粹对成人而言是一种滋养和疗愈。儿童在创造游戏方面天赋异禀，在玩游戏时激情无限，这一点我深有体会，像我们家两个娃喜欢玩的游戏有：投球、神龙摆尾、隐身、小蜜蜂、警察抓小偷……这些游戏大都是他们原创的或是学习到的。

其中最受欢迎的多人游戏是投球，这个游戏用到的道具有：跳跳球、方格箱、数字卡片、计分卡。儿子不知道从家里哪个角落找到了一个去掉盖子的泡沫箱，里面带有很多大小不一的方格，又找到一个跳跳球作为投球的工具。儿子用马克笔在泡沫箱的每一个小方格的底部写上"0、10、20、50、100、200、500、10000、20000"等不同的数字，它们代表着不同的分值，又用色卡纸剪成十几张形状相同的小卡片，并写上"1、2、3"等数字，代表着投球时所站位置与泡沫箱之间间隔的地板砖数量，像打扑克牌一样，每人分到几张卡片，每次投球时可以根据自己分到的卡片数字，选择不同的投球距离。

游戏开始，有人负责捡球，有人负责查看卡片数字，有人负责计分，有人负责排队，一家四口的游戏也是热火朝天，欢喜多多。每次一个人投球结束确认分值后，有时欢呼"很幸运"，有时懊恼"点真背"，也是无形中提高了竞争的氛围。女儿对游戏得分的技巧是完全没有经验的，每次投球虽然是乱扔，但往往分值最高，哥哥经常说妹妹走了狗屎运；儿子每次都会很卖力地准备很久，但总分值并不理想，或许这就是"无心插柳柳成荫"吧。有时儿子和女儿在连续几次投球 0 分后便会垂头丧气，参加游戏的热情也会降到零点，我和爱人会趁机讲一些生活中的小故事来鼓励他们。

游戏结束，会进行非常"隆重"的颁奖仪式。两个孩子会搬来凳子当成领奖台，奖牌用的是之前儿子参加学校运动会获得的奖牌，播放颁奖音乐也是重要的事项。我会客串一下主持人、颁奖嘉宾，完全模仿运动会的颁奖流程；还会对他们参加游戏的过程做总结，邀请获奖选手上台，握手祝贺，颁发奖牌，发表获奖感言，最后合影留念。

每次在颁奖总结的环节，不管是获得金牌还是银牌、铜牌，儿子和女儿都会庆祝自己取得的成绩并彼此分享对方的快乐。当然，之前刚开始玩这个游戏的时候，也会出现"退赛""不服裁判"的事情，最终我从他们的眼睛里看见了成长的亮光。

儿子创造的"神龙摆尾"游戏规则是这样的：将床上的被子全部展开铺平，算是建造一个安全的"运动场"。我跪趴在上面，儿子或者女儿骑在我的身上，双手搂着我的脖子，两脚夹住我的腰，身体紧紧地和我的背贴在一起。做好以上准备，他们便喊"开始"，我则需要在床上来回爬动，使自己毫无规则地"走动"起来。我也会故意不断地抖动肩膀或翘起屁股，意思是告诉他们我要开始"摆尾"了，因为只要将他们的身体甩在床上我就胜利了，一局游戏也就结束了。

当然，这些规则对喜欢撒娇耍赖的女儿也是不管用的，她一会儿要求玩"五局三胜"，一会儿要求玩"七局五胜"，总之玩尽兴了才算结束。不过，有时看到我累得爬不动了，也会放过我。玩的过程中，我也会发出"吼吼"的声音，一会儿抬起一只手往左侧掀起身体，一会儿抬起另一只手往右侧掀起身体，一会儿缓缓撑起胳膊抬起上半身，然后再迅速低头撅起屁股，就在他们在我背上快掉下来时迅速平衡身体，刻意不让他们甩下来。

直到他们手臂没力气搂住我的脖子了，笑得上气不接下气了，我就把他们甩到床上，压在他们身上，他们总是不服气地喊着："老爸耍赖，这次不算，再来一局！"我也会认真承认错误，由他们轮番上阵继续再玩几局。他们哪里知道，为了让他们玩开心，我也算得上合格的"演员"了，希望有一天他们长大后看到这些记录的文字，会记得我这个父亲陪他们度过的睡前开心时光。

游戏是孩子的成长方式，也是亲子之间很好的交流方式，陪孩子做游戏是一件幸福的事。

教子有方

王彦月

家庭是第一教育现场，也是终身教育现场。

在学校里工作，经常和来来往往的家长打交道，形形色色的家长团体，似乎可以称为一个小小社会了。随着和家长的深入交流，也越来越发现，不同的家长给予孩子的成长环境，对孩子的身心影响还是挺大的。

生活在同样一个班级的 24 名孩子，面对的是一样的老师，进行的是一样的课堂，可结果往往是大不一样。究其原因，孩子从小生活的家庭，面对的家长，所接受的教育方式等，似乎都对孩子的成长有着极其重要的影响！试着列举几例，以作分享。

家长一：父母缺位型

在现如今的家庭中，年轻的父母因为工作的忙碌，从孩子生下来，就是由家里的老人带。轻者晚上下班回到家可以陪伴孩子 1 ~ 2 小时，严重者下班后有自己的应酬，回到家孩子已经睡下。长久的缺位，也许让孩子心里严重缺乏安全感，这样的孩子，在上学以后，常常会比较黏人，对班级熟悉的老师，常会求一个抱抱等；对在学校里发生的事情，回家也不愿和父母多说，久而久之，隔阂就会越来越深。研究表明，0～6岁年龄段的孩子是最需要父母陪伴的，父母的陪伴会为孩子一生的成长积蓄能量。所以，家长朋友一定不能错过这段最佳陪伴期的时光。

家长二：严厉苛责型

假期里，周末时，约上三五好友小聚，面对朋友家又唱又跳又爱表演的孩子，再看看身边不愿表现的自家孩子，作为家长，难免会觉得脸上无光，对着自己家孩子就是一通劈头盖脸的批评。在这批评的背后，是家长对自家孩子过高期待的心，是不愿在众人面前服输的心，随之而来的可能就是，带领着孩子奔波于不同的补习班。当看到自家孩子在补习班中表现不认真，或有抵触情绪，就会用严厉的话语再次攻击孩童。这样的孩子，在学校里，也常会表现得不合群、不友好，对于同伴，也多是怀着抱怨的心态。究其原因，多数来自平日里家长的"施压"。亲爱的家长，你可知道，每个孩子都是珍贵的存在，每个生命都是美丽的不同？严厉的要求、苛刻的训责，不但不会让孩子爱上学习，反而会让他们产生厌学心理！如有此类情况，还恳请尽快停止！

家长三：友好伙伴型

每个班级里面，都会有一批佼佼者。仔细观察这些佼佼者，并走进他们背后的家庭，你会惊喜地发现，站在这些孩子背后的家长，似乎没有家长的姿态，而是用一种平和的、友好的方式和孩子相处。这类孩子，在学校班级群体中也会表现突出，因为在他们的身上，有着积极的心态、满满的自信，在与班级同伴交往中，也多数会相处得极为融洽。这样的孩子，把和家长的相处模式自然而然地进行转换，并得以合理运用。不得不说，能和孩子以友好伙伴的方式相处，这家长也是足够优秀的！

　　家长是孩子的第一任老师，也是孩子的终身老师。好的相处模式，会助力孩子成为更好的自己；反之，家长的一言一行也将影响着孩子的为人处世。

　　在教育中，想要解决孩子的问题，就要先解决家长自身的问题。因为，孩子的成长，需要家长的扶持。孩子的一生，家长是终身教育者，采用合适的方法，运用恰当的方案，才能真正做到教子有方，教子多方。

鹰爸

张 丹

一天下午放学看到了这样的一幕：洪益菲拉了个鼓鼓的行李箱，上面还放个大袋子，里面装着换洗的被褥。被褥似乎有点重，小姑娘在拉着走的时候需要时不时停下来扶一下，以避免歪掉。

我看着就想上去帮一把，便径直走到她身旁，说："带这么多东西啊！准备怎么回家？""我接她回去。"还没等小姑娘开口，旁边的男人说话了。"老师，这是我爸爸！"哦？刚才只顾着看她，没发现旁边还站着爸爸。

从来都是小姑娘自己坐地铁回家，这次竟然有家人接，我有点意外。旁边的菲爸一手悠闲地夹着烟，一手拿着菲菲武术课暂时不用的木棍在路边和我聊了起来，看我似乎对菲菲一个人拉这么多东西有点担忧，他解释道："小孩子就要从小锻炼，吃点苦，能让她自己做的我们绝对不插手，这样长大才更有出息。"

菲爸是福建人，他操着福建版普通话一字一句地认真说着话，像极了电视里努力讲普通话的港台演员。

小姑娘这周带回家的东西多，一个人坐地铁不好拿，故而请爸爸来帮忙。（事实上只替他拿了一根棍子啊！）可爸爸遵循家族一贯的作风——以锻炼孩子为原则，自己的事自己做。丝毫不在意爱女的为难，箱子拉不好就停下来，他陪在一旁静静等待却绝不插手。

这让我的脑海中瞬间浮现了一个词——鹰爸。幼鹰长到足够大的时候，鹰妈就会狠心地把幼鹰赶下山崖并注视着它们的下落，当幼鹰开始往谷底坠下，它们就会拼命地拍打翅膀来阻止自己继续下落，同时也掌握了基本的本领——飞翔。

这跟菲妞一个人费劲地拖曳行李箱，一步一扶正编织袋，菲爸在一旁悠闲地观看，似在说"就这点小事我看你要如何搞定"简直异曲同工！Oh, my god！这不就是现实版的"鹰爸"吗？放手让孩子去做，在承受生活里的一次次考验中变得更成熟、更坚强。怪不得菲妞平日里做事那么靠谱，敢情是这样锻炼出来的！不得不说，身高一米七的菲爸，眼界和手段绝对两米八！

俗话说："小亏不吃吃大亏，小苦不吃吃大苦。"这是说，孩子在小时候吃些苦、多承担一些责任是好事。如果我们怕孩子吃苦，而替孩子承担了责任，虽然免掉了他们的哭闹和纠缠，却也剥夺了孩子培养良好品格和发展自我能力的机会，得不偿失。

总听人说，现在的孩子不如我们小时候那个年代的懂事，殊不知是因为现在家长保护得太好了，不让他们懂事。要想让孩子从小明事理，为他人着想和体谅父母，就应该从小让他学会承担相应的责任，识得人间疾苦，进而懂得珍惜和体谅。比如：节日里让孩子洗洗马桶，知道脏和臭也是生活的一部分；适当让孩子干些粗活和重活，知道父母需要他照顾；在家里，自己独立完成生活起居，打扫自己的房间，清理自己的物品；学习上，自己独立思考，独立完成功课。

其实孩子的各项能力，是顺其生活方式和习惯养成的，也是可以训练出来的，儿童和少年时期是人生的基础阶段，父母完全可以有意识地创造一些条件，对孩子开展相应的教育。正如菲爸之于菲菲，他深知爱女不能惯，替她做不如培养她如何去做，从小事历练，打磨出好习惯，使她明白

○ 自然生长：这里是一所学校 ●

吃苦耐劳永远是立世之本。养成了这样的精神，才能更好地面对日益剧烈的社会竞争。

优秀的背后，要归于对自身价值的高度苛刻与长久要求。在人生的起步阶段父母潜移默化的培养，最是容易给孩子建立起规范。我们的孩子，望你吃得了苦，耐得住难，在最好的年华打磨历练，未来某天终成骄子，无惧挑战。

陪孩子"打怪兽"

马　竞

　　果子上小学一年级两月有余，在学习上，遇到了两个比较大的困难，一个是语文拼音，一个是数学分成。严格意义上来说，拼音拼读有欠缺，数学分成延伸的题目掌握不灵活，尤其是一图四式，经常出错，似乎不理解题意。孩子没有上过学前班，系统接受新知识会慢一些，这一点我是有心理预期的，但作为妈妈，尤其是作为一名教师妈妈，我也不能坐视不管，需要帮着孩子一起打败问题。

　　说起来容易，做起来还是有一定难度的，周一到周五除了正常学校课程，加上果子在外面报的兴趣课程，基本没有时间额外辅导。于是，我们将重心放在学校学习上，每天查看班级钉钉群成了我和果子爸的必修课；一有重要通知就互相截图、互相提醒，生怕漏点什么，成为孩子成长路上的绊脚石；认真完成老师布置的每一项作业。虽然有时候家里也会出现不太和谐的声音，但是整体良好，听老师反馈，孩子整体状态越来越好，渐入佳境。这首先要感谢老师们的辛勤付出，当然，我和果子爸的通力合作也起了一定作用。

　　拼音"劫"平稳渡过，学习完所有的声母韵母整体认读音节，剩下的就是操练了。为了让孩子对认读拼音有兴趣，我和果子爸主动示弱，经常在读课外读物的时候突然卡壳，然后请教果子，但这个伎俩没用两天便不再有效，用果子的原话说："你们这样故意不会读，有意思吗？"好吧，遇见个机灵鬼，想要对付他还是需要动点脑筋的。于是，我又心生一计，来个每日一信吧。于是，每天给孩子用拼音写上一封信。几十个字，基本都是对他的肯定和鼓励，以及对他的期许，他特别喜欢读，每天读上一封爸爸妈妈的信，成了他的期盼。当然，我和果子爸是有"功利心"的，是想让他练习拼音。信的内容特别灵活，经常会用一些他容易拼错的音节，加强练习。果子每天读得乐此不疲，他可不知道爸爸妈妈的这点小心思。读了将近两周，果子主动回信了，虽然只是简单的几句话，对我和果子爸来说也是意外之喜。坚持下去，拼音应该不是问题。

周末的亲子时光一定要好好利用，周一到周五孩子需要上学，爸爸妈妈需要上班，深度沟通交流的机会并不多。周末陪着孩子运动、学习成了家里的主旋律。跳绳，跑步，打球，一家人开开心心锻炼，又不花钱又锻炼身体，还能增强感情，多划算。让人惊喜的是，这周姥姥也主动要求锻炼身体，能够影响老同志们，那可真不容易。我特别喜欢和孩子一起做手工，每次的手工作业我们都是全家上阵。有时我也在想，是不是包办得太多了？可是，看到孩子对自己有了要求，作业质量越来越高的时候，我感觉每次的重视和参与还是值得的。当然，需要尝试慢慢放手，隐退但不缺位。

一个周末，我带着果子练习了分成和一图四式，果子有了点感觉，听老师讲，小家伙课堂上越来越积极了，敢举手也自信了。家校合作真的非常重要，老师在前方指挥打仗，家长在幕后默默支持，通力合作，孩子一定能进步很快。

不跟别人比，只让孩子每天进步一点点，他不是别人家的孩子，他是他自己。作为家长，我们能力有限，我们要做的是接受孩子的请求，尽力帮助他，克服人生中一个个困难，努力做好他自己。

（马竞系艾瑞德国际学校 2020 级 6 班刘驰邈的家长）

向阳生长

巩新薪

2021年1月9日这一天，我很荣幸地作为幼儿园的家长代表参加了郑州艾瑞德国际学校的教育风向标的发布会。前一天晚上接到通知时，我还有些纳闷，这应该是老师们的大会，为什么要邀请家长参加呢？带着疑问，我来到了现场。

虽不是第一次走进学校的报告厅，但是这次我感到特别骄傲，因为我是以家长代表的身份光荣地坐在了第一排。之前参加学校活动，第一排入座的都是学校领导和老师，而今天不仅有学校领导，我们家长代表们也被安排在了重要的第一排，荣幸之至。会议期间，还有贴心的老师帮忙倒茶加水，安排得很暖心。每一位家长都是重要的链接，以友好处之。

8：30，会议正式开始，惯例活动前，第一个环节是出校旗，诵校志。还记得2019年的6月，当时参加幼儿园开学前的家长课堂学习，我作为幼儿园家长代表，有幸担任一名出旗手。我清楚地记得，当我捧着艾瑞德校旗送到李建华校长手中，他接过校旗，深深地一鞠躬，比我鞠的躬还要低，心里不由得敬佩这样的一位校长，也觉得有些不好意思，自己鞠躬时为什么不能再低一些呢，会不会让人家觉得自己不够有涵养呢？除了自省，更多的是肯定，有这样一位的领导做表率，老师们肯定错不了。

○ 自然生长：这里是一所学校 ●

精彩的发布会开始了，两位学生代表先做了精彩的演讲，主题是关于未来和梦想。

　　在听第一位同学演讲时，心里就已经被深深触动，六年级的学生，在台上表现得非常棒，大方得体。台下可都是学校的领导和老师啊，我想要换作是我，一定紧张死了。还没欣赏够，孙同学的精彩演讲结束了。接着，一位漂亮干练的女同学上台了，清新的笑容、挺拔的身姿，瞬间就想到了"亭亭玉立"这个词来形容龚嘉悦同学，当自己的小心灵还没有从上一位同学演讲中跳出来时，再听了嘉悦同学声情并茂、落落大方的精彩演讲，我更加激动了，不知道为什么，在嘉悦同学演讲过程中，我不由自主地落泪了，是被演讲内容所打动的激动的泪水，对嘉悦同学称赞的泪水，还是对嘉悦父母羡慕的泪水，我分不清，总之，我为嘉悦同学点赞，为嘉悦的父母感到骄傲，为艾瑞德有这样优秀的学生自豪！

　　接下来由三位优秀教师分享教学典型案例，前面两位是小学部教师，在这两位老师的分享过程中，体会最深的就是为何如此优秀，艾瑞德的学生真的太幸福了。第三位老师是幼儿园的朱明慧老师，她分享的主题是"起风了"，虽然之前不认识，但是这次我深深地记住了。

　　课是儿童的课，简单的这几个字，包含了不仅仅对课堂，更是对孩子的态度。"每一位学生都是美丽的不同，以慈善怀之。"这句话是王彦月园长每篇文章都有的一部分。在接触艾瑞德之前，我认为当幼儿园老师很轻松，每天带着孩子们跑跑跳跳、玩玩闹闹，讲故事、唱儿歌、跳舞蹈就可以了。但是，当自己的孩子进入艾瑞德后，我了解到，幼儿园也有很多教研活动，并且每位老师都坚持每天的写作，都有自己的公众号。一年多时间里，我每天都很期待学校公众号的文章和王园长的文章，想了解每天学校发生的事情，想看看园长文章里关于幼儿园发生的事情以及有没有提到自己的孩子。老师们也会在闲余时间发布文章，就是看了王婷玉老师分享的文章，我才知道有简书这样的写作APP，可以在手机上直接编辑，同时还关注了程玲老师和王仁娇老师的简书。我想，肯定还有其他老师的简书，只是自己还没有发现，一旦发现，我肯定会毫不犹豫地关注。每次看学校和老师的文章后，我都在想，我可写不出这么好的文章，心里除了羡慕就是羡慕。每一位老师都是珍贵的存在，以温柔待之。

老师们分享过后，紧接着进入了会议的另一段高潮，敬爱的李校长上台了。每次看到李校长，他都面带微笑，特别和善，一点儿也没有高高在上不可接近的感觉，怪不得学生们看到李校长都特别热情地打招呼，轻松自如地交谈。

在李校长的讲话中，出现频率最高的一句话就是"和善而坚定"，这也是《正面管教》这本书中提到过的一句话，这本书就是在参加家长课堂学习时送给我们家长每人一本的书。读完这本书，我受益匪浅，并决定重读这本书。李校长台上的讲话可不是枯燥乏味的，每一段我听得都非常入神。李校长的讲话不仅表明这次教育风向标的指向以及各项学科教研工作的落实措施，在他幽默又有内涵的话语中，还让人深刻地感受到了一位领导者敏锐的眼光和格局，一位领导者博爱的胸怀和心态，一位领导者由内而外散发的儒雅文人气质。由一位这样慈爱的大家长，带领着一群珍贵的优秀教师，引导一群美丽的不同的孩子，携手一群重要链接的家长，还愁祖国的花朵不会茁壮成长吗？

最后一项是各学科教研工作室授牌仪式，关于幼儿园的艾幼智库工作室，王彦月园长在文章中提到过，故而并不令人感到陌生，但是看到上面"王婷玉"三个字时，我又感到骄傲了，她就是棋棋口中万能的 cookie 老师，中（1）班班主任，年纪轻、身材瘦的她真的能 hold 住这些"神兽"，对待孩子们有不同的引导方法。棋棋在最初上幼儿园时，是个暴躁的急脾气，稍有不如意就暴跳如雷，特别容易被情绪带动，执拗认死理。但是，经过一年半的幼儿园生活，他身上的变化是可喜的、惊人的、显著的。就在上周五，他还荣获了瑞德宝宝徽章。这是棋棋期待很久的徽章，之前看到别的小朋友获得徽章他没有得到，还伤心地哭了好几次，这次终于在老师的帮助和自己的努力下得到了。在放学回家的路上，棋棋对我说："妈妈，你知道吗？我得这个徽章可真的是不容易。"那一刻，我眼圈红了，我肯定了孩子的努力，并且在心里默默感谢老师耐心的引导，因为我知道这一定缺少不了有爱的老师和孩子们的共同努力。

　　以上是我深刻的体会，在会议结束开车回家的路上，脑中不停地回想起这次教育风向标发布会带给我的触动，我决定要记录一次，突破自己，看看是不是也能像艾瑞德老师们一样写出优秀的文章。我虽然写不出太多华丽的字句，但这都是我内心真实的感受。我也要在陪伴孩子的同时，不断地完善自己，做优秀的自己、优秀的妈妈、优秀的伴侣，只有自己优秀了，才能带动身边的人，我要给自己的孩子做个榜样。

（巩新薪系艾瑞德国际幼儿园 2019 级 1 班怀子棋的家长）